Anjos do Senhor

Seu Manual de Cabeceira, para Consultas e Orações Diárias

Barros de Oliveira

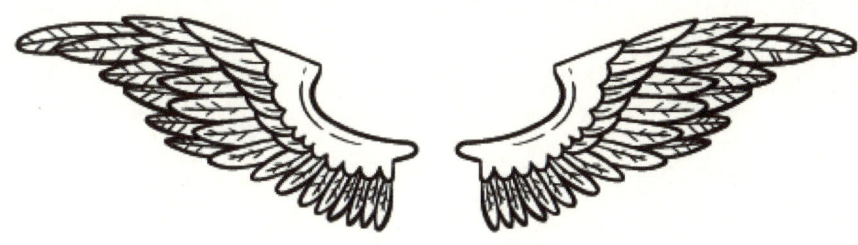

Anjos do Senhor

Seu Manual de Cabeceira, para Consultas e Orações Diárias

© 2018, Madras Editora Ltda.

Editor:
Wagner Veneziani Costa

Produção e Capa:
Equipe Técnica Madras

Revisão:
Ana Paula Luccisano
Silvia Massimini Felix
Jeronimo Feitosa

Dados Internacionais de Catalogação na Publicação (CIP)
(Câmara Brasileira do Livro, SP, Brasil)

Oliveira, Barros de   Anjos do senhor : seu manual de cabeceira, para consultas e orações diárias /
Barros de Oliveira. -São Paulo : Madras, 2018. Bibliografia.

ISBN 978-85-370-1146-1

1. Anjos 2. Anjos da guarda 3. Orações I. Título.
18-17794   CDD-235.3
              Índices para catálogo sistemático:
                1. Angeologia : Teologia cristã   235.3
           Cibele Maria Dias - Bibliotecária - CRB-8/9427

É proibida a reprodução total ou parcial desta obra, de qualquer forma ou por qualquer meio eletrônico, mecânico, inclusive por meio de processos xerográficos, incluindo ainda o uso da internet, sem a permissão expressa da Madras Editora, na pessoa de seu editor (Lei nº 9.610, de 19/2/1998).

Todos os direitos desta edição reservados pela

MADRAS EDITORA LTDA.
Rua Paulo Gonçalves, 88 – Santana
CEP: 02403-020 – São Paulo/SP
Caixa Postal: 12183 – CEP: 02013-970
Tel.: (11) 2281-5555 – Fax: (11) 2959-3090
www.madras.com.br

Agradecimentos e Dedicatória

*M*uitos amigos e parentes, espirituais e humanos, se fizeram presentes incentivando, estimulando e motivando para a continuidade e conclusão deste trabalho, durante minha trajetória de mais de 11 anos pesquisando, coletando informvações, compilando, experienciando e escrevendo sobre os Anjos.

A intenção foi de fazer um trabalho que pudesse efetivamente encantar, maravilhar e levar os leitores a profundas e valiosas reflexões em suas vidas espirituais, em seus comportamentos e suas atitudes, visando sempre levá-los a trilhar o caminho do bem e do Senhor Jesus.

Antes nominar, agradecer e dedicar a todos, volto meu pensamento em especial, clamo e agradeço a Deus e a todos os Seus Nove Príncipes e 72 Anjos do Senhor, cujas presenças, inspirações e completa iluminação pude sentir inúmeras vezes durante a execução deste trabalho.

As presenças humanas foram de significativa importância para o estímulo material; certamente, sem elas, talvez eu tivesse parado pelo meio do caminho, nesse caso com muitas idas e voltas e longos períodos de interrupção.

Quem escreve sobre este assunto/tema: Anjos, Espiritualidade, Cristandade, Crença, Fé, sabe a luta interior que é para dar a sequência necessária a um bom andamento e mais rápida conclusão, tamanhas e tão constantes são as interferências negativas e desestimulantes dos anjos contrários.

Quem são essas pessoas que eu gostaria de enumerar, nominar, agradecer e dedicar este trabalho? Primeiramente e de forma incondicional e muito especial, a meus pais Geraldo e Ilda, esta de quem ouvi a primeira referência da palavra "ANJOS" e seu significado com a recomendação, antes de dormir: "... Durma com Deus e seu Anjo da Guarda, meu filho...", ou então, antes de ir para a escola: "... Vá com Deus e seu Anjo da Guarda, meu filho..." (quem já não ouviu essa recomendação dos pais ou avós?).

Meus pais foram, continuam sendo e sempre serão minhas maiores fontes de quase toda a minha inspiração, pela formação cristã e religiosa que puderam me transmitir e também por seus constantes exemplos de vida; pais maravilhosos que em todos os momentos souberam trazer a cada um de seus filhos a ajuda e as palavras certas nos momentos exatos. A meus filhos, Renata e Franciole, meus companheirinhos de muitas horas difíceis/alegres, cujas presenças têm sido tão importantes em minha vida nestes momentos.

A Cleomar Jr., que tem sido tocado ultimamente pelo sopro da divindade de seu Anjo e de Deus, por suas descobertas espirituais e agora transformado pela crença muito forte e pelos testemunhos que tem presenciado.

Finalmente, Mellyna, sempre presente em minha vida, pelo muito que significa para mim, e pela fonte de meus maiores aprendizados como pai.

A Simone, minha filha mais velha, que conosco nos ajudou a criar nossos filhos, pelo apoio à minha família, que seu Anjo se mantenha sempre presente com você, como tem estado sempre em sua vida, que eu sei.

A Adriana, ADMV, minha especial, terna e carinhosa companheira em todas as horas, dias e noites, nestes últimos 18 anos sempre compartilhando comigo momentos de alegrias, dores, choros, sofrimentos e consolos e uma das maiores incentivadoras deste trabalho, por isso NEOQEAV.

Aos meus irmãos, Vilmar, Cleuni, Deusimar, Edmar, João e Sélia, cunhados e cunhadas, parentes próximos e distantes, credores, devedores, por todos aqueles que me querem bem e também por aqueles que não me querem bem por qualquer razão e a quem peço perdão e perdoo.

Nas pessoas de Didi, Rithinha, Fernando e Filipe, agradeço e dedico a todos os meus sobrinhos e sobrinhas.

A Marilene Diniz, companheira especial por algum tempo, honrada e digna mãe de meus filhos.

A Célia Pereira (Wilson), mãe de Renata, Emanuel e Elias Jr. que de uma forma ou de outra estão sempre presentes em minha vida, orando, apoiando e participando.

Às professoras e colegas de trabalho: Lígia Lionel, Margareth Ribeiro, Érika Verri, Elise Alves, Eliane Cecília, Sonilda Aparecida, Ivone Moreyra, que compartilharam de momentos especiais de descontração e comentários sobre o livro.

Aos amigos Edival Lourenço (meu compadre/irmão e amigo de verdade, incentivador e revisor gramatical desta obra) e Valdir Queiroz, meus prefaciadores de mão cheia.

À amiga Cristina Palma, que conheci como "Cristal", amiga "fada" carioca, que mesmo de muito longe, e sem nem mesmo nos conhecermos pessoalmente, sempre souber trazer a palavra de estímulo necessário às tantas retomadas que empreendi.

A Luzia Mendes e Maria Aparecida, tanto tempo ausentes, mas com apoio de outrora ainda presente.

A todos os meus irmãos de caminhada espiritual, especialmente Márcia Ramos, Edson Faria, sr. Fernando Sina, Shenko (este, hoje já em outra dimensão, me aconselhou muitas vezes, mas infelizmente naquele sábado que antecedeu a fatídica segunda-feira negra eu não pude retribuir), todos companheiros da seara dos Mensageiros da Luz. Creio que vocês não têm noção da importância das orações e palavras de paz, fé e coragem transmitidas a mim em momentos muito especiais; continuem esse trabalho maravilhoso de difusão do evangelho.

Aos meus companheiros espirituais e humanos das caminhadas em Trindade, toda madrugada de Sexta-feira da Paixão dos últimos seis anos e "certamente" dos próximos quatro.

Ao "casal 20" Wallis e Jussara e seus filhos, inesquecíveis amigos, parceiros e companheiros de muitas e empreendedoras batalhas.

A Regina Moiana, minha amiga de infância e irmã de coração, que sempre e mesmo distante está presente em minha vida.

À turma de adolescência dos quatro caveiras, Roberto e Eguimar e em especial ao primo/irmão Itamar Barros, companheiros de infância, de muitas alegrias e de muito aprendizado, da importância e valor de uma grande amizade.

Aos tios Edmundo, Oliveira e Jacira (Fia), sempre próximos e amigos reconhecedores de nossa importância como pessoa, como ser humano.

A Patrícia, afilhada querida e que em tempos distantes eu nominei, sempre se fazendo presente em minha vida com suas lembranças em momentos especiais.

Aos amigos Givaldo, Alípio, compadre Dionísio Pereira Machado, José Albino, Ieda e Fernando Mendes, Elizeu Regner, Humberto, Paraíso, Valdecy e todos os amigos do ENAD.

A todos os meus ex e atuais funcionários, que seus anjos os inspirem sempre a serem melhores profissionais a cada dia.

Ao amigo Marcão, pelo interesse em conhecer o assunto, levando consigo a descrição do próprio anjo e de outras pessoas, bem como pelo interesse em divulgar de alguma forma essas mensagens angélicas a todos.

Nas pessoas dos amigos: Elinaldo, Roni, Érica, Helena Matos, Beatriz d'Abadia, Camila Nasser, Kamilla Vilela, Vania, dedico a todos os meus ex-alunos da antiga UCG hoje PUC, da Unip (GO), do Ministério da Agricultura (GO), Correios DR-GO, Supermercado Solução, Secretaria de Estado da Saúde, Secretaria de Estado da Educação, Funiversa, Infraero, Secretaria da Segurança Pública – Polícia Comunitária.

Eu gostaria também, e finalmente (ufa...), de dedicar e agradecer a todas as pessoas amigas e/ou anônimas, com quem convivi até hoje e que de uma forma ou de outra me deram e permitiram a possibilidade de um relacionamento e convivência necessários a uma melhor análise de seus comportamentos e atitudes, em todos os ângulos analisados no livro, possibilitando-nos assim um melhor discernimento e compreensão sobre os anjos de cada uma.

Agradeço a todos, do fundo de minha alma, e peço, oro, rogo e intercedo junto aos Anjos Guardiões Protetores de cada um de vocês para que acampem ao redor de suas atitudes e comportamentos, suas vidas, suas casas e seus trabalhos, trazendo para vocês somente as melhores "ideias" e "inspirações", bem como para que os ajudem a manter afastados de suas vidas o anjo contrário. Assim seja.

Índice

Prefácio 1 – Olhe Quem Chegou para nos Dar uma Força!............ 18
Prefácio 2 – Aceita o Desafio de Conhecer os Anjos do Senhor?.. 21
Prefácio 3 – Anjos – Mensageiros de Deus.. 23
Introdução I – Introdução à Segunda
Edição Revista e Ampliada.. 25
    O que os Anjos fizeram com minha vida 25
    Meus Irmãos Espíritas do ANEAS, do Grupo dos
    Humildes, do Ramatis e do Eurípedes Barsanulfo, e Amir
    Salomão, meu Amigo Livreiro 26
    Depoimentos de Leitores Amigos/Irmãos 27
        Depoimento de Maria Regina Moiana 27
        Resposta a Maria Regina.. 28
        Depoimento de Vovó Cristina....................................... 29
        Depoimento de Cristiane Bertho 30
        Depoimento de Ilgner Geovanne 32
        Depoimento de Morgana 32
        Depoimento de Neide Pacheco 33
    Mensagens Enviadas por Parentes
    já na Pátria Espiritual 33
    Avós 38
    Hansanauel – Anjo Guardião
    Protetor (Mentor Espiritual) 39
Introdução II... 40
Definição das Hierarquias Angelicais... 42

Conhecendo nosso Anjo da Guarda...45
   Sobre os Anjos..46
   Os Anjos Segundo as Igrejas e Espiritismo 47
      Os Anjos Segundo a Igreja..47
      Refutação 51
      Os Anjos Segundo o Espiritismo.....................................56
   Jesus Foi um Anjo? 57
      Por que as Pessoas Acreditam em Anjos?......................61
      Então os Anjos Existem Mesmo? 61
   Algumas Citações das Palavras "Anjo" e "Anjos" no
   Antigo e Novo Testamento da Bíblia Sagrada 62
   As Reações dos Anjos Diante das Nossas Atitudes 70
      Os Sonhos e os Anjos...71
      Um Dia Todos Nós Seremos
      Anjos e Rebanhos de um Só Pastor................................72
      Vícios...74
O Organograma e a Hierarquia Celeste 76
   Assinatura dos Príncipes..77
   Serafins, Querubins e Tronos...78
      Atribuições dos Serafins Coordenados ou Dirigidos
      pelo Príncipe Metatron..78
      Atribuições dos Querubins Coordenados ou
      Dirigidos pelo Príncipe Raziel 79
      Atribuições dos Tronos Coordenados ou Dirigidos
      peloPríncipe Tsaphkiel 80
      Atribuições das Dominações Coordenadas ou
      Dirigidas pelo Príncipe Tsadkiel 82
      Atribuições das Potências Coordenadas ou
      Dirigidas pelo Príncipe Camael.......................................83
      Atribuições das Virtudes Coordenadas ou
      Dirigidas pelo Príncipe Raphael......................................84
      Atribuições dos Principados Coordenados ou
      Dirigidos pelo Príncipe Haniel..86

Atribuições dos Arcanjos Coordenados ou Dirigidos
pelo Príncipe Mikael 88
Atribuições dos Anjos Coordenados ou Dirigidos
pelo Príncipe Gabriel 89
Anjos. O que são? 91
Todos os Anjos do Senhor 96
1º Anjo – Vehuiah 96
2º Anjo – Jeliel 98
3º Anjo – Sitael 100
4º Anjo – Elemiah 102
5º Anjo – Mahasiah 104
6º Anjo – Lelahel 106
7º Anjo – Achaiah 108
8º Anjo – Cahethel 110
9º Anjo – Haziel 113
10º Anjo – Aladiah 115
11º Anjo – Laoviah 117
12º Anjo – Hahahiah 119
13º Anjo – Iezalel 121
14º Anjo – Mebahel 123
15º Anjo – Hariel 125
16º Anjo – Hekamiah 127
17º Anjo – Lauviah 129
18º Anjo – Caliel 131
19º Anjo – Leuviah 134
20º Anjo – Pahaliah 136
21º Anjo – Nelchael 138
22º Anjo – Ieiael 140
23º Anjo – Melahel 143
24º Anjo – Haheuiah 145
25º Anjo – Nith-Haiah 147
26º Anjo – Haaiah 149
27º Anjo – Ierathel 151
28º Anjo – Seheiah 153

29º Anjo – Reyel 156
30º Anjo – Omael 158
31º Anjo – Lecabel 160
32º Anjo – Vasahiah 162
33º Anjo – Iehuiah 165
34º Anjo – Lelahiah 167
35º Anjo – Chavakiah 170
36º Anjo – Menadel 172
37º Anjo – Aniel 174
38º Anjo – Haamiah 176
39º Anjo – Rehael 179
40º Anjo – Ieiazel 181
41º Anjo – Hahahel 183
42º Anjo – Mikael 185
43º Anjo – Veuliah 187
44º Anjo – Yelaiah 189
45º Anjo – Sealiah 192
46º Anjo – Ariel 194
47º Anjo – Asaliah 196
48º Anjo – Mihael 198
49º Anjo – Vehuel 200
50º Anjo – Daniel 202
51º Anjo – Hahasiah 204
52º Anjo – Imamaiah 206
53º Anjo – Nanael 208
54º Anjo – Nithael 210
55º Anjo – Mebahiah 212
56º Anjo – Poiel 214
57º Anjo – Nemamiah 216
58º Anjo – Ieialel 218
59º Anjo – Harahel 220
60º Anjo – Mitzrael 222
61º Anjo – Umabel 224
62º Anjo – Iah-Hel 226

63º Anjo – Anauel 228
64º Anjo – Mehiel 230
65º Anjo – Damabiah 232
66º Anjo – Manakel 235
67º Anjo – Ayel 237
68º Anjo – Habuhiah 239
69º Anjo – Rochel 241
70º Anjo – Yabamiah 243
71º Anjo – Haiaiel 245
72o Anjo – Mumiah 247
Anjos da Humanidade 249
Coletânea de Orações para Todas as Ocasiões 253
Aos Anjos Guardiões Protetores 253
Esclarecimentos Preliminares 253
Use o Poder da Oração para
Alcançar Tudo na Sua Vida 255
Plano de Dez Etapas
para Conversar com Seu
Anjo Guardião Protetor 255
Preparação para a Oração 259
Prece Suplicando Contato Direto com Seu Anjo
Guardião Protetor 266
Fatos e Narrativas Históricas 267
Coletânea de Orações 269
Orações para Todas as Ocasiões 270
Prece – Solicitando Indulgência e Reconhecendo
Faltas 270
Prece – Profissão Positiva de Fé 270
Orações ao Divino Mestre Jesus e ao Nosso
Pai Maior 271
Preces – Solicitando Proteção Pessoal 273
Reconhecimento da Amizade e Amor do Seu
Anjo Guardião Protetor 274

Afirmações Positivas para Serem Proferidas
Diariamente..274
Oração para se Curar e Manter o Corpo
Saudável..275
Orações para Todos os Dias da Semana....................277
Oração pela Paz Mundial 279
Pedindo Perdão com a Ajuda do Seu Anjo
Guardião Protetor 279
    Perdão para com as Ofensas..................................279
    Perdão para com os Inimigos................................279
    Perdoando a Si Mesmo..280
Pedindo Perdão com a Ajuda do Seu Anjo
Guardião Protetor 281
Abrindo Caminhos para a Prosperidade....................281
Para Orar pela Cura de Nossos Irmãos
Enfermos..281
Invocando as Falanges do Bem, os Anjos
Guardiões, a Mãe Maria e o Divino Mestre
Jesus...282
A Grande Invocação...282
Orações para Antes de Iniciar e/ou
Terminar um Trabalho Espiritual................................283
Prece – Solicitando Auxílio, Proteção e
Indulgência 286
Prece – Solicitando Força e Coragem Diante de
Uma Dificuldade...286
Prece – Orando por Toda Sua Família e Terceiros.....287
Prece – Ensinando as Crianças a
Orar para o seu Anjo
Guardião Protetor...288
    Ao Deitar-se 288
    Ao Levantar-se..288
Oração ao Anjo Guardião Protetor da

Criança 289
Para Afastar os Anjos Maus ou Anjos Contrários 290
    Esclarecimentos Preliminares 290
    Prece para Afastar os Anjos Maus e Contrários da
    Nossa Vida 291
    Para Pedir a Correção de um Vício ou Má Tendência
    que Temos 291
        Esclarecimentos Preliminares 291
    Prece para Pedir a Correção de Algum Desvio, Vício
    Moral ou Má Tendência que Temos 292
    Para Pedir a Força de Resistir a uma Tentação e ao
    Vício 293
        Esclarecimentos Preliminares 293
    Prece Solicitando Força para Resistir a uma
    Tentação 293
Ação de Graças a Deus e ao Nosso Anjo Guardião
    Protetor pela Vitória Alcançada sobre uma Tentação 293
        Esclarecimentos Preliminares 294
    Prece em Agradecimento por uma Vitória Alcançada
    sobre Tentações 294
    Para Pedir um Conselho 294
        Esclarecimentos Preliminares 294
    Prece para Pedir um Conselho a Deus e ao Anjo
Guardião Protetor 295
Nas Aflições da Vida 295
    Esclarecimentos Preliminares 295
    Prece Pedindo a Deus e ao Anjo Guardião Protetor
    Saúde, Consolo, Companhia, Afeto, Ternura,
    Compreensão, Paciência, Resignação, Fé, etc. 296
    Ação de Graças por um Favor Obtido 296
        Esclarecimentos Preliminares 296
    Prece Agradecendo a Deus e ao Anjo
    Guardião Protetor 297
    Outras Orações ao Anjo Guardião Protetor 297

Prece Solicitando Força e Coragem diante das
Dificuldades Provocadas por Corrupções de
Político e Governantes..297
Oração para Namorados, Noivos e Casados.............298
Prece pela Reconciliação entre Inimigos...................300
    Oração ao Arcanjo São Gabriel.......................300
    Oração para Perdoar..301
Conversando com seu Anjo Guardião Protetor.................301
Respostas do Seu Anjo Guardião Protetor.........................303
Prece nas Reuniões Familiares (Culto do Evangelho no
Lar) para Orações ao Senhor Nosso Deus ditada pelo
Sr. Nilo..304
Prece de Agradecimento..304
Prece Agradecendo a Presença do Anjo Guardião
Protetor...304
Prece Solicitando Proteção e Caminho ao Anjo
Guardião Protetor..305
Prece Suplicando Proteção de Corpo e Alma...................305
Prece ao Arcanjo Miguel Suplicando a Limpeza
Espiritual em 21 Dias..306
Oração a Deus que é Luz e Bênção...................................310
Oração ao Divino Espírito Santo.......................................311
Oração ao Anjo Guardião Protetor....................................311
Preces – Suplicando Proteção ao Anjo
Guardião Protetor..311
Oração para Pedir Proteção 1...312
Oração para Pedir Proteção 2...313
Veja o que Jesus Sofreu por Todos Nós............................313
    O Sofrimento de Jesus......................................313
Prece – Suplicando Proteção para Sua Casa....................317
Prece – Suplicando Bênçãos para a
Sua Nova Morada/Casa..318
Prece – Suplicando Bênçãos para o Local de Trabalho......318
Oração para Concretizar o Ideal..319

Ação de Graças após Ter Escapado de um Perigo 319
    Esclarecimentos Preliminares..319
        Prece..320
Na Hora de Dormir 320
    Esclarecimentos Preliminares..320
        Prece para Ser Feita antes de Dormir 321
        Prece para Ser Feita ao Levantar 322
Conclusão das Orações 323
    O Ferreiro 323
Bibliografia..325

Prefácio 1

Olhe Quem Chegou para nos Dar uma Força!

Nas três grandes religiões monoteístas (muçulmana, judaica e cristã), os anjos têm sido figuras fundamentais para o desencadeamento de fatos ou condução de atos relevantes para os propósitos de Deus junto a seu povo.

Na doutrina cristã, o anjo é um espírito celeste, que atua como uma espécie de mensageiro e, não raro, como representante, um *longa manus* do Senhor. Ele está presente desde a mais antiga tradição hebraica, como mediador entre criador e criatura, mantendo assim escrupulosa distância entre o divino e o humano, sem privar os homens de vislumbrar as maravilhas que Deus reserva aos fiéis em seu reino.

Vale ressaltar que, mesmo antes do desenvolvimento da ideia de anjos como Mensageiros do Senhor no antigo Reino de Israel, a concepção já era cristalina em religiões ainda mais antigas, na Mesopotâmia, por exemplo, de onde vieram algumas das características representativas desses seres celestes.

Na representação da eterna luta entre o Bem e o Mal, Satanás também tem lá sua legião de anjos, a quem cabe espalhar e conduzir toda espécie de tribulações e mazelas sobre a Terra, ao menor descuido dos homens e dos Anjos do Senhor.

A referência aos anjos atravessa toda a Bíblia, com bastante convicção e estabilidade. Os seres seráficos aparecem desde o Gênesis até o Apocalipse, sempre diligentes na condução de seus trabalhos.

Um anjo aparece no deserto para Agar, escrava de Sara, mulher de Abraão, e lhe dá conselhos fundamentais para a criação de seu filho Ismael, que haveria de ser o germe do povo muçulmano. O mesmo anjo impede o holocausto de Isaac, o outro filho de Abraão, este tido com Sara já em idade avançada. Isaac estaria na origem do povo judeu. Um anjo foi quem anunciou a José e Maria a concepção e nascimento do Menino Jesus. E seus aconselhamentos continuaram para a preservação da vida do rebento Deus, orientando a fuga para o Egito e assim escapando do infanticídio levado avante pelas forças de Herodes. Avisou também que o perigo já amainara e que era hora de fazer a viagem de regresso. Como pudemos verificar, na base das três religiões monoteístas em voga, encontra-se a imprescindível intervenção angelical, obviamente cumprindo ordem superior.

Como já ficou parcialmente demonstrado, os anjos são agentes dos fatos mais relevantes das Sagradas Escrituras. Podemos lembrar ainda que foi um Anjo do Senhor que conduziu os hebreus na fuga do Egito e os fez atravessar pela abertura do Mar Vermelho. E, sem a intervenção do anjo, dificilmente teriam sobrevivido por 40 anos, a vagar pelo deserto hostil. Não seria de todo um disparate afirmar que em certos momentos, os anjos atuaram, lá do jeito deles, como os homens-bombas da atualidade muçulmana. Não foram outros senão os anjos que, depois de retirarem Ló daquela região corrompida pelo pecado, explodiram uma bomba de fogo e enxofre sobre Sodoma e Gomorra. Foram eles também que detonaram os assírios, impedindo que subjugassem Israel. O Apocalipse refere-se aos sete anjos que virão com sete taças cheias das últimas sete pragas. Seria isso uma bomba biológica de misericórdia sobre uma possível frustração da saga humana?

Tudo isso foi apenas para demonstrar que os anjos são figuras de forte apelo e presença nas religiões monoteístas. E que, sem dúvida, este livro *Anjos do Senhor*, de autoria do professor Barros de Oliveira, traz uma grande contribuição para o avivamento dessa figura teológica que, por algum descuido, anda um pouco relegada, no contexto dos rituais religiosos contemporâneos.

Tive o prazer de conhecer o autor nos idos de 1971, com quem mantenho um estreito relacionamento de amizade até os dias de hoje. De diferentes cidades do interior de Goiás, éramos recém-chegados a Goiânia, aonde viemos em busca de estudos e de dias melhores. Desde aqueles tempos, Barros de Oliveira era portador de um misticismo arraigado, independente e de uma força espiritual perceptível.

Além das virtudes místicas, este livro tem o condão da praticidade. Você não precisa se tornar nenhum iniciado em estudos seráficos ou teológicos para pedir (e receber) os socorros de Deus por intercessão dos 72 anjos. É um livro de consulta acessível de como, quando e o que tratar com seu anjo da guarda. Barros de Oliveira, com sua fé inquebrantável, sua pesquisa meticulosa e seu método infalível de professor de Administração de Empresas, nos brinda com este livro prático sobre um tema um tanto fluido, que é o trato com o sobrenatural.

Sua incursão pelo mundo dos anjos me parece bastante oportuna nestes tempos de sociedade extremamente complexa, de crises nascendo de dentro de outras crises, e que a tribulação na Terra deixa a todos com certa vagueza sobre o sentido de viver; este manual sobre anjos, arcanjos e serafins poderá preencher uma enorme lacuna na vida contemporânea.

Afinal, nos momentos mais graves das Sagradas Escrituras, um anjo (ou uma legião deles) veio e resolveu a parada. Neste momento grave da humanidade, de crise financeira, de esvaziamento do sentido da existência e até de aquecimento global, por que os anjos não haveriam de nos dar uma mãozinha?

Portanto, caro leitor, harmonize-se já com seu anjo, deixe-o sussurrar as sabedorias divinas em seu ouvido e siga mais leve e confiante em busca do verdadeiro sentido de viver.

Edival Lourenço, escritor, dezembro de 2008

Prefácio 2

Aceita o Desafio de Conhecer os Anjos do Senhor?

O que você acha de marcar um encontro todos os dias com seu anjo da guarda? A princípio essa ideia parece, um pouco, coisa de "iniciado". Para alguns pode parecer até mesmo coisa de "quem não bate bem".

Porém, basta um pequeno desafio a esses "descrentes" para que descubram que há bem mais coisas entre o céu e a terra do que sua vã sabedoria imagina. E qual seria esse desafio?

Muito simples: leia a introdução, do Manual *Anjos do Senhor,* escrito pelo Prof. Barros de Oliveira, e descubra qual é seu Anjo Protetor. Depois disso, leia as características das pessoas que nascem sob a influência desse Anjo Protetor.

Você vai perceber, ou melhor, você vai ver, enxergar, sentir claramente que, naquele texto, foi feita uma descrição fiel de todas as suas principais características comportamentais.

A partir daí, não importa sua religião, crença ou falta de crença. Você estará diante de um fato: no mínimo 80% do que você leu pertence a você, foi escrito para você. Portanto, a partir daí, pratique, exercite, usufrua desse contato. Abra esse canal entre você e seu Anjo da Guarda. Se você não acredita em Anjos, não tem problema: chame de energia, luz, força ou magia. Apenas não seja arrogante ou prepotente o bastante para achar que o "homem" já é totalmente autossuficiente, já sabe tudo, já conhece tudo, é senhor do universo e não precisa de mais nada.

Basta lembrar que, se consideramos apenas a idade de formação da vida na Terra e do surgimento do homem sobre a sua face, estamos aqui há apenas 15 minutos. Basta lembrar o que a Física Quântica vem descobrindo no mundo subatômico: tudo é nada e nada é tudo.

Valdir L. Queiroz, fevereiro de 2009

Prefácio 3

Anjos – Mensageiros de Deus

*A*o receber a honrosa missão de prefaciar o livro *Anjos do Senhor*, do Prof. Barros de Oliveira, senti, ao mesmo tempo, impacto e deslumbramento em poder atender a esse pedido, principalmente porque presenciei muito de perto como foi a construção deste livro e como ele é um processo ímpar para cada um de nós.

O Prof. Barros esteve durante mais de 11 anos pesquisando e escrevendo sobre os Anjos do Senhor e as hierarquias superiores. Este livro não questiona se você acredita ou não em Anjos, isso não está em debate. Descreve, sim, a influência de cada anjo no comportamento das pessoas que nascem sob sua proteção, para que você possa incorporar a ajuda angélica à sua vida cotidiana.

Os Anjos são mensageiros de Deus enviados do alto, sempre disponíveis a ajudar, a criar o céu na vida de seus protegidos, quando solicitados.

Este livro vai ajudá-lo a expandir sua mente e a desenvolver a consciência dos anjos, de modo que você possa obter a ajuda invisível, necessária ao seu crescimento espiritual e, consequentemente, melhorar sua felicidade.

É um trabalho encantador e devemos tê-lo na cabeceira de nossa cama, para ser lido em todos os dias e momentos de nossas vidas.

Está repleto de conhecimentos das fontes e com uma lógica altamente convincente sobre a essência dos anjos e sua influência em nossas vidas.

É um convite à reflexão profunda para que você conheça as atribuições, os encantos e a proteção que os Anjos do Senhor podem trazer para todos nós.

É de fundamental importância para todos, porque oferece o conhecimento das peculiaridades das pessoas, as características comportamentais, as relações amorosas, familiares, com terceiros, sociais, com a saúde e profissionais.

Traz-nos, também, a interferência que o anjo contrário pode exercer em nossa vida, caso afastemos nosso Anjo Guardião Protetor com atitudes e comportamentos errados. Finalmente nos apresenta o salmo, a melhor hora para contato com Ele, e uma prece especial para cada um.

Um dos pontos altos deste livro são as riquíssimas e poderosas orações coletadas e ajustadas para todas as ocasiões de nossas vidas. Trata-se de uma fonte maravilhosa de pesquisa, que deve ser usada como um guia diário para nos conduzir ao reino dos anjos.

Grato por sua obra, professor. Desejo-lhe de coração todas as bênçãos de Deus e de todos os Seus Anjos do Senhor, que você tão bem elucidou e trouxe para fazer nossas vidas bem melhores.

Adriana Brito Silva, março de 2009

Introdução I – Introdução à Segunda Edição Revista e Ampliada

O QUE OS ANJOS FIZERAM COM MINHA VIDA

Quando lançamos a primeira edição deste livro, em setembro de 2009, nunca imaginei o tamanho da responsabilidade espiritual que eu estava assumindo neste plano e no outro. Mudanças espirituais radicais, em todos os aspectos, começaram a acontecer na minha vida e na vida de meus filhos e familiares mais próximos, bem como nas vidas das pessoas que tinham contato com os Anjos do Senhor por meio deste livro. Sobre meus filhos, relato que todos se evangelizaram, melhor dizendo, se tornaram evangélicos praticantes, com a prática de preceitos éticos e morais amadurecidos e bastante espiritualizados. Percebo isso em suas atitudes, comportamentos, pensamentos e ações diárias. Sinto isso também em nossas convivências no dia a dia e quando compartilho com eles seus momentos de oração e louvores nos templos, que também se tornaram meus templos de oração. Entendo que não importa o credo que tenhamos e que nossas crenças não nos fazem melhores, mas nossas atitudes, pensamentos e, principalmente, comportamentos e a prática constante do amor e da caridade para com nossos irmãos, estas sim nos tornam melhores e nos levam para mais perto do Pai Criador.

Para tornar-me um convicto e verdadeiro evangelizador moralista, eu teria primeiro de promover profundas mudanças morais e espirituais em minha vida, senão seria a perfeita prática da hipocrisia tudo o que aqui escrevi. E foi isso o que fiz e o que venho tentando fazer, em todos os momentos e aspectos de minha vida; desde deixar os vícios da bebida, da sensualidade, da maledicência, da mentira, do orgulho, das paixões descabidas pelas coisas materiais e do consumo da carne oriunda de nossos irmãozinhos de planeta, até a prática de orações diárias e a manutenção de uma frequência constante e necessária a 18 casas de oração onde ministro, com a ajuda dos Amigos espirituais, as palestras semanais que me proporcionam a continuidade de minha luta constante pelo aprimoramento espiritual. Com isso, quero e espero – com a ajuda e benevolência divina de Anauel, meu Anjo Guardião Protetor, principal responsável por todas as minhas mudanças – que essas mudanças um dia me conduzam ao encontro do PAI MAIOR.

MEUS IRMÃOS ESPÍRITAS DO ANEAS, DO GRUPO DOS HUMILDES, DO RAMATIS E DO AMOR E CARIDADE, E AMIR SALOMÃO, MEU AMIGO LIVREIRO

Durante minhas andanças pessoais, para divulgação deste livro e colocação nas livrarias, esses especiais Mensageiros de Jesus se aproveitaram disso e colocaram em meu caminho algumas pessoas especiais e que também ajudaram a proporcionar mudanças significativas em minha vida espiritual. Dentre eles, destaco dona Terezinha (mãe Terezinha) do **Abrigo de Idosos Amigo de Sempre,** para onde será destinado parte do valor arrecadado com a venda desta obra; local este que se tornou meu laboratório de reflexões profundas sobre a razão de nossas existências passadas, atual e futura. Ali, junto àqueles mais de 40 idosos maravilhosos, meus irmãozinhos SERES DE AMOR, de LUZ e PAZ, posso exercitar a verdadeira e descomprometida prática do amor e da caridade. É ali onde refaço minhas energias espirituais, onde busco junto ao Pai Maior forças para continuar minha caminhada. No Núcleo Espírita Amigo de Sempre – ANEAS – onde trabalho, local em que encontro todos os irmãos e companheiros materiais e espirituais daquela casa, amigos de tantas jornadas nessa seara de conhecimento: rogo a Deus bênçãos por todos vocês enquanto agradeço por tudo que tenho, obrigado, meus irmãos. Agradeço ao Irmão Salvino do Grupo Espírita dos Humildes de Inhumas, hoje já em outro plano, e a todos os irmãos daquela casa, em especial os que me trazem notícias de meus parentes que já me anteciparam, retornando à Pátria espiritual, nossa verdadeira casa. A todos aqueles do Grupo RAMATIS (meu especial mentor, cujas várias obras lidas me levaram e levam a mudanças profundas comportamentais e espirituais em minha vida). Ao Grupo do amor e caridade, com quem compartilho em minhas palestras meus momentos de emoção e desdobramento espiritual, quando os irmãos da espiritualidade maior utilizam-se de nós para divulgarem aquilo de que precisam, como disse meu avô materno Heliodoro já em outro plano: "... Quando vejo nossos instrutores falarem através de você é que vejo o quanto preciso estudar...".

Destaco agora o irmão **Amir Salomão** que, com extrema dedicação, zelo e perseverança, levou e continuará levando a mensagem maravilhosa de nossos Anjos Guardiões Protetores de casa em casa, porta em porta, escritório em escritório, loja em loja, rua a rua, pessoa a pessoa, o que o tornou o campeão de vendas deste livro, nada menos que 3 mil pessoas adquiriram de suas mãos um ou mais exemplares dos *Anjos do Senhor* para uso próprio e/ou para presentear alguém. Obrigado, amigo/irmão Amir, agradeço a misericórdia de nossos Anjos do Senhor por terem nos colocado um no caminho do outro, você para exercer esse importante papel de principal divulgador desta obra.

DEPOIMENTOS DE LEITORES AMIGOS/IRMÃOS

No final da primeira edição desta obra, fiz uma pergunta: "... O que você recebeu de positivo em sua vida, depois da leitura deste livro? Teremos enorme prazer em compartilhar com vocês essas experiências e testemunhos dos *Anjos do Senhor*". Inúmeros irmãos leitores enviaram seus depoimentos, aqueles que autorizaram, eu os publico. E conforme prometido, aí está.

DEPOIMENTO DE MARIA REGINA MOIANA

Li certa vez o seguinte: "Se todos soubessem a força que encerram as palavras, talvez as usássemos com maior reflexão. As palavras têm muita força e, uma vez lançadas, não poderemos mais recolhê-las e suas consequências e desdobramentos são inimagináveis".

Bem, se eu fosse dizer o que suas palavras me causaram, Prof. Barros, não haveria delas o suficiente para eu explicar. Minha alma canta e canta, cresce no calor desse carinho, dessa generosidade, e explode de alegria, de amor puro.

Obrigada, meu amigo/irmão, por sua generosidade, por sua validação, por me eternizar em sua obra. Não direi que não mereço isso, seria contestar sua amizade e generosidade. Mas lhe direi que, embora pequena de alma ainda, estou me sentindo plena de luz e alegria. Não me canso de olhar para seu livro e me emociono muito, não apenas por você me colocar e perenizar nele, mas também pela obra maravilhosa e poderosa que você gerou. E a sós, por isso se torna muito querida, não é mesmo? Porque até mesmo os filhos, nós o fazemos em dupla. Então a responsabilidade, as dores dessa gestação, os temores, as cores, as sombras que por vezes nos assombram, as luzes que nos cegam de tão profundas foram vivenciadas por sua alma, nunca solitária (porque almas solitárias não geram Luz), mas sozinha nessa caminhada interior.

Seus olhos e principalmente seu olhar sempre retiveram essa luz, Prof. Cleomar Barros. E agora, no momento certo, você pode soltar essa luz para as pessoas nela se aquecerem. Sempre pressenti e senti essa luz em você, e de coração, sei que agora ela nunca mais se apagará. OBRIGADA, OBRIGADA E OBRIGADA.

Você não poderá nunca imaginar o bem que me fez, a alegria que me trouxe e a certeza que me deu de eu estar no caminho certo, em minha rota!

Mais uma vez, você foi a voz do meu Anjo!

Beijos e continue a brilhar, para e por todos nós seres humanos que necessitamos tanto de LUZ.

Maria Regina Moiana – Minas Gerais

RESPOSTA A MARIA REGINA

Oi, minha queridíssima amiga/irmã!

Que você continue muito mais agora sempre protegida por Haamaiah, seu Anjo da Guarda.

Há certos momentos em nossas vidas que valem a pena termos vivido, para podermos compartilhar com quem a gente ama. Por isso o prazer em dividir também contigo essa alegria.

Por que será que você sempre consegue invadir minha alma, com tanta emoção e de forma tão intensa, forte, amiga e tão cheia de carinho e amor??? Eu já descobri, querida; você tem a chave do meu coração, que leva ao caminho da minha alma e dos meus mais profundos sentimentos emocionais e espirituais.

Não contive de novo as lágrimas de felicidades, que inundaram meus olhos e rosto ao receber esse plural agradecimento carregado de tanta emoção e amor.

Creia, minha irmã, você a cada momento se torna mais e mais imprescindível em nossas vidas, pela ternura que consegue transmitir em suas palavras e ações. Nossas almas podem mesmo cantar, se emocionar e sorrir, pois vimos tentando ser seres humanos melhores a cada ano e a cada fase/etapa de nossas vidas e temos conseguido, lentamente, mas temos conseguido. Certamente, porque as imperfeições desta vida e de vidas passadas ainda nos atemorizam e nos atrapalham, mas temos conseguido. Ao tentar eternizá-la nestes singelos manuscritos, não fiz nada mais do que justiça a você, à sua obra de grande e maior amiga, de esposa exemplar, mãe divina, filha maravilhosa e irmã de verdade. Sempre vi seu coração assim, gigantesco e generoso para com todos.

Que Anauel, meu Anjo Guardião Protetor, continue me iluminando e orientando sempre para todo o resto dos dias de minha vida para nunca deixar essa LUZ, que agora pode iluminar caminhos, mudar de cor, e que todos possam receber de seus Anjos a orientação para suas rotas corretas sempre.

Felicidades sempre e todos os dias de sua vida. Amo-a muito, querida amiga/irmã.

Beijos.

DEPOIMENTO DE VOVÓ CRISTINA

Conheci o Prof. Barros há quase sete anos. Chamou-me atenção sua dedicação ao livro que escrevia, mesmo enfrentando dificuldades para concluir os textos.

Ele pesquisou por mais de 11 anos sobre os Anjos do Senhor e as Hierarquias Superiores. Sua principal preocupação esteve sempre em não confrontar religiões ou provocar debates sobre acreditar ou não em Anjos.

Em nossas conversas, pela internet, estava continuamente motivando-o e animando seu espírito para não parar as pesquisas e buscar concluir e editar o livro. Em uma dessas conversas, ele comentou que minha participação tinha sido muito importante, pois houve momentos em que "por muito pouco" ele não desistiu. Para confirmar essa contribuição, ele disse que faria menção ao meu nome nos agradecimentos.

Enfim, em setembro de 2009 recebi em meu apartamento um exemplar de tão exaustivo e dedicado esforço para registrar o fruto de suas pesquisas. Fiquei muito contente com o presente e com a lembrança de meu nome nos agradecimentos.

Naquele momento eu me recuperava de uma delicada cirurgia e, como obra dos Anjos, aquele exemplar foi um lenitivo para as minhas dores e acabou por tornar-se meu livro de cabeceira.

É com muita satisfação que recebo do autor um exemplar para sortear entre os visitantes e habituais frequentadores de meu blog.

Cristina Palma – Rio de Janeiro – RJ/Manaus – AM

DEPOIMENTO DE CRISTIANE BERTHO

Queridos amigos,

Recebi nesta terça-feira, dia 16 de março de 2010, às 16h, o meu tão esperado livro *Anjos do Senhor*, do Prof. Barros de Oliveira.

Tamanha foi minha alegria receber este lindo presente!

Gostaria de agradecer grandemente à querida Vovó Cristina, que teve essa bela iniciativa de fazer o sorteio, e agradecer ao Professor Barros por esta obra preciosa!!

Vocês não vão acreditar, mas já li o livro todinho!!!! Devorei-o! Porque funciona assim: até a página 66 o escritor escreve sobre as passagens da Bíblia onde nas Escrituras são citados os Anjos, e as identificações dos Anjos; da página 67 a 286 são citados os perfis de cada Anjo, em um total de 72 anjos. E da página 287 a 348 vêm os esclarecimentos preliminares e Orações.

Este livro já mudou minha vida a partir do momento em que eu o recebi!

A energia está no ar!

Estou em uma felicidade sem tamanho, agora vou poder fazer minhas orações mais enfatizadas e direcionadas!

Gostaria de agradecer muitíssimo a Deus, por essas duas pessoas maravilhosas que aparecerem em minha vida! E peço a Deus e aos Anjos Guardiães Protetores que sempre estejam ao lado deles, protegendo-os e ajudando-os a levarem essa Paz a todos.

Bem, quando o livro *Anjos do Senhor* chegou até a mim, eu ainda estava de luto pelo falecimento de meu pai, que já fazia dois anos, e então comecei a lê-lo e a princípio meu coração já foi se enchendo de paz. Na sequência comecei a fazer as orações diárias, que me traziam muita Esperança e Luz, e algumas coisas boas já começaram a acontecer em minha vida. Primeiro, relacionado à minha reforma moral, por exemplo, eu não conseguia mais proferir palavras feias e torpes... Foi impressionante, pois não saía nada de minha boca que fosse ruim (digo palavrões). Comecei orando sempre na hora em que meu anjo estava mais próximo aqui da Terra, até coloquei meu celular para despertar, isso ajudou muito, pois largava tudo e ia orar. E a partir daí minha vida mudou, fui e continuo sendo muito abençoada ainda, pois tenho recebido infinitas graças através de minhas orações e ajuda de meu amado anjo Iah-Hel. É interessante que até as pessoas por quem eu oro chegam a sentir as bênçãos de minhas orações e depois me agradecem por isso. Lembrando que minha vida financeira também mudou muito, minhas conquistas melhoraram muito também. Hoje, quando as coisas não acontecem do jeito que eu quero, eu não discuto mais, simplesmente me resigno, e sei que o que o futuro me reserva é para o que eu realmente preciso e mereço. Meu anjo amado me livrou duas vezes de perigo grave em minha vida e não me canso de agradecê-lo por isso, e por ele estar hoje sempre em minha vida e de ter a oportunidade de saber disso. Já presenteei duas pessoas com este belo livro e sempre que puder vou presentear mais alguém. Este livro mudou minha vida, minha direção, meu rumo e fez com que eu chegasse mais perto de Deus de uma forma doce e suave, sempre com a ajuda e interveniência de meu Amado Iah-Hel, meu Anjo Guardião Protetor.

Cristiane C. Bertho Tavares – Curitiba-PR

DEPOIMENTO DE ILGNER GEOVANNE

Meu nome é Illgner Geovanne, tenho 19 anos e moro em São Paulo, capital.

Estava em uma livraria à procura de um livro de anjos, quando encontrei o livro *Anjos do Senhor*.

Confesso que mudou minha vida espiritual e física, agora penso diferente, e vejo a beleza nas coisas mais simples da vida.

Converso com Yesalel, meu Anjo Guardião Protetor, todos os dias, sinto cada vez mais a presença dele. Quando comecei a fazer a oração do Arcanjo Miguel, senti tudo diferente! Consegui meditar e ficar em sintonia com os anjos; vi duas mãos soltando uma luz violeta, um ser alto, muito forte, de armadura, de pé andando ao lado da minha cama, mas a hora que mais me surpreendeu foi quando vi um ser com uma forte luz e, imediatamente, a luz violeta também ficou amarela; não consegui mexer nenhuma parte de meu corpo, foi incrível.

Agora eu estou mais perto dos Anjos, mais perto de Deus e mais perto de tudo que é bom.

Este livro já passou pelas mãos de toda a minha família, dos amigos de minha mãe. Muitas pessoas estão cada vez mais interessadas.

Abraço.

Ilgner

DEPOIMENTO DE MORGANA

O livro *Anjos do Senhor* tem uma abordagem bem diferente do que eu conhecia, confesso que não tinha ideia de quanto é complexo esse mundo espiritual, e não tinha ideia também da quantidade de Anjos que estão ao nosso redor e o quanto eles estão sempre nos influenciando. Para mim, foi algo que me fez pensar o quanto Deus é maravilhoso e o quanto temos de pensar sempre positivamente em tudo em nossa vida...

Deus existe e olha por nós.

Quando a gente lê livros que nos ensinam que devemos continuar lutando, sem nos revoltar, tendo sempre fé e acreditando que Deus está nos amparando, seja qual for o resultado aqui na Terra, conseguimos encarar os problemas com outros olhos e saber conviver e lutar.

Tudo o que veio de Deus em períodos difíceis de minha vida me ajudou muito a entender e a compreender o quanto Deus é maravilhoso em nossas vidas.

Você, Prof. Barros, é uma pessoa muito positiva e por isso gosto de falar com você. Seu livro passa coisas muito boas e nos faz sentir protegidos por Deus.

Morgana – São Paulo

DEPOIMENTO DE NEIDE PACHECO

Bom dia,
Que a Paz do Senhor esteja sempre com vocês. Estou organizando minhas ideias, colocando em ordem todas as bênçãos que recebi desde meu primeiro encontro com seu livro. Confesso que estou maravilhada com ele (livro) e com todas as coisas que estão acontecendo em minha vida. Lteio bastante, mas nunca li uma obra que tivesse tanta influência em meu ser. A princípio tenho muito a agradecer a você por ser o autor desta maravilha, porque foi através de você, com sua obra, que eu me reencontrei. Muito obrigada de coração. Farei o depoimento com muito Amor, Paz e Luz.

Neide Pacheco Amorim – Inhumas–Goiás

MENSAGENS ENVIADAS POR PARENTES JÁ NA PÁTRIA ESPIRITUAL

Mensagem enviada pelo vovozinho, Sebastião Caixeta, desencarnado no ano de 1998, ao seu neto Cleomar Barros de Oliveira no dia de sua palestra sobre o perdão. Era também noite de autógrafo do livro *Anjos do Senhor*. A mensagem foi psicografada pela médium Renilda Gonçalves Ferreira, no Centro Espírita "Grupo dos Humildes", na cidade de Inhumas(GO), no dia 20 de agosto de 2009.

Hoje, meu amado neto, é apenas para estarmos juntos em oração, agradecer ao Pai Maior por mais uma obra que se transformou, mais um filho nascido do coração de tantos abnegados irmãos que, utilizando-se de você, põem à apreciação de todo aquele que almeja seguir os passos do Divino Mestre.

Sua aceitação e dedicação foram valiosas, na realização e concretização de tão abençoado presente de Deus a todos nós.

Nossa Terezinha compartilha desse momento tão sublime e nunca esqueça, meu neto, que tudo vem de Deus, de nós é apenas uma fração do dever cumprido.

A todos os irmãos presentes, meu abraço fraterno do avô, do amigo e aluno seu.

Sebastião Caixeta

Mensagem enviada pela vovozinha Cecília Maria de Jesus, desencarnada no ano de 1984, ao seu neto Cleomar Barros no dia 16 de agosto de 2010, no Centro Espírita "Grupo dos Humildes", quando ministrava a palestra sobre o capítulo III, "Na Casa do Pai Há Muitas Moradas", de O Evangelho Segundo o Espiritismo, psicografada pela médium Renilda Gonçalves Ferreira, na cidade de Inhumas(GO)

A alegria enche meu coração neste instante, porque posso ocupar um espaço tão abençoado para falar ao coração de meu neto Cleomar. Querido, você é minha luz e perto de você deixo de ser avó para ser uma aprendiz que caminha com você pelas estradas de suas anotações tão verdadeiras. Obrigada, filho querido, e para completar nossa felicidade trago o abraço carinhoso de seu avô Heliodoro que não pode estar conosco porque suas inúmeras tarefas chamam por seu cumprimento. Mesmo assim, sentimos que em tudo que busca nós estaremos com você e com a bênção de Deus Pai. Nossa família, filho, cresce em número do lado de cá e todos estão buscando cada qual sua melhoria. Por isso, Cleomar, é que nem todos podem atender ao seu chamado para esse reencontro. Graças ao Bom Mestre Jesus, pude vir e trazer comigo todos os abraços endereçados a você. Não posso tomar tempo de outros irmãos que aguardam a vez. Obrigada, meu neto, por tudo, receba minha bênção e o carinho de todos que te amam. Receba todo o nosso carinho e todo o nosso agradecimento.

Sua avó que o ama muito,

Cecília Maria de Jesus

Mensagem enviada pelo vovozinho Sebastião Caixeta, desencarnado no ano de 1998, ao seu neto Cleomar Barros no dia 8 de novembro de 2010, psicografada, pela médium Renilda Gonçalves Ferreira no Centro Espírita "Grupo dos Humildes", na cidade de Inhumas(GO).

Sinto-me ainda tão pequeno, meu neto, perante o carinho e o amor que emana de seu coração para todos nós. Somos gratos por tudo que tem feito por todos que precisam de sua palavra de incentivo, nos passando conhecimentos que iluminam nosso caminho. Meu prezado neto, seu coração chama por seu tio João, mas ele se encontra em processo de preparação para uma nova oportunidade para o regresso à esfera material, mas saiba que com toda certeza ele ainda recebe a força de seu carinho e sua vibração de amor. Obrigado, filho, os dois lados da vida lhe agradecem por sua colaboração contínua em prol da evangelização da raça humana. Quanto a nós, alunos indisciplinados que fomos, hoje pedimos a Jesus que o abençoe porque há ainda muito por aprender e mais ainda por realizar. Termino meus escritos agradecendo a Jesus a bênção maravilhosa destes momentos.

    Deixo a você minha bênção e a certeza de que sou apenas um aluno seu que está aprendendo a lição. Receba todo o meu afeto.

Sebastião Caixeta

Mensagem enviada pelo vovozinho Heliodoro José de Barros ao seu neto Cleomar Barros, no dia 28 de maio de 2012, no Centro Espírita "Grupo dos Humildes", quando ministrava a palestra sobre "Reformas Morais", psicografada pela médium Renilda Gonçalves Ferreira, na cidade de Inhumas(GO).

Que a bênção de nosso Senhor Pai de todos nós seja presente em cada coração aqui neste momento de tão abençoado banquete espiritual. É com muita alegria que mais uma vez vejo e ouço meu neto, falando das verdades fundamentais para a construção do homem de bem.

    A cada um, meu abraço. Peço neste instante a licença para falar com meu neto Cleomar. Apesar de ser tão pequeno como cristão e tão grande em falta de conhecimento, estou, meu neto, caminhando na escola da Vida Maior. Quando vejo nossos instrutores falarem através de você é que vejo o quanto preciso estudar. Graças ao Pai Maior podemos contar com sua valorosa ajuda. Quando nos defrontamos com nossa realidade, nos sentimos tão pequenos perante tantas belezas implantadas pelas forças do bem distribuídas com tanto amor. A hora de grandes transformações se aproxima, meu neto, não há mais como adiar. Por isso é com grande alegria que o vejo como sendo um disseminador de boas obras, levando a verdade a tantos que precisam. Tenho um companheiro nas reuniões de estudo, seu avô Sebastião, que tem me ajudado muito. Ele o abraça você felicitando por mais esse momento de tanta felicidade. Obrigado, meu neto, seu avô ainda não pode muito, mas pode pedir a Jesus que o guarde e ilumine nas lições de cada dia, e que cada semente que você semeia cresça e dê frutos de caridade e muito amor. A todos os nossos familiares, minha gratidão. A você, minha bênção e todo o meu agradecimento por tudo o que você faz em benefício de nós todos. Volto quando Jesus achar que mereço. Seu avô, que estuda para crescer como cristão.

Heliodoro José de Barros

Mensagem enviada pela bisavozinha Felicidade Xavier de Oliveira, desencarnada no ano de 1981, ao seu bisneto Cleomar Barros, no dia 29 de outubro de 2012, na cidade de Inhumas, no Centro Espírita "Grupo dos Humildes", quando ministrava a palestra sobre "Paz e Amor Bichos", psicografada pela médium Valéria de Fátima Morais Borges.

Meu neto, estou aqui, nós viemos para dar a bênção em seu coração e estar perto da família, que é tão especial para nós, dar força na caminhada da vida, para dizer que tenho muita fé, muita esperança e perseverança. Muitas vezes, filho do coração da avó, nos damos conta do quanto a vida é maravilhosa, após ter passado a grande matéria que nos dá sempre o direito da melhora, porque a grande matéria, como disse, passa, e digo grande porque ela é a responsável por tudo que aprendemos, responsável por tudo que melhoramos, responsável por aquilo que nos faz crescer e que nos faz ver como realmente somos e como podemos melhorar no caminho da existência. Creia, filhinho, que nada nos passa na vida por acaso e que cada um, cada um de verdade é que pode mudar a si mesmo. Podemos até conhecer o sofrimento do próximo, mas nós é que construímos nosso sofrimento e que trazemos a tranquilidade à nossa alma. Então ame, tenha força, busque sempre encontrar no trabalho ao próximo e na fraternidade maior da alma a ânsia do seu espírito. Muito obrigada, meu neto, seja sempre feliz. Seu avô manda abraços e dá bênção ao coração do neto, filho do coração. Seguimos, siga também o amor, querido da nossa vida. Cuide-se, cuide da família, cresça sempre para o bem. Muito gratos por poder falar hoje. Seguimos, bênção, meu neto. Até mais ver, siga lembrando que o que traz a paz ao coração aqui é o caminho certo, ouviu? Amo muito todos vocês, eternamente, eternamente.

Felicidade Xavier de Oliveira

Mensagem enviada pela bisavozinha Felicidade Xavier de Oliveira, desencarnada no ano de 1981, ao seu bisneto Cleomar Barros, no dia 27 de maio de 2013, na cidade de Inhumas, no Centro Espírita "Grupo dos Humildes", quando ministrava a palestra sobre "Reforma Íntima", psicografada pela médium Valéria de Fátima Morais Borges.

Tomar cada dia mais a rédea de nossa vida é muito importante, meu neto, não podemos é nos entregar ao que sabemos não ser correto, ao que não nos faz bem. Compreender a vida não é fácil, aceitar não é fácil, agir não é fácil, mas não é porque é difícil que temos de desistir de lutar, nos melhorar, de amparar nossos companheiros, de agir da melhor forma. Melhorar, meu neto, é quando olhamos para trás e vemos o quanto fizemos ao próximo, o quanto melhoramos como seres humanos para nós e para o nosso próximo. Não desanime jamais, meu neto, lembrando que tudo, tudo que fazemos aqui os anjos do senhor nos orientam se assim permitirmos, se quisermos e fizermos por onde. Não deixe de pensar sempre, meu neto querido, não deixe de analisar, faça sempre o pensamento no bem no intuito de pedir proteção aos amigos, aos anjos daqui da espiritualidade. Colocar em prática nossos projetos é muito importante colocar, mas não podemos colocar jamais a matéria antes da vida espiritual. Sei, meu neto que não tem más intenções, mas analisar pensamentos, estudar sentimentos e olhar nossas ações são sempre muito positivos para a vida, para tudo que podemos fazer na vida. Tenha sempre muita força na caminhada. No lar, lembre-se, meu neto, de que ao lado sempre há uma alma em caminho da ascensão e que, de vez em quando ou quase sempre, temos de dar as mãos e caminhar e caminhar juntos com entendimento, paciência e compreensão. Lute na vida, tendo boas ideias e não deixe de confiar, não deixe de acreditar, meu querido. A "bisa" aqui deixa bênção ao seu coração e agradece a lembrança. Vim reforçar o valor do amor que temos em mãos, do fruto maior que é o coração, meu neto. Muito grata, a avó anda devagar, mas sempre em frente. Seus avós mandam forças ao seu coração. Deixo aqui nosso agradecimento, nosso carinho, nosso amor. Muito obrigada pela lembrança da velha avó aqui, que ama, que quer bem. Bênção no seu coração, eu volto quando puder. Até mais ver.

Felicidade Xavier de Oliveira

Mensagem enviada pelos avós ao seu neto Cleomar Barros, no dia 25 de agosto de 2014, na cidade de Inhumas, no Centro Espírita "Grupo dos Humildes", quando ministrava a palestra sobre "Obsessões e Obsediados", psicografada pela médium Renilda Gonçalves Ferreira.

AVÓS

Todos os momentos são preciosos para cada um de nós, quando, por misericórdia Divina, retornamos através da escrita para confraternizar com os companheiros e irmãos de ideal cristão, para nossos agradecimentos ao nosso tão amado neto Cleomar; que mais uma vez faz brilhar aos olhos do mundo mais uma obra ampliada, onde corações aflitos já renovaram seus conceitos e muitos ainda serão encorajados a fazer as devidas mudanças, visando à transformação de seus ideais para o progresso de si mesmos.

Querida criança, criança de coração grande, que o Divino Mestre o abençoe sempre. Sabemos que nossas palavras chegam ao seu coração como incentivo para novas obras que ainda virão, e lhe falamos sem medo de que nossas palavras venham criar em você qualquer sentimento contrário à caridade, que é a mola que move o coração do trabalhador sincero e a humildade de um seguidor do Mestre dos Mestres. Estamos, como sempre, ao seu lado, mesmo que nossa contribuição seja tão pequena, mas estamos aqui.

Filho do coração, os amigos espirituais congratulam conosco por mais esse momento. Juntos, também agradecemos aos irmãos e irmãs que tão amorosamente contribuíram com suas palavras tão amáveis para que esta obra fosse ampliada com tanto zelo e observância, sobretudo de um coração acostumado a ajudar.

Que esta obra continue alcançando seu objetivo que é a transformação de corações sofridos em águas mansas de bondade e gratidão, que banharão a humanidade preparada para um novo porvir. Obrigado, mais uma vez. A emoção toma conta de nós e como sempre deixamos nossa bênção e nosso carinho a esse que chamamos nosso neto, mas nada mais é do que um trabalhador dedicado que sabe o tamanho de seus compromissos.

Estamos neste instante abraçando você:
- Seu avô Sebastião Caixeta
- Sua avó Cecilia Maria de Jesus
- Seu avô Heliodoro José de Barros
- E sua bisa Felicidade Xavier de Oliveira

HANSANAUEL – ANJO GUARDIÃO PROTETOR(MENTOR ESPIRITUAL)

Juntos, voltamos nossos olhos ao Pai Maior agradecendo por mais esta dádiva e ainda mais, por tantos irmãos e amigos caridosos que estão presentes, mas nos pedem para não serem citados porque são apenas auxiliares de uma grande tarefa, apenas isso.

Querido amigo e irmão, queremos apenas dizer: que Deus continue iluminando-o hoje e sempre; logo, logo iniciaremos outra etapa, em que o tema central será a busca dos jovens pelas respostas da pergunta: *Por que tanta violência contra as crianças, nos dias de hoje?* Sua bandeira é nossa bandeira querido amigo. Confie e siga. Com amor.

HANSANAUEL

Mensagem enviada pelo mentor espiritual Hansanauel ao Professor Barros no dia 28 de agosto de 2017, psicografada pela médium Renilda G. Ferreira, no Centro Espírita "Grupo dos Humildes" na cidade de Inhumas(GO).

Querido companheiro, não conte os grãos que plantar, continue sempre plantando, porque talvez nem todos germinem, mas continuar plantando é nosso dever e obrigação, isso se quisermos fazer parte desse canteiro de terra adubada pelo amor de Cristo Jesus. Hoje foi apenas para um abraço, desse amigo e companheiro de luta constante. A família querida me faz portador do carinho que sempre existirá entre todos.

O abraço é o de sempre.

HANSANAUEL

Introdução II

Certo dia, falando com um amigo/irmão/compadre e renomado escritor goiano, confidenciei-lhe que queria escrever e editar um livro e que há muito eu pesquisava sobre o assunto, me parecia que a ideia já não cabia mais dentro de mim, foi então que ele me disse...

"... Uai, Compadre, então este é o momento exato de ele nascer...".

Afinal, não foram 9 meses, mas 11 anos de pesquisa sobre esse tema.

Empolgou-me a ideia, deixei-a tomar corpo e posse de mim e aqui está. Diz um conhecido e bastante citado provérbio chinês, que um homem, para se sentir realizado e completo na vida, precisa realizar três projetos fundamentais:

1. Ter um filho. Tive três "anjos" adoráveis, pois as duas mães são mulheres admiráveis, "Mensageiras de Deus" em estado de evolução espiritual que tive a felicidade de conhecer e conviver neste mundo.
2. Plantar uma árvore. Plantei mais de 10 mil laranjeiras frutíferas para saciar a fome das pessoas. E finalmente:
3. Escrever um livro. Acreditei tanto no provérbio que aqui está ele, "o livro", e espero que seja o primeiro de uma série.

As pesquisas e levantamentos de dados e informações sobre esse assunto nos possibilitaram ter a ousadia de tentar descrever todas as atribuições/tarefas/funções dos "Anjos do Senhor" e fazer o desenho também da sua Estrutura Organizacional Celeste, apresentando o

Organograma em gráfico, bem como a descrição das atribuições de cada um.

Não poderia ser diferente, pois nossa visão é a de um administrador de empresas, e nossa intenção é compor algo que possa esclarecer e inspirar as pessoas e leitores, como vocês, a conhecerem melhor essa estrutura de organização do alto, seus "Anjos Guardiões Protetores", seus Príncipes, e assim poderem levar uma vida melhor.

Estamos bastante interessados em saber como foram e como serão suas novas experiências e testemunhos ao fazer contato com seu Anjo Guardião Protetor, bem como os resultados obtidos desses contatos. O que você recebeu de positivo em sua vida depois deste livro? Teremos enorme prazer em compartilhar com vocês essas experiências e testemunhos dos *Anjos do Senhor*. Escreva-nos contando tudo como foi e nos autorize, se tiver interesse, que publicaremos seu relato na nova edição do livro. Escreva para: <cleomarbarros@hotmail.com>.

Definição das Hierarquias Angelicais

Quando Deus criou o universo, definiu também uma estrutura hierárquica organizacional, com todos os príncipes e anjos de cada hierarquia, para que os seres vivos, ao fazerem contato com o alto para registrar seus pedidos, o fizessem obedecendo a essa hierarquia, ou seja, rogassem e pedissem tudo o que quisessem diretamente ao seu Anjo Guardião Protetor.

Ocorre que, por desconhecermos essa estrutura, a ignoramos, e sempre que precisamos da ajuda do alto, dizemos por exemplo, quando alguém espirra perto de nós: "... Deus o ajude (em vez de dizer saúde)...", ou "... Com fé em Deus passarei neste concurso..." (em vez de estudar com mais afinco), ou ainda "Deus me ajudará a chegar a tempo..." (quando deveria ter saído mais cedo); e por aí vão milhares e milhares de pedidos por segundo, de coisas simples e banais, originados de todas as pessoas do universo. Isto seria quase uma desobediência ao segundo mandamento da lei de Deus, que diz: "... Não tomar Seu santo nome em vão...".

Esses pedidos ingênuos me fazem lembrar uma cena do filme *Todo-Poderoso*, no momento em que o personagem Bruce Nolan, muito bem interpretado por Jim Carrey, assume temporariamente o papel de Deus e começa a receber, via e-mail, os pequenos e insignificantes pedidos de toda natureza. O deus temporário começa a enlouquecer com tantos pedidos e resolve atender a todos de uma só vez, quando provoca então um verdadeiro caos no universo.

Deus, em minha opinião, tem causas, assuntos, pedidos e catástrofes muito mais urgentes e emergentes para cuidar e resolver do que atender aos nossos pedidos para cura de nossos espirros diários. Precisamos nos conscientizar disso e sermos mais obedientes e menos prepotentes e pretensiosos, dirigindo-nos sempre que precisarmos de algo ao nosso Anjo Guardião Protetor, que ele saberá o que fazer. Curiosamente, aqui na Terra, tratando com simples mortais, somos obrigados a obedecer à menor que seja das hierarquias e estruturas organizacionais existentes nas empresas, ou seja, dificilmente falaremos com o "dono da empresa" para resolver nossos problemas, seja de que tamanho forem. Por que então deveria ser diferente na estrutura celeste?

Entendo que nossos pequenos pedidos diários serão prontamente atendidos com muito mais velocidade, eficácia e eficiência, se forem direcionados correta e diretamente ao nosso Anjo Guardião Protetor, caridosamente designado por Deus para nos acompanhar, ser nosso guia, conselheiro, protetor e amigo, desde o dia em que nascemos e que também tem autoridade, poder e autonomia para nos atender no que quer que seja. Bom saber também que ele sempre servirá de ponte entre nós e Deus, como Mensageiro do Alto. Tenho a convicção e testemunhos pessoais diários de que somos muito bem atendidos por nosso Anjo, porque foi essa a vontade de Deus quando estabeleceu a hierarquia celeste.

O Nosso Anjo, ao receber um pedido, faz o filtramento necessário para saber o que deve ou não ser encaminhado a Deus. Os pequenos e simples pedidos, para solução de pequenos e simples problemas de qualquer natureza, ele mesmo pode resolver e muito mais rápido, porque tudo depende de uma prioridade natural do pedido. Agora, o que não estiver em sua competência ou alçada de decisão para resolver será, certamente, muito bem encaminhado e recomendado ao Senhor.

Comprovando mais uma vez Sua infinita bondade, Deus permite que façamos contato direto com Ele, permite que desrespeitemos assim todos os níveis e graus hierárquicos da estrutura à qual deveríamos obedecer e que nos dirigimos a Ele para pedir aquilo de que precisamos.

Por essas e muitas outras razões, este livro tem um formato de Manual de e para Consulta Diária, e nosso desejo espiritual é que ele fique sempre com você em seu trabalho, em sua casa ou na cabeceira de sua cama, para consultas e orações diárias, onde você, leitor, e toda a sua família poderão desfrutar do conforto e bálsamo espiritual que essas orações provocarão no coração e na alma de cada um.

No final do livro, há uma coletânea de orações para todas as ocasiões em que você precisar da proteção e orientação dos "Santos Anjos do Senhor", que podem ser utilizadas nos diversos momentos diários de sua vida, tais como:

a. ao levantar-se;

b. no transcorrer do dia;

c. ao traçar seu "Quadro de visões mentais do futuro" e orar para cumpri-lo;

d. à noite antes de dormir;

e. nos agradecimentos pelas graças recebidas;

f. diante de alguma dúvida, incerteza ou alternativas em que você tenha de decidir;

g. quando for ensinar seu filho a rezar;

h. orando em sua empresa;

i. orando pelos inimigos.

"PROTEJA-SE, LEVE SEU ANJO SEMPRE COM VOCÊ."

Normalmente uso a agenda do meu celular ou do computador, outros meios eletrônicos ou uma agenda de mão para não esquecer dia nenhum de fazer contato com Ele. Não se esqueça de que o "Anjo Contrário" pode "fazê-lo esquecer" de realizar esse contato.

Que Deus e Seus mensageiros, os Anjos Guardiões Protetores, abençoem você e iluminem os caminhos de sua vida e de seus familiares, transformando-os em pessoas melhores, moral, ética e espiritualmente, bem como muito mais prósperas, saudáveis e de muita fé, confiantes em Deus e muito mais felizes em sua caminhada rumo ao Senhor, a partir da leitura e dedicação diária ao seu Anjo Guardião Protetor. Assim seja. Amém.

Conhecendo nosso Anjo da Guarda

O Anjo Guardião Protetor é esse ser de luz que rege o dia e o mês de seu aniversário, e está ao seu lado desde o dia de seu nascimento. Ele acompanha cada movimento seu e conhece o que se passa em seu coração. Seu Anjo Guardião Protetor é encarregado por Deus de proteger sua vida e ajudá-lo a resolver todos os seus problemas, e encorajá-lo nas dificuldades.

Todo anjo que se dedica ao serviço abnegado serve, livremente, a uma determinada pessoa (emanação de vida). Para cada ser pertencente à humanidade da Terra, para cada "remanescente" e para cada Espírito daqui e de outras estrelas existe um anjo individual abnegado para servi-los tornando-se uma Presença Protetora. Essa presença permanece ao lado da determinada emanação de vida, durante todo tempo que ela estiver ligada ao reino do desenvolvimento. Esses seres angelicais são muitas vezes chamados de "Anjos Protetores" ou "Anjos da Guarda".

Você pode imaginar o que é servir, abnegadamente, sempre a mesma pessoa, durante milhares de anos, sem às vezes dar uma oportunidade ao seu Anjo Guardião Protetor de frequentar o Templo dos Mestres, para que Ele possa refazer-se, isso porque sua protegida, a referida emanação de vida, não tem o hábito de comparecer ou frequentar o Templo do Mestre? Reflita bem sobre isso! É um cativeiro voluntário de Puro Amor e nada existe na Terra em termos comparativos. Seu Anjo Guardião Protetor designado por Deus é obrigado, por Lei Divina, a acompanhar seu protegido, e em todas as ocasiões propícias colocar um raio de Luz em sua consciência (as intuições), com a finalidade de poder elevá-lo moralmente, cada vez mais a caminho da Luz do PAI MAIOR.

Por isso, para que ele possa acompanhá-lo bem de perto, e se manter próximo de você, é preciso que você queira que seu anjo fique mais próximo. E, para atraí-lo, você pode e deve se lembrar intensamente de seu Anjo, vibrando na frequência dele caso queira, e preferencialmente na hora em que ele estiver mais próximo da Terra (cada anjo tem sua hora exata de estar mais próximo), rezar, orar, refletir e conversar com ele sobre seu salmo (cada um tem o seu também). Converse com seu Anjo, fale de seus planos, seus medos, angústias, mas fale também de seu Quadro de Visões Mentais do Futuro e ele o ajudará a afastar seus medos e realizar todos os seus desejos, sonhos e vontades.

SOBRE OS ANJOS

O que existe na história registrado sobre os anjos é muito pouco e curto. Os gregos os chamavam de Daimones (gênio, anjo, ser sobrenatural). A palavra "anjo" vem do termo grego *aggelos* ou *angelus,* que significa "Mensageiro"; a palavra hebraica para anjo é *Malakl,* que também significa "Mensageiro", "Enviado".

Tradicionalmente, a Bíblia considera os Anjos como "Mensageiros de Deus" por Ele enviados para guiar os povos, dirigir e orientar as pessoas, conjurar perigos, castigar transgressões e anunciar as boas-novas e a vontade de Deus.

Os egípcios os explicaram amplamente e com muito mais detalhes, mas, infelizmente, tudo foi perdido ou queimado na época das cruzadas e da ascensão do Cristianismo primitivo do Ocidente, quando textos e escrituras foram rude e barbaramente eliminados em nome de Deus. Hoje, o pouco que nos resta deriva dos estudos cabalísticos desenvolvidos pelos judeus, que foram os primeiros a acreditar nessa energia.

As primeiras descrições sobre anjos apareceram no Antigo Testamento. A menção mais antiga de um anjo aparece em Ur, cidade do Oriente Médio, por volta de 4.000 a.C.

No ano de 787, definiu-se o dogma angelical somente em relação aos arcanjos: Miguel, Uriel, Gabriel e Rafael.

A auréola que circunda a cabeça dos anjos é de origem oriental. O Nimbo (do latim *nimbus*) é o nome dado ao disco ou aura parcial luminosa que emana da cabeça das divindades. As asas representam a rapidez com que os anjos volitam e se locomovem.

OS ANJOS SEGUNDO AS IGREJAS E O ESPIRITISMO

Os Anjos segundo a Igreja

1. Todas as religiões, sob diversos nomes, tiveram anjos, quer dizer, seres superiores à humanidade, intermediários entre Deus e os homens. O materialismo, negando qualquer existência espiritual fora da vida orgânica, naturalmente colocou os anjos entre as ficções e as alegorias. A crença nos anjos faz parte essencial dos dogmas da Igreja; é assim que ela os define:

2. Nós cremos firmemente, diz um concílio geral e ecumênico, que só há um verdadeiro Deus, eterno e infinito, "que no começo dos tempos, tirou conjuntamente do nada uma e outra criatura, a espiritual e a corporal, a angélica e a mundana, e em seguida formou, como intermediária entre as duas, a natureza humana composta de corpo e espírito.

Tal é, segundo a fé, o plano divino na obra da criação: plano majestoso e completo, como convinha à sabedoria eterna. Assim concebido, ele oferece aos nossos pensamentos o ser em todos os graus e em todas as condições. Na esfera mais elevada aparecem a existência e a vida puramente espirituais; na última classe, a existência e a vida puramente materiais; e no meio que as separa, uma maravilhosa união de duas substâncias, uma vida comum ao mesmo tempo ao espírito inteligente e ao corpo organizado.

Nossa alma é de uma natureza simples e indivisível, porém é limitada em suas faculdades. A ideia que temos da perfeição nos faz compreender que pode haver outros seres simples iguais a ela, e superiores por suas qualidades e seus privilégios. A alma é grande e nobre, mas está associada à matéria, servida por órgãos frágeis, limitada em sua ação e em seu poder. Por que não haveria outras naturezas mais nobres ainda, libertas dessa escravidão e desses entraves, dotadas de uma força maior e de uma atividade incomparável? Antes que Deus houvesse colocado o homem na Terra para conhecê-lo, amá-lo e servi-lo, não deveria já ter chamado outras criaturas para compor sua corte celeste e para adorá-lo na morada de sua glória? Deus, enfim, recebe das mãos do homem o tributo de honra e a homenagem deste universo; é de admirar que Ele receba das mãos do anjo o incenso e a prece do homem? Portanto, se os anjos não existissem, a grande obra do Criador não teria o remate e a perfeição da qual ela era suscetível; este mundo, que atesta sua onipotência, não seria mais a obra-prima de sua sabedoria. Nossa própria razão, ainda que fraca e débil, poderia facilmente concebê-lo mais completo e mais aperfeiçoado.

A cada página dos livros sagrados do Antigo e do Novo Testamento, faz-se menção dessas sublimes inteligências, nas invocações piedosas e nos episódios históricos. Sua intervenção aparece manifestamente na vida dos patriarcas e dos profetas. Deus serve-se de seu ministério, ora para declarar suas vontades, ora para anunciar os acontecimentos futuros; Deus quase sempre faz dos anjos os intermediários de sua justiça ou de sua misericórdia. Sua presença está unida às diversas circunstâncias do nascimento, da vida e da paixão do Salvador; sua lembrança é inseparável da dos grandes homens e dos fatos mais importantes da antiguidade religiosa, encontra-se mesmo no meio do politeísmo e nas fábulas da mitologia, porque a crença de que falamos é tão antiga e tão universal quanto o mundo; o culto que os pagãos rendiam aos bons e aos maus gênios era apenas uma falsa aplicação da verdade, um resto degenerado do dogma primitivo.

As palavras do santo concílio de Latrão continham uma distinção fundamental entre os anjos e os homens.

Elas nos ensinam que os primeiros são espíritos puros, enquanto os segundos são compostos de um corpo e de uma alma; isto é, que a natureza angélica se sustém por si mesma, não somente sem mistura, mas ainda sem associação real possível com a matéria, por mais leve e sutil que a imaginemos; enquanto nossa alma, igualmente espiritual, está associada ao corpo de maneira a não formar com ele senão uma só e mesma pessoa, e que este é essencialmente seu destino.

Enquanto durar essa união tão íntima da alma com o corpo, essas duas substâncias têm uma vida comum e exercem influência recíproca uma sobre a outra. A alma não pode se livrar inteiramente da condição imperfeita que esse fato lhe acarreta: suas ideias lhe chegam pelos sentidos, pela comparação dos objetos exteriores, e sempre sob imagens mais ou menos aparentes. Daí por que ela não pode contemplar a si mesma, nem pode representar Deus e os anjos sem lhes admitir alguma forma visível e palpável. Eis por que os anjos, para se fazerem visíveis aos santos e aos profetas, devem ter recorrido a formas corporais; mas essas formas não eram mais que corpos imateriais que os anjos faziam mover sem se identificarem com eles, ou atributos simbólicos em relação com a missão da qual estavam encarregados.

Seu ser e seus movimentos não estão localizados e circunscritos em um ponto fino e delimitado do espaço. Não estando ligados a nenhum corpo, não podem ser retidos e limitados por outros corpos, como nós o somos; eles não ocupam nenhum lugar nem preenchem nenhum espaço vazio. Porém, assim como nossa alma está toda inteira em nosso corpo e em cada uma de suas partes, eles também estão inteiramente, e quase simultaneamente, sobre todos os pontos e em todas as partes do mundo; mais rápidos que o pensamento, eles podem estar por toda a parte em um abrir e fechar de olhos e ali atuarem por si mesmos, sem outros obstáculos às suas intenções senão a vontade de Deus e a resistência da liberdade humana.

Enquanto temos de nos conformar em ver apenas pouco a pouco, e em certa medida, as coisas que estão fora de nós, e as verdades de ordem sobrenatural nos aparecem como em enigma e em um espelho, segundo as palavras do Apóstolo São Paulo, eles veem sem esforço o que lhes interessa saber, e estão em relação imediata com o objetivo de seu pensamento. Seus conhecimentos não são o resultado da indução e do raciocínio, mas dessa intuição clara e profunda que abrange simultaneamente o gênero e as espécies que deles derivam, os princípios e as consequências que deles decorrem.

A distância das épocas, a diferença dos lugares, a multiplicidade dos objetos não podem produzir nenhuma confusão em seus espíritos.

A essência divina, sendo infinita, é incompreensível; ela tem mistérios e profundezas que eles não podem penetrar. Os desígnios particulares da Providência não lhes são mostrados; ela, porém, os revela quando, em certas circunstâncias, os encarrega de anunciá-los aos homens.

As comunicações de Deus aos anjos, e dos anjos entre si, não se fazem, como entre nós, por meio de sons articulados e de outros sinais sensíveis. As puras inteligências não têm necessidade nem de olhos para ver nem de ouvidos para ouvir, elas não têm mais o órgão da voz para manifestar seus pensamentos, esse intermediário habitual de nossas conversas não lhes é necessário; elas, porém, comunicam seus sentimentos de uma forma que lhes é própria e que é toda espiritual. Para serem compreendidas, é suficiente que o desejem. Somente Deus conhece o número de anjos. Esse número, certamente, não poderia ser infinito, e não o é; mas, de acordo com os autores sacros e os santos doutores, ele é bastante considerável e verdadeiramente prodigioso. Se é natural proporcionar o número de habitantes de uma cidade à sua grandeza e à sua extensão, sendo a Terra apenas um átomo em comparação com o firmamento e as imensas regiões do espaço, temos de chegar à conclusão de que o número de habitantes do céu e do ar é muito maior que o dos homens da Terra.

Visto que a majestade dos reis deve seu brilho ao número de seus súditos, seus oficiais e seus servidores, o que existe de mais próprio para nos dar uma ideia da majestade do Rei dos reis do que essa multidão inumerável de anjos que povoam o céu, a Terra, o mar e os abismos, e a dignidade daqueles que se mantêm, incessantemente, prosternados ou de pé diante de seu trono?

Os padres, a Igreja e os teólogos geralmente ensinam que os anjos estão distribuídos em três grandes hierarquias, ou principados, e cada hierarquia em três companhias ou coros.

Os da primeira e da mais alta hierarquia são designados em consequência das funções que desempenham no céu. Uns são chamados Serafins, porque estão como abrasados diante de Deus pelos ardores da caridade; outros, Querubins, porque são um reflexo luminoso de sua sabedoria; e outros, de Tronos, porque proclamam sua grandeza e fazem resplandecer seu brilho.

Os da segunda hierarquia recebem seus nomes das operações que lhes são atribuídas no governo geral do universo, e são: as Dominações, que determinam aos anjos de ordens inferiores suas missões e seus encargos; as Virtudes, que realizam os prodígios reclamados pelos grandes interesses da Igreja e do gênero humano; e as Potências, que protegem, por sua força e vigilância, as leis que regem o mundo físico e moral.

Os da terceira hierarquia têm em partilha a direção das sociedades e das pessoas, e são: os Principados, prepostos aos reinos, às províncias e às dioceses; os Arcanjos, que transmitem as mensagens de alta importância; os Anjos Guardiães, aqueles que acompanham cada um de nós para velarem por nossa segurança e nossa santificação.

Refutação

3. O princípio geral que resulta dessa doutrina é que os anjos são seres puramente espirituais, anteriores e superiores à humanidade, criaturas privilegiadas consagradas à felicidade suprema e eterna desde sua formação; dotadas, por sua própria natureza, de todas as virtudes e de todos os conhecimentos, sem haverem feito nada para adquiri-los. Eles estão em primeiro lugar na obra da criação; em último, a vida puramente material, e, entre os dois, a humanidade formada de almas, seres espirituais inferiores aos anjos, unidos a corpos materiais.

Muitas dificuldades capitais resultam desse sistema. Inicialmente, qual é essa vida puramente material? Trata-se da matéria bruta? Mas a matéria bruta é inanimada e não tem vida por si mesma. Que falar das plantas e dos animais?

Isso, então, seria uma quarta ordem na criação, porque não se pode negar que haja no animal inteligente algo mais que em uma planta e nesta, mais que em uma pedra. Quanto à alma humana, que é a transição, ela está unida diretamente a um corpo que é apenas matéria bruta, visto que, sem alma, ele não tem mais vida do que um torrão de terra.

A essa divisão, evidentemente, falta clareza, e ela não está de acordo com a observação; assemelha-se à teoria dos quatro elementos anulada diante dos progressos da Ciência. Admitamos, portanto, esses três termos: a criatura espiritual, a criatura humana e a criatura corporal; tal é, dizem, o plano divino, plano majestoso e completo como convém à sabedoria eterna. Notemos primeiro que entre esses três termos não há nenhuma ligação necessária, são três criações distintas, formadas sucessivamente; de uma à outra existe solução de continuidade, enquanto, na natureza, tudo se encadeia, tudo nos mostra uma admirável lei de unidade, da qual todos os elementos, que são apenas transformações uns dos outros, têm seu traço de união. Essa teoria é verdadeira quanto a esses três termos, os quais, evidentemente, existem; apenas é incompleta: faltam-lhe os pontos de contato, como é fácil demonstrar.

4. Esses três pontos culminantes da criação são, diz a Igreja, necessários à harmonia do conjunto; que haja apenas um de menos e a obra está incompleta, não está mais segundo a sabedoria eterna. Entretanto, um dos dogmas fundamentais da religião diz que a Terra, os animais, as plantas, o Sol, as estrelas, a própria luz foram criados e tirados do nada, há 6 mil anos. Antes dessa época, portanto, não havia nem criatura humana nem criatura corporal; durante a eternidade decorrida, a obra divina ficara, então, imperfeita. A criação do universo remontando a 6 mil anos é um artigo de fé de tal forma capital que ainda há poucos anos a Ciência era anatematizada, porque vinha destruir a cronologia bíblica ao provar a antiguidade maior da Terra e de seus habitantes.

Entretanto, o concílio de Latrão, concílio ecumênico que faz lei em matéria de ortodoxia, diz: "Nós cremos firmemente que há apenas um único e verdadeiro Deus, eterno e infinito, o qual, no começo dos tempos, tirou conjuntamente do nada uma e outra criatura, a espiritual e a corporal". O começo dos tempos pode-se entender apenas como a eternidade decorrida, porque o tempo é infinito, como o espaço: não há nem começo nem fim. Esta expressão: o começo dos tempos é uma figura que implica a ideia de uma anterioridade ilimitada. O concílio de Latrão, portanto, crê firmemente que as criaturas espirituais e as criaturas corporais foram formadas ao mesmo tempo, e tiradas conjuntamente do nada em uma época indeterminada no passado. O que vem a ser, pois, o texto bíblico, que fixa essa criação em 6 mil anos de nossos dias? Admitindo-se que esteja aí o começo do universo visível, esse não é, seguramente, o do tempo. Em que acreditar, no concílio ou na Bíblia?

5. O mesmo concílio formula, além disso, uma estranha proposição. "Nossa alma", diz ele, "igualmente espiritual, está associada ao corpo de maneira a formar com ele uma só e mesma pessoa, e tal é, essencialmente, sua destinação". Se o destino essencial da alma é estar unida ao corpo, essa união constitui seu estado normal, seu objetivo, seu fim, pois que essa é sua destinação. Entretanto, a alma é imortal e o corpo é mortal; sua união com o corpo tem lugar apenas uma vez, segundo a Igreja, e mesmo que essa união dure um século, o que é esse tempo comparado à eternidade? Porém, para um grande número, essa união é de apenas

algumas horas; que utilidade pode ter para a alma essa união de tão pouca duração?

Quando, junto à eternidade, a mais longa duração dessa união é um tempo imperceptível, é exato dizer que seu destino é estar essencialmente ligada ao corpo? Essa união na realidade é apenas um incidente, um momento na vida da alma, e não seu estado essencial.

Se o destino essencial da alma é estar unida a um corpo material; se, por sua natureza, e segundo o objetivo providencial de sua criação, essa união é necessária para as manifestações de suas faculdades, somos obrigados a concluir que, sem o corpo, a alma humana é um ser incompleto. Ora, para que, por sua destinação, a alma continue o que é, faz-se necessário que após ter deixado um corpo ela tome um outro, o que nos conduz à pluralidade forçada das existências ou, dito de outro modo, à reencarnação para sempre. É verdadeiramente estranho que um concílio, considerado uma das luzes da Igreja, haja identificado a esse ponto o ser espiritual e o ser material, que eles não possam de qualquer forma existir um sem o outro, visto que a condição essencial de sua criação é estarem unidos.

6. O Espiritismo professa, com relação à união da alma e do corpo, uma doutrina infinitamente mais espiritualista, para não dizer menos materialista, e que tem ainda a seu favor estar mais conforme com a observação e o destino da alma. Segundo o que ele nos ensina, a alma é independente do corpo, sendo este apenas um envoltório temporário; sua essência é a espiritualidade, sua vida normal é a vida espiritual. O corpo não é mais que um instrumento para o exercício de suas faculdades nas suas relações com o mundo material, porém, separada desse corpo, ela desfruta de suas faculdades com mais liberdade e amplidão.

7. A união da alma com o corpo, necessária aos seus primeiros progressos, acontece somente no período que se pode chamar de sua infância e sua adolescência; quando a alma atinge certo grau de perfeição e de desmaterialização, essa união não é mais necessária, e ela progride apenas pela vida do espírito.

Além disso, por mais numerosas que sejam as existências corporais, elas estão necessariamente limitadas pela vida do corpo, e sua soma total não abrange, em todos os casos, mais que uma imperceptível parte da vida espiritual, que é ilimitada.

8. O quadro hierárquico dos anjos nos demonstra que várias ordens têm, em suas atribuições, o governo do mundo físico e da humanidade, que eles foram criados para esse fim. Porém, segundo o Gênesis, o mundo físico e a humanidade só existem há 6 mil anos, portanto, o que faziam esses anjos antes desse período, durante a eternidade, já que não existiam os objetos de suas ocupações?

Os anjos foram criados de toda a eternidade? Assim deve ser, visto que servem para a glorificação do Altíssimo. Se Deus os houvesse criado em uma época determinada qualquer, teria ficado, até esse período, isto é, durante uma eternidade, sem adoradores.

9. Mais adiante, diz o concílio: "Enquanto dure essa união tão íntima da alma com o corpo". Então, chega um momento em que essa união não existe mais? Essa proposição contradiz a que faz dessa união a destinação essencial da alma.

Ele disse ainda: "As ideias lhes chegam pelos sentidos, pela comparação dos objetos exteriores". "Essa é uma doutrina filosófica em parte verdadeira, porém não no sentido absoluto. Segundo eminente teólogo, é uma condição inerente à natureza da alma receber as ideias somente pelos sentidos; ele esquece as ideias inatas, as faculdades, às vezes tão transcendentes, a intuição das coisas que a criança traz ao nascer e que ela não deve a nenhum ensinamento. Por qual sentido jovens pastores, calculadores naturais que causaram admiração aos sábios, adquiriram as ideias necessárias para a solução quase instantânea dos mais complicados problemas? Pode-se dizer o mesmo de certos músicos, pintores e linguistas precoces.

"Os conhecimentos que os anjos possuem não resultam da indução e do raciocínio", eles os têm porque são anjos, sem precisarem aprender. Deus os criou tais como são; a alma, ao contrário, deve aprender. Se a alma recebe as ideias apenas pelos órgãos corporais, quais são as ideias que a alma de uma criança, morta após alguns dias de vida, pode ter, admitindo-se, como o faz a Igreja, que a alma não renasce?

10, Aqui, apresenta-se uma questão vital: a alma adquire ideias e conhecimentos após a morte do corpo? Se, uma vez desligada do corpo, ela não pode adquirir nenhum conhecimento, a alma da criança, do selvagem, do cretino, do idiota ou do ignorante permanecerá sempre como era no momento da morte; ela está condenada à nulidade, por todo o sempre. Se a alma adquire novos conhecimentos após a vida atual, é porque ela pode progredir. Sem o progresso ulterior da alma, chega-se a consequências absurdas; com o progresso, chega-se à negação de todos os dogmas fundamentados sobre seu estado estacionário: o destino irrevogável, as penas eternas, etc. Se a alma progride, onde o progresso se detém? Não existe nenhuma razão para que ela não atinja o grau dos anjos ou espíritos puros e iluminados. Se a alma pode chegar a esse ponto, não havia nenhuma necessidade de serem criados seres especiais e privilegiados, livres de todo trabalho e desfrutando da felicidade eterna sem haverem feito nada para conquistá-la, enquanto outros seres, menos favorecidos, não obtêm a suprema felicidade senão à custa de longos e cruéis sofrimentos e das mais rudes provas. Deus poderia tê-lo feito, sem dúvida alguma, mas se admitimos o infinito de suas perfeições, sem as quais não seria Deus, também é preciso admitir que Ele não faz nada de inútil, nada que desminta a soberana justiça e a soberana bondade.

11. "Visto que a majestade dos reis deve seu brilho ao número de seus súditos, seus oficiais e seus servidores, o que existe de mais próprio para nos dar uma ideia da majestade do Rei dos reis do que essa multidão inumerável de anjos que povoam o céu, a Terra, o mar e os abismos, e a dignidade daqueles que se mantêm, continuamente prosternados ou de pé diante de seu trono?"

Não é rebaixar a Divindade assemelhar sua glória ao fausto dos soberanos da Terra? Essa ideia, incutida no espírito das massas ignorantes, falseia a opinião que se faz de sua verdadeira grandeza; é sempre Deus reduzido às mesquinhas proporções da humanidade. Supor que Ele tenha necessidade de milhões de adoradores incessantemente prosternados ou de pé diante dele, é atribuir-lhe as fraquezas dos monarcas déspotas e orgulhosos do Oriente.

O que faz um soberano verdadeiramente grande? É o número e o brilho de seus cortesãos? Não; é sua bondade e a sua justiça, é o título merecido de pai de seus súditos.

Pergunta-se se existe alguma coisa mais própria para nos dar uma ideia da majestade de Deus do que a multidão dos anjos que compõem sua corte. Sim, certamente, há algo melhor do que isso: é o fato de Deus apresentar-se para todas as suas criaturas soberanamente bom, justo e misericordioso, e não colérico, invejoso, vingativo, inexorável, exterminador, parcial, criando para sua própria glória esses seres privilegiados, favorecidos com todos os dons, nascidos para a eterna felicidade, enquanto, a outros, faz com que conquistem penosamente a felicidade, punindo um momento de erro com uma eternidade de suplícios.

Os Anjos segundo o Espiritismo

12. Que haja seres dotados de todas as qualidades atribuídas aos Anjos, disso não se poderia duvidar. Sobre esse ponto, a revelação espírita confirma a crença de todos os povos, porém, ao mesmo tempo, ela nos faz conhecer a natureza e a origem desses seres.

As almas, ou espíritos, são criadas simples e ignorantes, isto é, sem conhecimentos e sem consciência de bem e do mal, mas aptas a adquirir tudo o que lhes falta e que é obtido pelo trabalho. O objetivo, que é o mesmo para todas, é a perfeição. Elas a alcançam mais ou menos rapidamente em virtude do seu livre-arbítrio e em razão de seus esforços; todas têm os mesmos degraus para percorrer, o mesmo trabalho para realizar. Deus não concede um quinhão nem maior nem mais fácil a umas que a outras, porque todas essas almas são suas filhas e, sendo justo, não tem preferência por nenhuma. Ele lhes diz: *"Eis a lei que deve ser vossa regra de conduta; somente ela pode vos levar ao objetivo; tudo o que está de acordo com essa lei é o bem, tudo o que é contrário a ela é o mal. Sois livres para obedecer-lhe ou para infringi-la, e sereis, assim, os árbitros de vosso próprio destino"*. Deus, portanto, não criou o mal; todas as suas leis são para o bem. Foi o homem, o próprio homem quem criou o mal, desrespeitando as leis de Deus, se ele as observasse escrupulosamente jamais se afastaria do bom caminho.

13. A alma, porém, nas primeiras fases de sua existência, assim como a criança, não tem experiência, razão por que está sujeita a cometer faltas. Deus não lhe dá a experiência, mas dá os meios de adquiri-la. Cada passo em falso no caminho do mal é para a alma um atraso, do qual ela sofre as consequências, aprendendo, à sua custa, o que deve evitar. É assim que, pouco a pouco, ela se desenvolve, se aperfeiçoa e avança na hierarquia espiritual, até que chegue ao estado de puro espírito ou de anjo. Os anjos são, portanto, as almas dos homens que chegaram ao grau de perfeição que a criatura comporta,

e desfrutam da plenitude da felicidade prometida. Antes de atingirem o grau supremo, desfrutam de uma felicidade relativa ao seu adiantamento, mas essa felicidade não se encontra na ociosidade, ela está nas funções que Deus lhes confia e que ficam felizes em realizar, porque essas ocupações são um meio de progredirem.

14. A humanidade não está limitada à Terra; ela ocupa os inumeráveis mundos da casa do Pai, que circulam no espaço; ocupou aqueles que desapareceram, e ocupará aqueles que se formarão. Deus criou por toda a eternidade e cria sem cessar. Portanto, muito tempo antes de a Terra existir, por mais antiga que a imaginemos, havia, em outros mundos, espíritos encarnados que percorreram as mesmas etapas que nós, espíritos de formação mais recente, percorremos neste momento, e que chegaram ao objetivo antes mesmo que tivéssemos saído das mãos do Criador.

De toda a eternidade, portanto, existiram Anjos ou puros espíritos; mas, com sua existência humana perdendo-se no infinito do passado, para nós é como se eles sempre tivessem sido Anjos.

Assim se acha realizada a grande lei da unidade da criação; Deus jamais foi inativo, sempre teve puros espíritos, experimentados e esclarecidos, para a transmissão de suas ordens e para a direção de todas as partes do universo, desde o governo dos mundos até os mais pequenos detalhes. Não há, pois, necessidade de crer em seres privilegiados, isentos de encargos; todos, antigos e novos, conquistaram suas posições na luta e por seu próprio mérito; todos, enfim, são os filhos de suas obras. Assim se realiza igualmente a soberana justiça de Deus.

JESUS FOI UM ANJO?

Os escritos essênios, da fraternidade, da qual Jesus Cristo fez parte e onde estudou em sua juventude, estão repletos de referências angelicais. Embora se tratasse de entidade angélica, responsável pela vida espiritual do orbe terráqueo, Jesus também teve de se adaptar sensatamente ao metabolismo complexo da vida humana e de suas relações com o meio.

Sob a pedagogia dos essênios, amigos da família, Jesus desenvolveu suas forças ocultas sob rigorosa disciplina e aprendizado terapêutico, a ponto de curar os enfermos pela simples presença, aqueles que dinamizavam um intenso estado de fé em sua alma.

Embora tenham passado mais de 2 mil anos das andanças de Jesus sobre o solo terreno, desde o dia em que iniciou suas pregações até o período hodierno, os terráqueos, em sua maioria, ainda não compreendem qual a verdadeira função e personalidade do Espírito de Jesus, quando aqui esteve entre os homens pregando a Lei do Amor, a qual foi exemplo em todos os instantes em que viveu integralmente de acordo com suas pregações.

A pergunta que Jesus fez a seus discípulos a respeito de que achavam quem era Ele, se a fizermos dentre os espíritas, cristãos e evangélicos, que deveriam ser mais instruídos sobre o grande Mensageiro do Alto, constataremos que em sua maioria não sabem definir precisamente a função mediúnica que veio executar.

Quando seus discípulos disseram que alguns achavam que Ele era João Batista, outros pensavam que era Elias, outros Jeremias ou algum dos profetas, após mais de dois milênios, constatamos que a confusão permanece, ainda ouvimos alguns aprenderem em suas doutrinas que Ele foi a vinda de Deus entre os homens, enquanto outros pregam que Ele foi o próprio Cristo que reencarnou para a salvação dos humanos na Terra.

Embora Jesus não tenha desmentido Simão Pedro, quando respondeu à pergunta d'Ele sobre sua personalidade, quando disse que ele era o Cristo (S. Mateus, cap. XVI, v. 13 a 17; S. Marcos, cap. VIII, v. 27 a 30), em outra ocasião em que ocorreu significativo diálogo entre Jesus e seus apóstolos, quando pergunta a Pedro: "E vós que dizeis que eu sou" e Pedro responde-lhe: "Tu és o Cristo, o filho de Deus vivo". Depois de certa reflexão, Jesus então mandou aos seus apóstolos que a ninguém dissessem que ele era Jesus, o Cristo (Lucas, IX, 20 e 21; Mateus, XVI, 15, 16 e 20).

Nesse relato, Jesus admitiu o fato de representar outro ser, além de si, o Cristo. Mais tarde, falando a seus apóstolos, Jesus esclarece sua condição de medianeiro do Cristo, quando sem qualquer dúvida se expressa do seguinte modo: "Mas não queiram ser chamados de mestres, porque um só é o vosso mestre, e vós sóis todos irmãos. Nem vos intituleis guia; porque um só é o vosso guia – o 'Cristo'".

Jesus é uma entidade pertencente à categoria de Anjo. O Cristo é uma entidade que pertence à categoria dos Arcanjos. Portanto, são entidades distintas com poderes e missões diferenciadas, embora operando em perfeita concordância para a evolução do planeta Terra.

Jesus, espírito sublime pertencente à categoria de Anjo, foi na face da Terra o médium mais perfeito do Arcanjo, o Cristo Planetário. Jesus teve a sublime tarefa espiritual de, por meio de sua avançada mediunidade, receber as instruções do Cristo com o objetivo de deixar a derradeira mensagem, o código moral mais avançado e capaz de libertar definitivamente o espírito do homem da vida material para viver a vida espiritual.

Um anjo, como é a categoria espiritual de Jesus, é uma entidade ainda capaz de vincular-se a um organismo carnal, para atuar na forma física, embora com enorme sacrifício e demandando grandes esforços dos Técnicos Siderais. Um arcanjo não pode mais vestir a roupagem carnal, porque sua frequência espiritual ultrapassa o campo de qualquer atividade em um corpo físico.

Para que Jesus pudesse vir à vida material, houve necessidade da reconstrução das matrizes perispirituais usadas em outros mundos materiais já extintos, a fim de reencarnar-se na Terra. Embora se tratasse de um Anjo do Senhor, a Lei Sideral obrigou-o a percorrer o longo caminho entre seu mundo sublime e a face sombria do orbe terráqueo, para entregar pessoalmente sua mensagem de Amor!

Jesus ajustou o seu corpo mental. Reativou o mecanismo complexo do cérebro perispiritual. Revitalizou o corpo astralino, já inativo pela ausência das paixões humanas, a fim de vibrar novamente no nível das atividades físicas! Nessa descida vibratória, transcorreu um milênio até se corporificar na Terra. Aliás, esee foi o maior esforço e sofrimento que Jesus voluntariamente se submeteu em favor da humanidade.

Caso fosse o Cristo a reencarnar, as dificuldades seriam bem maiores. Seriam precisos alguns milênios, a fim de que um Arcanjo pudesse modelar novamente o conjunto perispiritual suficiente para sua atuação na vida física.

Sem dúvida, o imenso desgaste que seria despendido para o êxito de tal realização não compensaria a eleição de um Arcanjo para cumprir uma tarefa libertadora dos humanos. Isso representa o princípio de economia cósmica, pois a Técnica Sideral jamais cria dispêndios e onera o campo energético de modo insensato ou improdutivo.

Não existem jamais duas medidas no plano da Criação e da manifestação do Espírito em sua peregrinação, para adquirir sua consciência individual. A centelha espiritual surge simples e ignorante, e aprimora-se à medida que vai situando-se nas diversas experiências nos orbes físicos, transformando-se por meio das espécies.

Etimologicamente, a palavra *Christós* significa Ungido ou Consagrado, o que se dizia de Jesus, por ter sido eleito para a missão de ensinar à humanidade terrena o caminho da verdade para a vida real e eterna! Assim, Jesus ficou conhecido como Jesus Cristo e até hoje a humanidade os confunde, pensando que Jesus e o Cristo sejam uma só entidade.

De forma inegável, a ação crística sempre esteve presente, evidentemente despercebida pelos homens, em virtude da insensatez reinante e da falta de sensibilidade psíquica, nas mentes encarnadas. Não haverá mais um medianeiro do Cristo, como ocorreu no passado, pela atuação de Jesus. A próxima vinda do Cristo ocorrerá exclusivamente mediante a intimidade oculta no coração de cada homem! Assim que tiver assimilado os ensinamentos de Jesus, e vibrar no estado de amor puro, estará recebendo o Cristo em si, transformando-se em um médium potencialmente aprimorado para sentir a presença das vibrações crísticas.

No Novo Testamento, os anjos apareceram nos momentos mais marcantes da vida de Jesus: anunciação, nascimento, pregações, martírio, morte e ressurreição. Inclusive à época uma estranha alegria e emoção paradisíaca envolveram as criaturas de bons sentimentos diante da presença de Jesus e de seus Anjos junto à Terra, tal qual na primavera as macieiras, as cerejeiras e os pessegueiros floridos, iluminados à luz do Sol e sob o azul sidério do céu, também despertam em nossas almas emoções mais ternas e as sentidas saudades de um mundo desconhecido, mas vivo no imo de nossa alma. A Terra ficou impregnada de fluidos sedativos e esperançosos, que amainavam as tempestades e as aflições humanas, enquanto se purificava o cenário triste do mundo material.

Sob essa influência amorosa e pacífica, consolidaram-se fórmulas de paz e de construtividade entre os governantes e floresceram as artes; concretizaram-se projetos benfeitores e se multiplicaram iniciativas de amparo aos deserdados. Alguns estudos aceitam a possibilidade de os três Reis Magos serem Anjos materializados: Melchior (Rei da Luz),

Baltazar (Rei do Ouro, guardião do tesouro, do incenso e da paz profunda) e Gaspar (o etíope, que entregou a mirra contra a corrupção).

Por que as pessoas acreditam em Anjos?

Porque eles estão em centenas de passagens da Bíblia, e por isso são aceitos em todas as religiões e todas elas acreditam em suas existências, pois são seres iluminados que servem a Deus. Os Anjos não levam em conta os registros de nossos atos negativos, já que não cabe a eles julgarem. Os Anjos nunca nos abandonam, estão sempre por perto aguardando nossas manifestações, invocações e pedidos, não têm necessidade de se refazer por meio do sono nem sofrem os efeitos do tempo.

"Enviarei um Anjo adiante de ti para te guardar no caminho e te fazer entrar no lugar que eu preparei para ti" (Êx 23, 20).

Então os Anjos existem mesmo?

Sim, mas não na forma física retratada, romanceada e idealizada pelos pintores renascentistas, com asas e feições infantis.

A palavra Anjo quer dizer "Mensageiro de Deus" e designa algumas vezes a pessoa humana que faz as vezes de mensageiro (Is 18, 2, 33, 7).

Na Bíblia, usa-se a palavra "Anjo" para designar os espíritos elevados que atuam como mensageiros divinos. Assim, Deus envia Anjos para anunciar sua vontade, para corrigir, punir, ensinar, repreender, consolar (Sl 102, 20; Mt, 4, 11; 13, 49; 26; 53).

Veremos a seguir as citações na Bíblia dos príncipes ou coordenadores das falanges angelicais que compõem o segundo escalão na estrutura hierárquica celeste. Além das referências normais, temos definido nove diferentes graus e categorias de Príncipes que detalharemos mais adiante neste livro:

1 – Serafins (Is 6, 2.6);
2 – Querubins (Gen 3, 24; Eclo 49, 10; Ez 10, 1-22);
3 – Tronos (Col 1, 16);
4 – Dominações (Col 1, 16);
5 – Virtudes (I Pd 3, 22);
6 – Potestades (Col 1, 16; I Pdr 3, 22);
7 – Principados (Col. I, 16);
8 – Arcanjos (I Tes 4, 16); e
9 – Anjos (em centenas de passagens bíblicas).

Romanos

^{38}Pois estou persuadido de que nem a morte, nem a vida, nem os anjos, nem os principados, nem o presente, nem o futuro, nem as potestades, ^{39} nem as alturas, nem os abismos, nem outra qualquer criatura nos poderá apartar do amor que Deus nos testemunha em
Cristo Jesus, nosso Senhor.

Colossenses

^{16}Nele foram criadas todas as coisas nos céus e na terra, as criaturas visíveis e as invisíveis. Tronos, dominações, principados,
potestades: tudo foi criado por ele e para ele.

Efésios

É o mesmo poder extraordinário que ^{20}ele manifestou na pessoa de Cristo, ressuscitando-o dos mortos e fazendo-o sentar à sua direita no céu, ^{21}acima de todo principado, potestade, virtude, dominação e de
todo nome que possa haver neste mundo como no futuro.

ALGUMAS CITAÇÕES DAS PALAVRAS "ANJO" E "ANJOS" NO ANTIGO E NOVO TESTAMENTO DA BÍBLIA SAGRADA

Ao todo são 313 citações, e relatamos apenas algumas anteriormente e a seguir, mas fizemos referência a todas neste livro. Você poderá conferir todas com a Bíblia em suas mãos.

Livro do Gênesis

Capítulo 16, Versículo 7

*^{7}O **anjo** do Senhor, encontrando-a no deserto junto de uma fonte que está no caminho de Sur...*

Capítulo 19, Versículos 1, 15 e 17

*^{1}Pela tarde chegaram os dois **anjos** a Sodoma. Lot, que estava assentado à porta da cidade, ao vê-los, levantou-se e foi-lhes ao encontro e prostrou-se com o rosto por terra.*
*^{15}Ao amanhecer, os **anjos** instavam com Lot, dizendo: "Levanta-te, toma tua mulher e tuas duas filhas que estão em tua casa, para que não pereças também no castigo da cidade".*

*¹⁷Quando já estavam fora, um dos **anjos** disse-lhe: "Salva-te, se queres conservar tua vida. Não olhes para trás, e não te detenhas em parte alguma da planície; mas foge para a montanha senão perecerás".*

Capítulo 22, Versículo 15

*¹⁵Pela segunda vez chamou o **anjo** do Senhor a Abraão, do céu.*

Capítulo 28, Versículo 12

*¹²E teve um sonho: via uma escada, que, apoiando-se na terra, tocava com o cimo o céu; e **anjos** de Deus subiam e desciam pela escada. No alto estava o Senhor.*

Capítulo 48, Versículo 16

*¹⁶O **anjo** que me guardou de todo o mal, abençoe estes meninos! Seja perpetuado neles o meu nome e o de meus pais Abraão e Isaac, e multipliquem-se abundantemente nesta terra!*

Salmos

Capítulo 8, Versículo 6

*⁶Entretanto, vós o fizestes quase igual aos **anjos**, de glória e honra o coroastes.*

Capítulo 88, Versículo 6

*⁶Senhor, os céus celebram as vossas maravilhosas obras, e na assembleia dos **anjos** a vossa fidelidade.*

Capítulo 90, Versículo 11

*... porque aos seus **anjos** ele mandou que te guardem em todos os teus caminhos.*

Capítulo 137, Versículo 01

*¹Eu vos louvarei de todo o coração, Senhor, porque ouvistes as minhas palavras. Na presença dos **anjos** eu vos cantarei.*

Capítulo 148, Versículo 02

*²Louvai-o, todos os seus **anjos**. Louvai-o, todos os seus exércitos.*

Mateus

Capítulo 4, Versículo 6

⁶*Se és Filho de Deus, lança-te abaixo, pois está escrito: Ele deu a seus **anjos** ordens a teu respeito; proteger-te-ão com as mãos, com cuidado, para não machucares o teu pé em alguma pedra (Sl 90,11s).*

Capítulo 4, Versículo 11
¹¹*Em seguida, o demônio o deixou, e os **anjos** aproximaram-se dele para servi-lo...*

Capítulo 13, Versículo 41
⁴¹*O Filho do Homem enviará seus **anjos**, que retirarão de seu Reino todos os escândalos e todos os que fazem o mal...*

Capítulo 16, Versículo 27
²⁷*Porque o Filho do Homem há de vir na glória de seu Pai com seus **anjos**, e então recompensará a cada um segundo suas obras.*

Capítulo 22, Versículo 30
³⁰*Na ressurreição, os homens não terão mulheres nem as mulheres, maridos; mas serão como os **anjos** de Deus no céu.*

Capítulo 24, Versículo 36
³⁶*Quanto àquele dia e àquela hora, ninguém o sabe, nem mesmo os **anjos** do céu, mas somente o Pai.*

Capítulo 25, Versículo 31
³¹*Quando o Filho do Homem voltar na sua glória e todos os **anjos** com ele, sentar-se-á no seu trono glorioso.*

Capítulo 25, Versículo 41
⁴¹*Voltar-se-á em seguida para os da sua esquerda e lhes dirá: Retirai-vos de mim, malditos! Ide para o fogo eterno destinado ao demônio e aos seus **anjos**.*

Marcos
Capítulo 1, Versículo 13
¹³*Aí esteve quarenta dias. Foi tentado pelo demônio e esteve em companhia dos animais selvagens. E os **anjos** o serviam.*

Capítulo 8, Versículo 38
³⁸*Porque, se nesta geração adúltera e pecadora alguém se envergonhar de mim e das minhas palavras, também o Filho do homem se*

*envergonhará dele, quando vier na glória de seu
Pai com os seus santos **anjos**.*

Capítulo 13, Versículo 27

²⁷*Ele enviará os **anjos**, e reunirá os seus escolhidos dos quatro ventos, desde a extremidade da terra até a extremidade do céu.*

Lucas

Capítulo 2, Versículo 15

¹⁵*Depois que os **anjos** os deixaram e voltaram para o céu, falaram os pastores uns com os outros: "Vamos até Belém e vejamos o que se realizou e o que o Senhor nos manifestou".*

Capítulo 4, Versículo 10

¹⁰*Porque está escrito: Ordenou aos seus **anjos** a teu respeito que te guardassem.*

Capítulo 9, Versículo 26

²⁶*Se alguém se envergonhar de mim e das minhas palavras, também o Filho do Homem se envergonhará dele, quando vier na sua glória, na glória de seu Pai e dos santos **anjos**.*

Capítulo 12, Versículos 8 e 9

⁸*Digo-vos: todo o que me reconhecer diante dos homens, também o Filho do Homem o reconhecerá diante dos **anjos** de Deus
9Mas quem me negar diante dos homens será negado diante dos **anjos** de Deus.*

Capítulo 15, Versículo 10

¹⁰*Digo-vos que haverá júbilo entre os **anjos** de Deus por um só pecador que se arrependa.*

João

Capítulo 1, Versículo 51

⁵¹*E ajuntou: Em verdade, em verdade vos digo: vereis o céu aberto e os **anjos** de Deus subindo e descendo sobre o Filho do Homem.*

Capítulo 20, Versículo 12

¹²*Viu dois **anjos** vestidos de branco, sentados onde estivera o corpo de Jesus, um à cabeceira e outro aos pés...*

Atos

Capítulo 7, Versículo 53

⁵³*Vós que recebestes a lei pelo ministério dos **anjos** e não a guardastes...*

Capítulo 23, Versículo 8

⁸*(Pois os saduceus afirmam não haver ressurreição, nem **anjos**, nem espíritos, mas os fariseus admitem uma e outra coisa.)*

APANHE UMA A BÍBLIA SAGRADA E CONFIRA A SEGUIR O ENDEREÇO DE TODAS AS CITAÇÕES DAS PALAVRAS "ANJO" E "ANJOS" NA BÍBLIA.

São 313 ao todo. 216 Referências com o termo "anjo"

GN – Cap. 16, Vers. 7	GN – Cap. 16, Vers. 9
GN – Cap. 21, Vers. 17	GN – Cap. 22, Vers. 11
GN – Cap. 22, Vers. 15	GN – Cap. 24, Vers. 7
GN – Cap. 24, Vers. 40	GN – Cap. 31, Vers. 11
GN – Cap. 48, Vers. 16	EX – Cap. 3, Vers. 2
EX – Cap. 14, Vers. 19	EX – Cap. 23, Vers. 20
EX – Cap. 23, Vers. 23	EX – Cap. 32, Vers. 34
EX – Cap. 33, Vers. 2	NM – Cap. 20, Vers. 16
NM – Cap. 22, Vers. 22	NM – Cap. 22, Vers. 23
NM – Cap. 22, Vers. 24	NM – Cap. 22, Vers. 26
NM – Cap. 22, Vers. 31	NM – Cap. 22, Vers. 32
NM – Cap. 22, Vers. 34	NM – Cap. 22, Vers. 35
JZ – Cap. 2, Vers. 4	JZ – Cap. 05, Vers. 23
JZ – Cap. 6, Vers. 11	JZ – Cap. 06, Vers. 12
JZ – Cap. 6, Vers. 20	JZ – Cap. 06, Vers. 21
JZ – Cap. 6, Vers. 22	JZ – Cap. 13, Vers. 3
JZ – Cap. 13, Vers. 6	JZ – Cap. 13, Vers. 9
JZ – Cap. 13, Vers. 13	JZ – Cap. 13, Vers. 15
JZ – Cap. 13, Vers. 16	JZ – Cap. 13, Vers. 18
JZ – Cap. 13, Vers. 20	JZ – Cap. 13, Vers. 21
1SM – Cap. 29, Vers. 9	2SM – Cap. 14, Vers. 17
2SM – Cap. 14, Vers. 20	2SM – Cap. 19, Vers. 27
2SM – Cap. 24, Vers. 16	2SM – Cap. 24, Vers. 17
1RS – Cap. 13, Vers. 18	1RS Cap. – 19, Vers. 5
1RS – Cap. 19, Vers. 7	2RS Cap. – 1, Vers. 3

2RS – Cap. 1, Vers. 15   2RS Cap. – 19, Vers. 35
1CR – Cap. 21, Vers. 12   1CR Cap. – 21, Vers. 15
1CR – Cap. 21, Vers. 16   1CR Cap. – 21, Vers. 18
1CR – Cap. 21, Vers. 20   1CR Cap. – 21, Vers. 27
1CR – Cap. 21, Vers. 30   2CR Cap. – 32, Vers. 21
TB – Cap. 3, Vers. 25   TB Cap. – 5, Vers. 6
TB – Cap. 5, Vers. 15   TB Cap. – 5, Vers. 17
TB – Cap. 5, Vers. 20   TB Cap. – 5, Vers. 21
TB – Cap. 5, Vers. 27   TB Cap. – 6, Vers. 4
TB – Cap. 6, Vers. 5   TB Cap. – 6, Vers. 7
TB – Cap. 6, Vers. 8   TB Cap. – 6, Vers. 11
TB – Cap. 6, Vers. 16   TB Cap. – 7, Vers. 5
TB – Cap. 7, Vers. 12   TB Cap. – 8, Vers. 3
TB – Cap. 9, Vers. 1   TB Cap. – 10, Vers. 11
TB – Cap. 11, Vers. 2   TB Cap. – 12, Vers. 15
TB – Cap. 12, Vers. 17   EST Cap. – 15, Vers. 16
1MC – Cap. 7, Vers. 41   2MC Cap. – 11, Vers. 06
2MC – Cap. 15, Vers. 22   2MC Cap. – 15, Vers. 23
JO – Cap. 33, Vers. 23   SL Cap. – 33, Vers. 8
SL – Cap. 34, Vers. 5   SL Cap. – 34, Vers. 6
ECLO – Cap. 48, Vers. 24 IS Cap. – 37, Vers. 36
IS – Cap. 63, Vers. 9   BR – Cap. 6, Vers. 6
DN – Cap. 3, Vers. 49   DN – Cap. 3, Vers. 95
DN – Cap. 6, Vers. 23   DN – Cap. 13, Vers. 55
DN – Cap. 13, Vers. 59   DN – Cap. 14, Vers. 33
AT – Cap. 8, Vers. 26   AT – Cap. 10, Vers. 3
AT – Cap. 10, Vers. 4   AT – Cap. 10, Vers. 7
AT – Cap. 10, Vers. 22   AT – Cap. 11, Vers. 13
AT – Cap. 12, Vers. 7   AT – Cap. 12, Vers. 8
AT – Cap. 12, Vers. 9   AT – Cap. 12, Vers. 10
AT – Cap. 12, Vers. 11   AT – Cap. 12, Vers. 15
AT – Cap. 12, Vers. 23   AT – Cap. 23, Vers. 9
AT – Cap. 27, Vers. 23   2COR – Cap. 11, Vers. 14
2COR – Cap. 12, Vers. 7   GL – Cap. 1m Vers. 8
HB – Cap. 11, Vers. 28   AP – Cap. 1, Vers. 1
AP – Cap. 2, Vers. 1   AP – Cap. 2, Vers. 8

AP – Cap. 2, Vers. 12   AP – Cap. 2, Vers. 18
AP – Cap. 3, Vers. 1   AP – Cap. 3, Vers. 7
AP – Cap. 3, Vers. 14   AP – Cap. 5, Vers. 2
AP – Cap. 7, Vers. 2   AP – Cap. 8, Vers. 3
AP – Cap. 8, Vers. 04   AP – Cap. 8, Vers. 5
AP – Cap. 8, Vers. 7   AP – Cap. 8, Vers. 8
AP – Cap. 8, Vers. 10   AP – Cap. 8, Vers. 12
AP – Cap. 9, Vers. 1   AP – Cap. 9, Vers. 11
AP – Cap. 9, Vers. 13   AP – Cap. 9, Vers. 14
AP – Cap. 10, Vers. 1   AP – Cap. 10, Vers. 5
AP – Cap. 10, Vers. 7   AP – Cap. 10, Vers. 8
AP – Cap. 10, Vers. 9   AP – Cap. 10, Vers. 10
AP – Cap. 11, Vers. 15 AP – Cap. 14, Vers. 6
AP – Cap. 14, Vers. 8   AP – Cap. 14, Vers. 9
DN – Cap. 14, Vers. 35 DN – Cap. 14, Vers. 38
OS – Cap. 12, Vers. 5   ZC – Cap. 1, Vers. 9
ZC – Cap. 1, Vers. 11   ZC – Cap. 1, Vers. 12
ZC – Cap. 1, Vers. 13   ZC – Cap. 1, Vers. 14
ZC – Cap. 2, Vers. 7   ZC – Cap. 3, Vers. 1
ZC – Cap. 3, Vers. 2   ZC – Cap. 3, Vers. 3
ZC – Cap. 3, Vers. 5   ZC – Cap. 3, Vers. 6
ZC – Cap. 4, Vers. 1   ZC – Cap. 5, Vers. 2
ZC – Cap. 5, Vers. 5   ZC – Cap. 6, Vers. 4
ZC – Cap. 12, Vers. 8   ML – Cap. 3, Vers. 1
JUD – Cap. 13, Vers. 20 MT – Cap. 1, Vers. 20
MT – Cap. 1, Vers. 24   MT – Cap. 2, Vers. 13
MT – Cap. 2, Vers. 19   MT – Cap. 28, Vers. 2
MT – Cap. 28, Vers. 5   MC – Cap. 1, Vers. 2
LC – Cap. 1, Vers. 11   LC – Cap. 1, Vers. 13
LC – Cap. 1, Vers. 18   LC – Cap. 1, Vers. 19
LC – Cap. 1, Vers. 26   LC – Cap. 1, Vers. 28
LC – Cap. 1, Vers. 30   LC – Cap. 1, Vers. 34
LC – Cap. 1, Vers. 35   LC – Cap. 1, Vers. 38
LC – Cap. 2, Vers. 09   LC – Cap. 2, Vers. 10
LC – Cap. 2, Vers. 13   LC – Cap. 2, Vers. 21
LC – Cap. 22, Vers. 43 JO – Cap. 5, Vers. 4

JO – Cap. 12, Vers. 29
AT – Cap. 6, Vers. 15
AT – Cap. 7, Vers. 35
AP – Cap. 14, Vers. 15
AP – Cap. 14, Vers. 18
AP – Cap. 16, Vers. 5
AP – Cap. 17, Vers. 15
AP – Cap. 18, Vers. 21
AP – Cap. 20, Vers. 1
AP – Cap. 22, Vers. 1
AP – Cap. 22, Vers. 8

AT – Cap. 5, Vers. 19
AT – Cap. 7, Vers. 30
AT – Cap. 7, Vers. 38
AP – Cap. 14, Vers. 17
AP – Cap. 14, Vers. 19
AP – Cap. 17, Vers. 7
AP – Cap. 18, Vers. 1
AP – Cap. 19, Vers. 17
AP – Cap. 21, Vers. 17
AP – Cap. 22, Vers. 6
AP – Cap. 22, Vers. 16

97 Referências com o Termo "anjos"

GN – Cap. 19, Vers. 1
GN – Cap. 19, Vers. 17
GN – Cap. 32, Vers. 01
SL – Cap. 8, Vers. 6
SL – Cap. 88, Vers. 6
SL – Cap. 102, Vers. 20
SL – Cap. 148, Vers. 2
MT – Cap. 4, Vers. 6
MT – Cap. 13, Vers. 39
MT – Cap. 13, Vers. 49
MT – Cap. 18, Vers. 10
MT – Cap. 24, Vers. 31
MT – Cap. 25, Vers. 31
MT – Cap. 26, Vers. 53
MC – Cap. 8, Vers. 38
MC – Cap. 13, Vers. 27
LC – Cap. 2, Vers. 15
LC – Cap. 9, Vers. 26
LC – Cap. 12, Vers. 9
LC – Cap. 16, Vers. 22
LC – Cap. 24, Vers. 23
JO – Cap. 20, Vers. 12
AT – Cap. 23, Vers. 08
1COR – Cap. 4, Vers. 9

GN – Cap. 19, Vers. 15
GN – Cap. 28, Vers. 12
JO. – Cap. 4, Vers. 18
SL – Cap. 77, Vers. 49
SL – Cap. 90, Vers. 11
SL – Cap. 137, Vers. 1
SB – Cap. 16, Vers. 20
MT – Cap. 4, Vers. 11
MT – Cap. 13, Vers. 41
MT – Cap. 16, Vers. 27
MT – Cap. 22, Vers. 30
MT – Cap. 24, Vers. 36
MT – Cap. 25, Vers. 41
MC – Cap. 1, Vers. 13
MC – Cap. 12, Vers. 25
MC – Cap. 13, Vers. 32
LC – Cap. 4, Vers. 10
LC – Cap. 12, Vers. 8
LC – Cap. 15, Vers. 10
LC – Cap. 20, Vers. 36
JO – Cap. 1, Vers. 51
AT – Cap. 7, Vers. 53
RM – Cap. 8, Vers. 38
1COR – Cap. 6, Vers. 3

1COR – Cap. 11, Vers. 10 1COR – Cap. 13, Vers. 1
GL – Cap. 3, Vers. 19   FM – Cap. 1, Vers. 4
FM – Cap. 1, Vers. 5   FM – Cap. 1, Vers. 6
FM – Cap. 1, Vers. 7   FM – Cap. 1, Vers. 13
FM – Cap. 1, Vers. 14   COL – Cap. 2, Vers. 18
1TM – Cap. 5, Vers. 21   HB – Cap. 1, Vers. 4
HB – Cap. 1, Vers. 5   HB – Cap. 1, Vers. 6
HB – Cap. 1, Vers. 7   HB – Cap. 1, Vers. 13
HB – Cap. 1, Vers. 14   HB – Cap. 2, Vers. 2
HB – Cap. 2, Vers. 5   HB – Cap. 2, Vers. 7
HB – Cap. 2, Vers. 9   HB – Cap. 2, Vers. 16
HB – Cap. 12, Vers. 22   HB – Cap. 13, Vers. 2
1PD – Cap. 1, Vers. 12   1PD – Cap. 3, Vers. 22
2PD – Cap. 2, Vers. 4   2PD – Cap. 2, Vers. 11
AP – Cap. 1, Vers. 20   AP – Cap. 3, Vers. 5
AP – Cap. 5, Vers. 11   AP – Cap. 7, Vers. 1
AP – Cap. 7, Vers. 2   AP – Cap. 7, Vers. 11
AP – Cap. 8, Vers. 2   AP – Cap. 8, Vers. 6
AP – Cap. 9, Vers. 14   AP – Cap. 9, Vers. 15
AP – Cap. 12, Vers. 7   AP – Cap. 12, Vers. 9
AP – Cap. 14, Vers. 10   AP – Cap. 15, Vers. 1
AP – Cap. 15, Vers. 6   AP – Cap. 15, Vers. 8
AP – Cap. 16, Vers. 1   AP – Cap. 17, Vers. 1
AP – Cap. 21, Vers. 9   AP – Cap. 21, Vers. 12
JD – Cap. 1, Vers. 6

AS REAÇÕES DOS ANJOS DIANTE DAS NOSSAS ATITUDES

Os Anjos bons podem ver Deus (Mt 18, 10) e são chamados filhos de Deus (Jó 1, 6; 38, 7), são executores da vontade de Deus (Sl 102, 20; Mt 4, 1; 13, 49; 26, 53), auxiliam aqueles que temem a Deus (Sl 33, 8; 90, 11; Bar 6, 6), são protetores de regiões ou países (Dan 4, 10.20; 10; At 16, 6) e de indivíduos (Mt 18, 10).

Veja em Apocalipse, 19, 10, onde o Apóstolo João se joga aos chãos para adorar ao anjo, e ele por sua vez, lhe diz:

"E eu lancei-me a seus pés para o adorar; mas ele disse-me: "Olha não faças tal; sou servo como tu, e de teus irmãos, que têm o testemunho de Jesus. Adora a Deus; porque o testemunho de Jesus é o espírito de profecia'."

Então podemos pedir a interferência de nosso Anjo Guardião Protetor em determinada situação, agradecer sua ajuda, mas jamais cultuá-lo e adorá-lo.

Assim como estamos presos à terra pelas leis da gravidade, os anjos têm dificuldades para ficar grudados conosco aqui no plano material. O que dá consistência maior para sua permanência é a luz ou energia de nossa aura.

Se estamos bem, automaticamente são reforçadas nossa simpatia e presença. Quando estamos tristes ou deprimidos, nossa aura diminui a intensidade do brilho e o anjo não atua, dando força às vezes ao nosso anjo contrário. Essa tristeza, depressão, angústia e pensamentos ruins baixam nossa frequência vibratória e isso nos torna muito antipáticos.

Ficar em sintonia vibratória perfeita com seu Anjo Guardião Protetor é estar bem, e com isso anular, neutralizar, a força do gênio contrário. Assim sua vida há de prosperar, já que Deus é pura prosperidade e quer que você prospere também.

Já quando abraçamos uma pessoa querida, ela fica cor-de-rosa, o que faz certamente nosso anjo bater as asas no plano etéreo.

Por que existe o mal?

O anjo contrário que pode atuar dentro de nós é, muitas vezes, mais perigoso do que qualquer ser vivo. Um ser vivo pode tentar nos matar; no entanto, o gênio contrário irá tentar de todas as maneiras, silenciosa e traiçoeiramente, corromper e seduzir nossas atitudes e comportamentos por meio de insinuações e estimulações para a prática do mal e manutenção dos nossos vícios de toda ordem.

O gênio contrário representa e nos influenciará em todos os tipos de vícios e defeitos, tais como: orgulho, agressividade, ambição, ilusão, cobiça, cólera, malevolência, o avareza, mesquinharia, calúnia, ciúme e egoísmo. Isso pode ser definido como "um conjunto de forças malignas que vibram de forma inferior" e nos impedem de criar o reino de Deus dentro de nós.

Os Sonhos e os Anjos

Pelo mundo dos sonhos, podemos entrar em contato com o mundo celestial; todos nós sonhamos. Porém, na maioria das vezes, não nos lembramos dos nossos sonhos. Nesses momentos, estamos conversando e recebendo orientações de nossos Anjos Guardiões Protetores.

Lembrando sempre que, a cada despertar, é aconselhável tentar recordar-se dos sonhos. As mensagens que eles transmitem, muitas vezes, nos ajudarão a enfrentar mais um dia. Infelizmente, nossa vida agitada torna praticamente impossível essa reflexão.

Um Dia todos nós seremos Anjos e rebanhos de um só PASTOR

As pessoas de todas as religiões têm se aproximado uma das outras, no silêncio dos anos, sem que os homens, em sua maioria, se deem conta disso. Elas tendem um dia a se fundir em uma única religião, tendo como princípio somente o bem e, como necessidade premente, difundir as verdades espirituais. Quem dirige as religiões, como outros ramos de atividades humanas, não são os homens, é primeiramente Deus, que se encontra no leme do barco de todos os nossos destinos; a mão do Supremo Criador é que, de forma infalível e total, e completa inteligência, governa toda a sabedoria universal. Parte da humanidade, principalmente dos religiosos, se preocupa muito em se salvar, esquecendo-se de que essa salvação depende muito mais da obediência às leis irremovíveis do Pai, ou seja, às leis naturais que regem todos nós. Não será uma simples leitura, nem uma simples palavra, que irá nos colocar como anjos diante do Senhor, mas a purificação dos sentimentos, a eliminação completa de nossos vícios e defeitos, a pureza dos pensamentos e, principalmente, a vivência permanente das leis de Deus, ministradas por Jesus.

Deus não criou ninguém destinado à perdição. Todos se salvarão, porque para isso Ele deixou os caminhos delineados e mais tarde difundidos e vividos por Jesus para todas as criaturas, de sorte a se purificarem por variados processos.

Se Ele é onisciente, como iriam fazer alguns para se perderem definitivamente? E como, sendo a Perfeição Absoluta, iria fazer coisas imperfeitas? A razão não nos deixa acomodar em tais ideias. O mundo espiritual está atento a todos os passos da humanidade, e ela tem, certamente, o livre-arbítrio, mas, com limites, como o pássaro dentro de uma gaiola. A liberdade maior somente será dada quando o liberto conhecer seus reais deveres diante da grandeza do Criador, supremo mandatário em toda a extensão do infinito. Falanges e mais falanges de Espíritos Santos superiores, comandados por Jesus Cristo, descem para a atmosfera da Terra constantemente, para receberem luzes de outros mundos que irão coadjuvar as inteligências que aqui permanecerem e distribuir almas endurecidas para outras plagas, onde se afinem mais por lei dos iguais.

No entanto, não ficará ninguém sem as bênçãos do Senhor, que tudo nos deu para sermos felizes junto a Ele, na eternidade. Coloco a seguir a letra da música que inspira todos nós um dia a sermos Anjos dos Senhor, de autoria do Grupo Acorde.

Anjos
Qual de nós não tem nenhum defeito?
Qual de nós não tem uma virtude?
Precisamos só achar um jeito
De suavizar o lado rude
Vamos ajudar-nos mutuamente
E somar as nossas qualidades
Pra fazer um mundo diferente
E tirar a força da maldade
Um dia todos nós seremos anjos
Vamos trabalhar e acreditar
E no futuro nós seremos anjos
No planeta onde o amor,
Unicamente o amor há de reinar
(E assim será)
A felicidade só começa
Quando cessam as desigualdades
Quando todos compartilham sonhos
E não usam mal a liberdade
O Mestre falou: – Sede perfeitos
E nos ensinou esta lição
Que somente o amor será eterno

Nele está nossa salvação
Um dia todos nós seremos anjos
Vamos trabalhar e acreditar
E no futuro nós seremos anjos
No planeta onde o amor,
Unicamente o amor há de reinar.

Para um dia sermos Anjos, precisamos começar eliminando diariamente nossos vícios, fazendo nossas **REFORMAS MORAIS**.

Vícios

Vício = é o uso costumeiro de toda e qualquer coisa que nos acarrete prejuízo. É o costume de proceder mal. Vício é doença complexa que exige vontade para libertar-se dela. Para se curar, é necessário enfrentá-lo, vencê-lo e controlá-los, um a um, todos os dias; se ele não for vencido, tornar-nos-emos escravos dele. Só estaremos libertos para uma vida mais espiritualizada se não tivermos vícios de nenhuma natureza. Todos os tipos de vícios são nocivos para quem os tem. Às vezes, um ou dois que temos escurecem todas as virtudes que já adquirimos.

São muitos os vícios que existem e, às vezes, não os temos fortes, mas mesmo um restinho de qualquer um deles nos atrapalha e muito. Vou citar os mais conhecidos:

Alcoolismo = abuso das bebidas alcoólicas, que acarreta perturbações à saúde: o alcoolismo tem consequências econômicas e sociais muito graves.

Fumo = hábito contumaz de fumar cigarros.

Jogos = vício por qualquer tipo de jogo de azar, loterias, cartas, bicho, bingos.

Uso de tóxicos = fazer uso de algo que seja pernicioso à própria saúde e/ou à de outrem.

Agressividade = tendência a atacar, a provocar.

Ambição = ânsia de poder, fama ou riqueza; grande desejo; cobiça; aspiração; cupidez.

Apego material = apegamento exagerado a bens e coisas materiais deste mundo.

Avareza = apego sórdido ao dinheiro para acumulá-lo.

Calúnia = acusação falsa que fere a honra ou a reputação. Mentira, invenção, embuste.

Ciúme = receio ou despeito de certos afetos alheios não serem exclusivamente para nós.

Cólera = violenta irritação contra o que nos contraria.

Consumo da carne animal = não fomos criados para consumir nossos imãozinhos de planeta, isso contraria o princípio da compaixão com esses seres inferiores.

Gula = excesso no gosto de comer e beber; sofreguidão.

Inconformação = falta de conformação ou recusa em conformar-se.

Inveja = desejo de possuir o que o outro tem (acompanhado de ódio pelo possuidor), não ficar atrás de.

Maledicência = ação de maldizer; falar mal de alguém.

Mentir = dizer o que não é verdade, dizer o que não se pensa, enganar. Não cumprir o prometido ou o que era de esperar.

Ociosidade = estado de ocioso, de quem gasta seu tempo inutilmente. Preguiça, moleza, indolência.

Orgulho = conceito elevado ou exagerado de si mesmo; amor-próprio demasiado, presunção, soberba.

Pornografia = descrição ou representação de coisas consideradas obscenas, geralmente de caráter sexual. Qualquer coisa (livro, revista, filme, etc.) de fundo sexual com intenção de provocar excitação. Ação ou representação que ataca ou fere o pudor, a moral ou os considerados bons costumes.

Sensualidade = luxúria, lascívia, libertinagem, libidinagem qualidade de sensual, volúpia, lubricidade.

Queixa = ato ou efeito de se queixar. Ofensa; causa de ressentimento, descontentamento, queixume.

Roubo = tirar o que está em casa alheia ou o que outrem leva consigo. Cometer fraude em. Subtrair às escondidas, furtar. Plagiar; dar como invenção sua o que outrem inventou. Esquivar-se de algo de sua responsabilidade.

Usura = é entendida como a cobrança de remuneração abusiva pelo uso do capital, agiotagem.

Vaidade = fatuidade; ostentação. Sentimento de grande valorização que alguém tem em relação a si mesmo.

O Organograma
e a Hierarquia Celeste

A informação de que os Anjos se dividiam em uma Hierarquia é que nos deu a ideia para estudarmos e desenhar como seria a Estrutura Hierárquica Organizacional Celeste, bem como descrever as posições hierárquicas e atribuições, funções e tarefas de cada uma nessa hierarquia. A Bíblia nos relata que Jacó, em sua viagem para Harã, precisou repousar e utilizou-se de uma pedra como travesseiro. Em seus sonhos, ele viu uma escada que avançava da Terra ao Reino dos Céus, e que os Anjos subiam e desciam por ela, levando e trazendo as mensagens até Deus.

Sabemos que todo o Gênesis é simbólico e ocultista, cujos textos são alegorias para textos herméticos e iniciáticos relacionados com a Cabala. A escada de Jacó é uma alegoria para a estrutura completa da Árvore da Vida. Os 72 anjos da Cabala, ou "Emanações do Nome de Deus", são os anjos que aparecem simbolicamente no sonho de Jacó, trazendo as perguntas e respostas dos mestres que se utilizam desse sistema oracular. A escada também simboliza a subida iniciática do Mundo Material ao Mundo Divino.

Essa informação partiu de uma passagem na Bíblia no Capítulo 28 do Gênesis, versículo 12, onde Jacó relata o sonho que teve: "... estava posta sobre a terra uma escada, cujo topo chegava ao céu; e eis que os Anjos de Deus subiam e desciam por ela...".

Durante séculos, estudiosos se debruçaram sobre as Sagradas Escrituras, buscando estabelecer a correta relação dos Anjos com Deus e seu papel em relação à humanidade, como Eusébio de Cesareia, Atanásio, Basílio Magno, Ambrósio de Milão, Jerônimo, João Crisóstomo, Cirilo de Jerusalém, Cirilo de Alexandria, Agostinho e Dionísio.

Esse Dionísio, inclusive, foi quem realizou seus estudos por volta do início do século VI, foi ele quem estabeleceu a **divisão dos Anjos** em três classes, ordens ou estruturas departamentais, poderíamos dizer, subdivididas, por sua vez, em outros três níveis, novamente a menção de outro escalão hierárquico.

Por meio de vários estudos, Dionísio tirou dos versos da Bíblia os nomes dos coros de Anjos e os dividiu em nove Hierarquias Celestes, que iam desde os Serafins, que era a classe mais elevada e próxima de Deus, e desciam até os Anjos, que era a classe mais próxima dos homens. A Hierarquia dos Anjos é formada de nove qualidades, chamadas também de falanges, cada uma liderada por um Príncipe. Cada qualidade possui um grupo de oito Anjos, que são governados pelo Príncipe da falange.

A primeira Ordem, por exemplo, estaria mais próxima de Deus e mais distante dos homens. A segunda seria uma intermediária dessas três ordens, já que a terceira estaria mais próxima dos homens e mais afastada de Deus, mas não menos qualificados para intermediar as relações entre esses dois planos, o de Deus e o dos homens.

Segundo outros estudiosos da área, essa divisão da Hierarquia Celeste dos Anjos é aceita até hoje e se caracteriza por determinar a posição de cada Anjo em relação a Deus e aos homens.

Essas qualidades estão divididas em três grandes grupos, conforme você pode visualizar no ORGANOGRAMA CELESTE A SEGUIR DESENHADO com essa primeira hierarquia angelical.

As três classes mais elevadas (Veja no organograma a seguir) são os SERAFINS, QUERUBINS e TRONOS. Estão sempre na corte interna de Deus, meditando n'Ele, que é o propósito total da Criação.

ASSINATURAS DOS PRÍNCIPES

Os egípcios da época faraônica consagraram Anubis como o Guardião das Forças Celestes. Os estudiosos cabalistas aprimoraram os sinais e hieróglifos deixados nas escrituras sagradas e no interior das pirâmides e estabeleceram o que chamamos de "Assinaturas dos Príncipes", que servem de proteção por serem dotadas de efeitos benéficos. Uma proteção invisível contra qualquer risco proveniente do exterior, tanto mental, moral, como psíquico. Por essa razão, é aconselhável colocar a assinatura do Príncipe que coordena a falange de seu Anjo Guardião Protetor em um lugar na porta de entrada de sua casa ou de seu estabelecimento comercial.

Metatron
Príncipe dos Serafins

Raziel
Príncipe dos Querubins

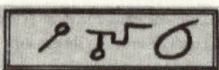

Tsaphkiel
Príncipe dos Tronos

Tsadkiel
Príncipe das Dominações

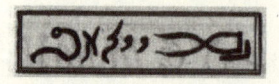

Camael
Príncipe das Potências

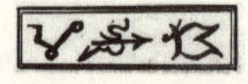

Raphael
Príncipe das Virtudes

Haniel
Príncipe dos Principados

Mikael
Príncipe dos Arcanjos

Gabriel
Príncipe dos Anjos

SERAFINS, QUERUBINS E TRONOS

Atribuições dos SERAFINS coordenados ou dirigidos pelo Príncipe METATRON

Os Anjos Guardiões Protetores desta falange são os mais velhos e responsáveis dentre todas as demais qualidades angelicais; os Serafins são considerados os mais próximos de Deus.

Os Serafins personificam a caridade divina e a inteligência. Esses anjos normalmente **foram "vistos" pelos pintores e artistas da época como senhores já idosos de cabelos longos e brancos**. Suas atribuições mais gerais em relação aos humanos são: fortalecer, incentivar e apoiar a sinceridade com doçura, a franqueza sem agressividade, a pacificação do temperamento e sentimentos, estimulando a abolição de preconceitos e ideias fixas e sem sentido.

Personificam a caridade divina e a inteligência. São eles que nos conduzem ao amor divino e nos ensinam a amar o próximo. São eles que nos ensinam a escutar os conselhos das pessoas mais experientes.

O principal elo com os Serafins é mental; logo, para uma ancoragem bem-sucedida deles, é recomendado: estudo, leitura, aplicação nos deveres escolares, a busca da cultura e, principalmente o recolhimento e a prece em lugares claros e limpos.

OS ANJOS QUE PERTENCEM À QUALIDADE OU À CATEGORIA SERAFINS SÃO OS SEGUINTES:

1 – Vehuiah
2 – Jeliel
3 – Sitael
4 – Elemiah
5 – Mahasiah
6 – Lelahel
7 – Achaiah
8 – Cahethel

Atribuições dos QUERUBINS coordenados ou dirigidos pelo Príncipe RAZIEL

Os Anjos Guardiões Protetores desta falange personificam a sabedoria de Deus. Deve-se invocá-los quando a fé corre perigo de ser abalada ou de sofrer interferências. Nas tradições, eles são tidos como guardadores dos registros de Deus. Hoje são representados como crianças gordinhas. Na Bíblia, são tidos como guardiões do Jardim do Éden. Podemos ver isso no Capítulo 7, versículo 21, do

Gênesis. Os Querubins normalmente são retratados **pelos pintores como bebês risonhos, de corpinhos nus enfeitados com delicadas asas translúcidas nas costas**.

Nas telas dos grandes artistas e mesmo nas esculturas sacras, eles geralmente estão representados aos pés de Deus e das divindades. Também surgem aos pés do trono de Maria, mãe de Jesus. Eles são imbatíveis, em sua carga de compreensão, devoção e respeito à vida. Lutam pela verdadeira iluminação dos seres vivos, aumentando a reserva de forças dos indivíduos.

Os Querubins acorrem rapidamente onde quer que exista uma alma necessitada, especialmente aquelas contidas em reformatórios, prisões, asilos ou orfanatos. Os hospitais também não são esquecidos por eles. São seres de amoroso trabalho de luz e cura.

Esses anjos formam imensas legiões angelicais para intervir em prol da paz no mundo, em favor da cura total do corpo e da alma, e para que toda criação divina possa chegar a Deus.

OS ANJOS QUE PERTENCEM À QUALIDADE OU À CATEGORIA QUERUBINS SÃO OS SEGUINTES:

9 – Haziel
10 – Aladiah
11 – Laoviah
12 – Hahahiah
13 – Yesalel
14 – Mebahel
15 – Hariel
16 – Hekamiah

Atribuições dos TRONOS coordenados ou dirigidos pelo Príncipe TSAPHKIEL

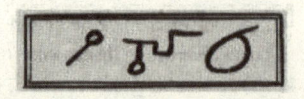

Os Anjos Guardiões Protetores desta falange angelical são seres devotados às artes e à beleza. São retratados pelos pintores da época como belos jovens, segurando algum instrumento musical como a harpa, o violino ou a cítara.

São descritos e retratados como muito elegantes, esbeltos e de rara beleza; esses anjos apreciam os lugares bonitos, bem cuidados e requintados onde predominem o bom gosto, as peças de arte e até mesmo uma estrutura luxuosa. Salas de exibição de obras de arte como os museus, os palcos frequentados pelas grandes sinfônicas, os cantores líricos e de música requintada são alvos de atenção dos Tronos.

Além de incentivarem o trabalho de indivíduos com talentos, eles se empenham em unir os povos apesar da diversidade de raças, credos, ideologias e formação cultural. Esses anjos procuram fazer do mundo uma grande e sólida Fraternidade Universal, onde o amor seja a base fundamental e comum.

Amantes da delicadeza, da diplomacia, das belas pinturas, dos espaços vaporosos e perfumados, os Tronos são incansáveis inspiradores das expressões humanas superiores, dos valores sinceros das boas negociações, e de todos os sentimentos e pensamentos que possam ser comparados a uma sinfonia.

Os Tronos proclamam a grandeza divina pela música. Deve-se invocá-los para pedir proteção às pessoas. Estão sempre na corte interna de Deus, são também chamados de "os transportadores de Deus". Os Tronos inspiram os homens por meio da arte e da beleza, são quase sempre representados como moços, segurando um tipo de instrumento musical na mão. Ele simboliza as forças criativas que estão em ação. Inspiram-nos compreensão e confiança, ensinam a caridade para conseguir a plena felicidade. Os Tronos têm esse nome porque eles estão sempre juntos de Deus e são quase como um trono, onde o Ser Divino descansa. Possuem uma essência muito pura e recebem de Deus as ordens para comunicá-las aos outros Anjos.

OS ANJOS QUE PERTENCEM À QUALIDADE OU CATEGORIA TRONOS SÃO OS SEGUINTES:

17 – Lauviah
18 – Caliel
19 – Leuviah
20 – Pahaliah
21 – Nelchael
22 – Ieiaiel
23 – Melahel
24 – Haheuiah

Organograma Celestial Primeira Hierarquia

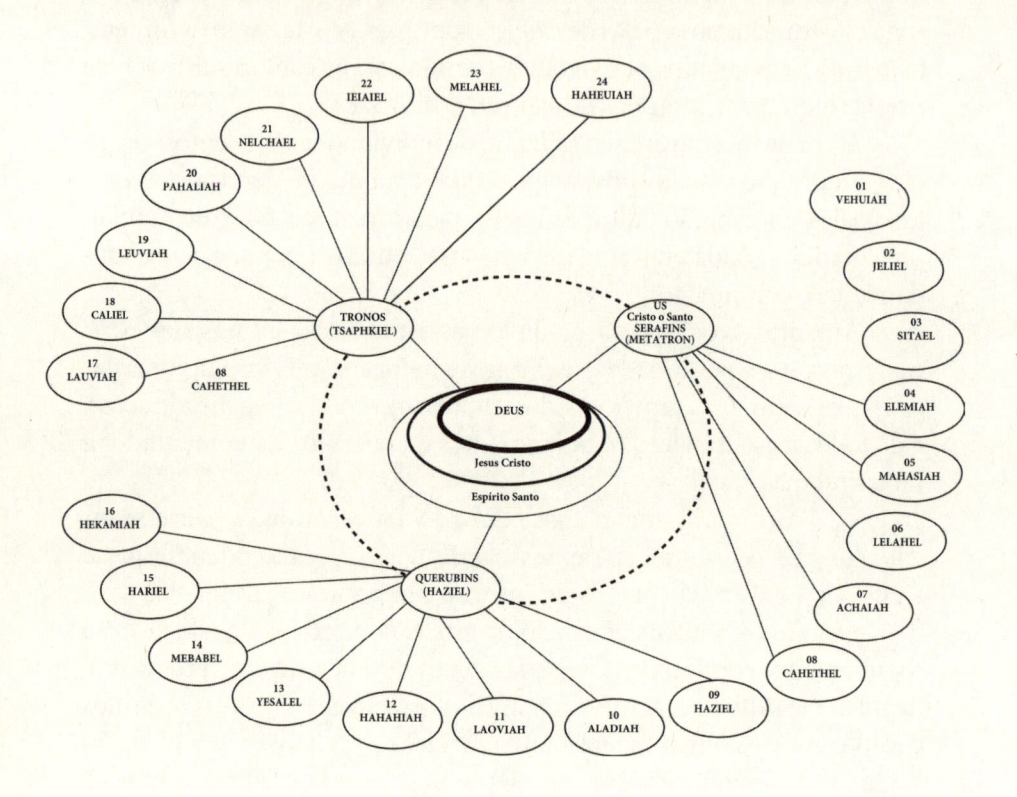

(Diagrama com DEUS / Jesus Cristo / Espírito Santo no centro, rodeados por TRONOS (TSAPHKIEL), SERAFINS (METATRON) - US Cristo o Santo, e QUERUBINS (HAZIEL), ligados aos 24 anjos:)

- 01 VEHUIAH
- 02 JELIEL
- 03 SITAEL
- 04 ELEMIAH
- 05 MAHASIAH
- 06 LELAHEL
- 07 ACHAIAH
- 08 CAHETHEL
- 09 HAZIEL
- 10 ALADIAH
- 11 LAOVIAH
- 12 HAHAHIAH
- 13 YESALEL
- 14 MEBABEL
- 15 HARIEL
- 16 HEKAMIAH
- 17 LAUVIAH
- 18 CALIEL
- 19 LEUVIAH
- 20 PAHALIAH
- 21 NELCHAEL
- 22 IEIAIEL
- 23 MELAHEL
- 24 HAHEUIAH

Obs.: As três classes intermediárias ou do meio são as DOMINAÇÕES, POTÊNCIAS e VIRTUDES, mantêm o universo funcionando.

Atribuições das DOMINAÇÕES coordenados ou dirigidas pelo Príncipe TSADKIEL

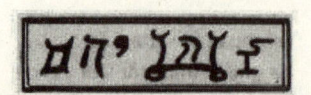

Os Anjos Guardiões Protetores desta falange angelical governam todo o universo. Têm o poder de levar o reino de Deus às pessoas. São considerados Anjos que administram o mundo de Deus, fazendo as leis do universo operarem. As Dominações auxiliam nas emergências ou conflitos que necessitam de urgência para ser resolvidos. **Aparecem em quadros e pinturas como o Anjo que carrega um pergaminho, ou livro, simbolizando a sabedoria.** Eles patrocinam os que trabalham com a mente humana, em especial os psicólogos, os consultores jurídicos e os membros dos governos do mundo para que possuam lucidez e discernimento para bem comandar o povo e seu merecido progresso, tanto físico como espiritual.

A queima de incensos cria uma atmosfera mística, o que facilita a ancoragem dos anjos da categoria Dominação; eles atuam nos conflitos e emergências.

OS ANJOS QUE PERTENCEM À QUALIDADE OU À CATEGORIA DOMINAÇÕES SÃO OS SEGUINTES:

25 – Nith-Haiah
26 – Haaiah
27 – Ierathel
28 – Seheiah
29 – Reyel
30 – Omael
31 – Lecabel
32 – Vasahiah

Atribuições das POTÊNCIAS coordenadas ou dirigidas pelo Príncipe CAMAEL

Os Anjos Guardiões Protetores desta falange angelical **são guardiões dos animais, protegendo a procriação e a sobrevivência das diferentes espécies animais para que elas não sofram extinção total.** São encarregados de transmitir as influências de Deus para a nossa vida. Camael também é o guardião da verdade, nos traz segurança e confiança interior para ultrapassar qualquer problema. Arcanjo da justiça, governa por meio da bondade, do amor e da fraternidade, e elimina os obstáculos que impeçam o cumprimento da vontade Divina.

O Príncipe Camael diz: "De todos os anjos que permanecem na Terra, os do Arcanjo Miguel e os meus são os mais numerosos. A Nós, servidores divinos, foi concedido o grande privilégio de amparar no universo os filhos de Deus que teceram, com seus próprios pensamentos e sentimentos, dolorosas experiências e, agora desesperados, suplicam ajuda ao Altíssimo Poder. Nossas legiões sempre respondem ao chamado e às preces das criaturas, sem distinção, do ser mais humilde ao mais poderoso". Os anjos da qualidade Potências necessitam de plantas e animais para a ancoragem mais frequente, feliz e facilitada.

As Potências governam o mundo físico e moral. Protegem todos os seres humanos das forças malignas e destrutivas. As Potências auxiliam os sacerdotes e as pessoas santas, para que a glória divina esteja presente em todos os momentos, ajudam a agir com inteligência, nas mais variadas partes da vida, a obter sensibilidade, a buscar um melhor entendimento com as pessoas, encontrar a harmonia e o equilíbrio na vida.

OS ANJOS QUE PERTENCEM À QUALIDADE OU CATEGORIA POTÊNCIAS SÃO OS SEGUINTES:

33 – Iehuiah
34 – Lehahiah
35 – Chavakiah
36 – Menadel
37 – Aniel
38 – Haamiah
39 – Rehael
40 – Ieiazel

Atribuições das VIRTUDES coordenadas ou dirigidas pelo Príncipe RAPHAEL

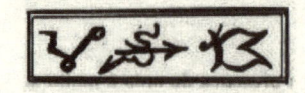

Os Anjos Guardiões Protetores desta falange angelical governam os talentos, os prodígios e os milagres da cura. São eles os responsáveis pelas leis que governam a criação, de acordo com a vontade divina. As Virtudes ajudam as pessoas que se esforçam para vencer na vida.

Na maioria das vezes, são representadas com instrumentos musicais, simbolizando a voz de Deus por meio da música. São eles que atraem a força de Deus, para que sejam operados os milagres.

Os anjos da qualidade Virtudes gostam de ancorar em lugares perfumados, com metais e objetos sacros, também os adornos usados pelas pessoas como pulseiras, pingentes, colares e brincos atraem esses anjos, que se valem desses ornamentos para descarregar as energias negativas, protegendo dessa maneira essas pessoas.

Orientam as pessoas acerca de sua missão na Terra, ajudando-as no cumprimento do carma. Esses anjos se esforçam para que compreendamos que toda energia é força inteligente capaz de criar causas com seus consequentes e inevitáveis efeitos, isso é carma. Esses efeitos, por sua vez, se transformam em novas causas geradoras de novos efeitos, dessa maneira criam-se novos círculos dentro de círculos, ou seja, círculos concêntricos que, com sabedoria, devemos entender que partem de dentro de nós, especialmente de nossos pensamentos e sentimentos.

Se compreendermos o circular da energia nesses círculos nos tornaremos mais sábios e, consequentemente, poderemos adotar uma postura diferente perante a vida e também a nós mesmos. Caso contrário, perderemos gradativamente a consciência de energia divina e o real objetivo da vida.

Os anjos da qualidade Virtudes nos ajudam neste trabalho, impregnando a atmosfera com suas bênçãos, fortalecendo-nos e auxiliando o florescimento, em nosso interior, da verdadeira natureza divina. Eles enviam aos homens raios de luz e estimulam os sentimentos de fé, sabedoria, amor e tudo o mais que seja necessário para que compreendamos a real missão de vida. Virtudes protegem os médicos, enfermeiros, sacerdotes, missionários e irmandades religiosas.

OS ANJOS QUE PERTENCEM À QUALIDADE OU À CATEGORIA VIRTUDES SÃO OS SEGUINTES:

41 – Hahael
42 – Mikael
43 – Veuliah
44 – Yelaiah
45 – Sealiah
46 – Ariel
47 – Asaliah
48 – Mihael

Organograma Celestial Segunda Hierarquia

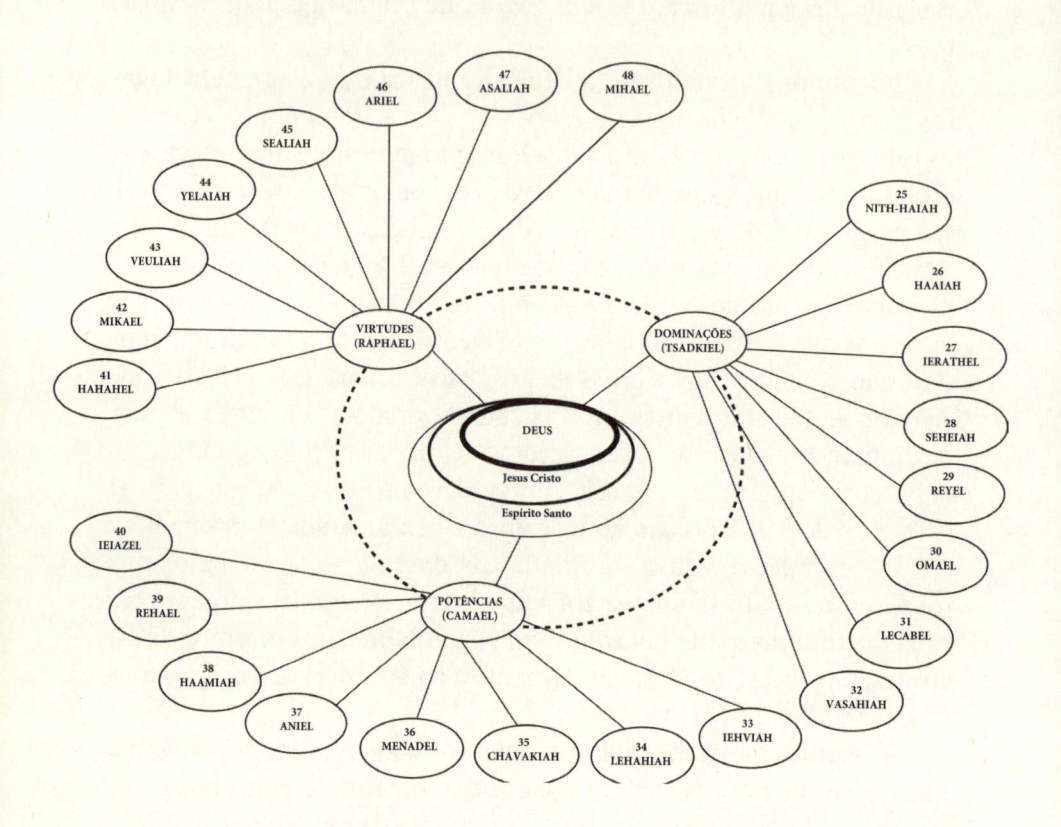

```
                    46      47      48
                  ARIEL  ASALIAH  MIHAEL
               45
             SEALIAH
        44
      YELAIAH                                      25
                                               NITH-HAIAH
    43
  VEULIAH                                          26
                                                 HAAIAH
  42
 MIKAEL         VIRTUDES          DOMINAÇÕES       27
               (RAPHAEL)           (TSADKIEL)    IERATHEL
  41
 HAHAHEL                                           28
                          DEUS                   SEHEIAH
                       Jesus Cristo                29
                                                  REYEL
                       Espírito Santo
   40                                              30
 IEIAZEL                                          OMAEL

   39                                              31
 REHAEL           POTÊNCIAS                      LECABEL
                   (CAMAEL)
   38                                              32
 HAAMIAH                                         VASAHIAH
       37
     ANIEL    36      35      34      33
            MENADEL CHAVAKIAH LEHAHIAH IEHVIAH
```

Obs.: As três classes inferiores na estrutura organizacional são os PRINCIPADOS, ARCANJOS e ANJOS. Eles realizam tarefas particulares e muito personalizadas com as pessoas.

Atribuições dos PRINCIPADOS coordenados ou dirigidos pelo Príncipe HANIEL

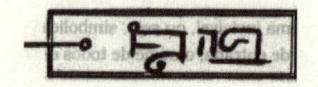

Os Anjos Guardiões Protetores desta falange angelical atuam sobre os governos, estados e países. Preservam a fauna e a flora, os cristais e todas as riquezas da Terra. É recomendado que, ao entrar em um lugar sagrado, se invoquem os Principados. Eles ajudam a vencer todos os obstáculos. Os Principados possuem poderes semelhantes aos de um Príncipe. Protegem os espíritos bons dos ataques de espíritos maus e invejosos. São eles o Anjo que devemos invocar para nos defender contra as forças do mal. Possuem os poderes do amor. São os chefes de todos os Cupidos. São os Anjos encarregados de fazerem as pessoas se apaixonarem umas pelas outras. Esses anjos favorecem os indivíduos com inclinações artísticas, especialmente música, canto, dança, pintura, escultura e todas aquelas dotadas de poderes espirituais.

Esses anjos ajudam na limpeza das energias portadoras dos desgostos, sofrimentos e dores que são geradas nas impurezas de nossos corpos inferiores. Ajudam também na dissolução e remoção das impurezas e imperfeições da atmosfera da Terra, abrindo caminhos para que nos tornemos criaturas livres, perfeitas e divinas. Gostam de casas limpas, com muitas plantas, cristais, em especial ametista, já que trabalham com afinco pela evolução das formas-espírito que se encontram nos reinos mineral, vegetal e animal.

Os Principados acorrem rápido para atender às preces daqueles que aspiram, como veículo da ascensão, à pureza; além disso, nos livram dos sofrimentos, limitações e adversidades e nos proporcionam saúde, realização profissional e financeira, progresso, felicidade, bem-estar, paz e amor.

OS ANJOS QUE PERTENCEM À QUALIDADE OU À CATEGORIA DE PRINCIPADOS SÃO OS SEGUINTES:

49 – Vehuel
50 – Daniel
51 – Hahasiah
52 – Imamaiah
53 – Nanael
54 – Nithael
55 – Mebahiah
56 – Poiel

Atribuições dos ARCANJOS coordenados ou dirigidos pelo Príncipe MIKAEL

Os Anjos Guardiões Protetores desta falange angelical têm como função transmitir as mensagens divinas. Quando os Arcanjos estão por perto, sentimos paz e tranquilidade interior.

Nas representações e pinturas, são descritos empunhando um escudo e uma espada. Seu nome é um grito de guerra. Os Arcanjos possuem forte envolvimento com a Verdade de Deus, incentivando as forças da inteligência nos seres humanos, tanto que protegem especialmente os professores, doutrinadores e todos aqueles que de alguma maneira se propõem a passar conhecimentos, ensinamentos e sabedoria a outros. Esses anjos lutam pela verdadeira iluminação dos seres.

Patrocinam também aqueles que se dedicam às pessoas e às pesquisas científicas, auxiliando-os a meditarem na sabedoria conquistada por meio de seus estudos, pesquisas e descobertas, em particular as que visem ao bem comum da humanidade. Intelectuais, estadistas, artistas, cientistas, educadores, juízes e filantropos são banhados pela luz dos Arcanjos, os mais populares dos Mensageiros de Deus. Digamos que os anjos se dividam em exércitos, e que esses exércitos possuam seus comandantes. Esses comandantes são, pois, os Arcanjos.

Eles estarão sempre presentes onde houver mais de uma pessoa reunida, com o objetivo de realizar mudanças, propondo novas ideias e transformações. Eles são poderosas energias, pelas quais todos nós estamos orando. São seres de profundo conhecimento a respeito das transformações planetárias, trazendo-nos informações sobre cura, ciência, sociedades, paz.

Os Arcanjos comandam as muitas moradas do Pai. Receberam de São Tomás de Aquino o nome de Coros, quando os classificou em hierarquias. São regentes planetários, cada um em sua função específica, sempre trabalhando em perfeita harmonia e igualdade.

Dotados de poder de decisão, compreendem as fatalidades como consequências, provocadas pelo próprio homem. Recebem os relatórios angelicais sobre o progresso dos seres humanos, para comunicá-los aos tecedores da malha cármica, cujo propósito é saber se o homem já se encontra apto a cumprir os desígnios divinos. O maior objetivo dos Arcanjos é concretizar a vontade de Deus Pai, promovendo a paz entre os homens.

OS ANJOS QUE PERTENCEM À QUALIDADE OU À CATEGORIA ARCANJOS SÃO OS SEGUINTES:

57 – Nemamiah
58 – Ieialel
59 – Harahel
60 – Mitzrael
61 – Umabel
62 – Iah-Hel
63 – Anauel
64 – Mehiel

Atribuições dos ANJOS coordenados ou dirigidos pelo Príncipe GABRIEL

Os Anjos Guardiões Protetores desta falange angelical cuidam da segurança das pessoas e orientam os homens. São emissários e guardiões de cada criatura humana. Devemos invocá-los quando desejamos encontrar a solução dos problemas e a compreensão dos fatos. Ajudam a combater a ambição desmedida e o ódio.

Os Anjos da qualidade Anjos são os mais próximos dos seres humanos, também os mais numerosos. Dentre todos os integrantes das legiões angélicas, os anjos dessa qualidade, amorosos e queridos, são purificadores, protetores, consoladores, apaziguadores, amantes das nobres virtudes, dos valores morais elevados; possuem beleza e luz cristalina. Eles volitam pela atmosfera da Terra, em torno de todos os seres do planeta, abrindo suas asas resplandecentes de brilho sobre toda a humanidade, e são integrantes da composição planetária, a todo tempo e incondicionalmente.

Os Anjos se incumbem de levar as preces daqueles que suplicam por alguma ajuda, entregando-os no regaço de Deus e, em seguida, retornam com as respostas do Pai. Generosos, desprendidos, tolerantes, compreensivos, eles não se importam de emprestar a própria energia para reforçar os apelos dos suplicantes, esvaziando seu próprio reservatório de forças na aura daquele que ora.

Promovem o desenvolvimento da alma do planeta e seus ocupantes. Por trabalharem com a chama violeta, eles derramam essa luz sobre os corpos dos homens para que exista a transformação das imperfeições e dos sofrimentos: transmutam o carma.

Na Bíblia, em várias passagens, vemos como esses "Mensageiros de Deus" eram mandados à Terra, marcando sua presença com feitos magníficos, dentre os quais se ressalta o da Anunciação, missão sublime atribuída a um Anjo para informar a Maria a vinda por intermédio dela de Jesus, o Salvador do Mundo.

Em outras passagens, os Anjos são enviados para proteger aqueles escolhidos do Senhor, alertando-os para que se salvassem, como no caso de Sodoma e Gomorra (Gn 19, 1), quando são mandados para ajudar Lot e sua família. No Êxodo, vemos o Anjo acompanhando os judeus, em sua fuga do Egito, a mando do Senhor, base inclusive de todas as descobertas a respeito desses seres resplandecentes.

Podemos acrescentar ainda que, em virtude de serem tão ou mais antigos que o próprio homem, possuem o conhecimento e a sabedoria necessários para guiar, amparar e ajudar da melhor maneira, pois têm feito isso século após século, por determinação do Criador. Veja você, portanto, o que Deus, em sua grandiosa bondade e sabedoria, coloca à nossa disposição: seres perfeitos, da mais alta recomendação e conhecimento, para nos atender e nos dar o socorro imediato, tanto naqueles assuntos corriqueiros como nos mais importantes.

Hoje em dia percebemos que o materialismo vai pouco a pouco perdendo terreno, na necessidade manifesta das pessoas de encontrar uma justificativa maior para suas vidas espirituais, do que serem apenas escravos do consumo e da comodidade.

Para realizar essa volta ao Criador, a humanidade se encontra constrangida e sem saber como fazer o caminho do Filho Pródigo. É nesse aspecto que o papel dos Anjos assume uma importância capital, pois será por meio deles que essa volta a Deus se processará. O caminho é simples e sem dificuldades. Para chegar ao seu Anjo, e consequentemente a Deus, nosso PAI MAIOR, você não precisa de malabarismo nenhum.

Se você ainda não sabe qual deles se colocou à disposição para acompanhá-lo à Terra e levá-lo de volta ao Criador, intermediando suas relações com Ele, a seguir você saberá qual é ele e como deve fazer para descobrir. O importante é não deixar esse conhecimento se perder, passar da hora e ignorar a chance que mais uma vez, talvez a última, está sendo colocada em suas mãos para seu crescimento a caminho do PAI MAIOR.

OS ANJOS QUE PERTENCEM À QUALIDADE OU À CATEGORIA ANJOS SÃO OS SEGUINTES:

65 – Damabiah
66 – Manakel
67 – Ayel
68 – Habuhiah
69 – Rochel
70 – Yabamiah
71 – Haiaiel
72 – Mumiah

Anjos. O que são?

Desde os primórdios da história da humanidade, os anjos marcam sua presença em nossas vidas. Nosso anjo da guarda ou gênio guardião é um ser de luz que nos acompanha desde nosso nascimento até o momento de nossa passagem para outro plano.

Os nomes dos anjos vêm da Cabala judaica e são derivados do nome de Deus. São 72 ao todo, e cada um exerce sua influência sobre cinco dias no ano, como é indicado pelas cinco letras hebraicas que compõem seus nomes; 5 x 72 = 360, faltando 5 para completar um ano, e para esses dias que faltam, os estudiosos da cabala os designaram como os dias dos guardiões especiais, dos Gênios da Humanidade, e são os seguintes: 05/01; 19/03; 31/05; 12/08 e 24/10.

Organograma Celestial Terceira Hierarquia

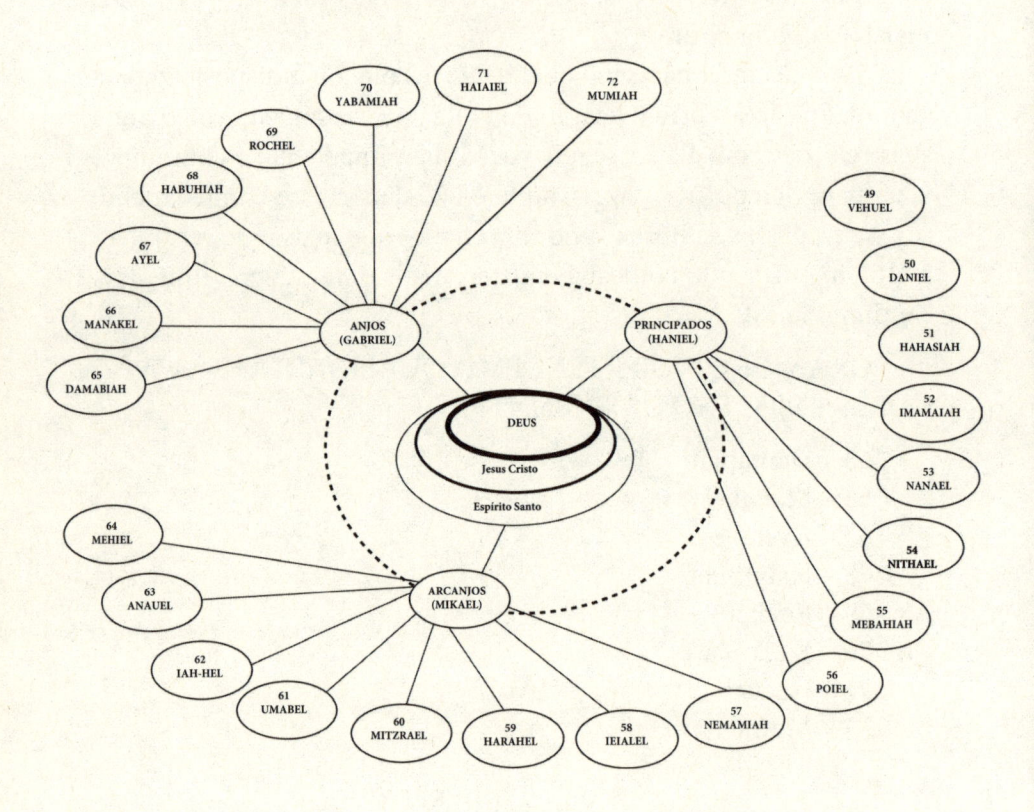

Descubra o nome de seu anjo na tabela a seguir. Pesquise por sua data de nascimento e conheça suas características nas descrições individuais que registramos adiante.

DESCUBRA A SEGUIR QUAL É O NOME De SEU ANJO PELO DIA E MÊS DO SEU NASCIMENTO

QUALIDADES	NÚMEROS	ANJOS	DIAS				PÁG
Serafins	1º Anjo	Vehuiah	20/mar.	1/jun.	13/ago.	25/out.	6/jan.	95
	2º Anjo	Jeliel	21/mar.	2/jun.	14/ago.	26/out.	7/jan.	98
	3º Anjo	Sitael	22/mar.	3/jun.	15/ago.	27/out.	8/jan.	101
	4º Anjo	Elemiah	23/mar.	4/jun.	16/ago.	28/out.	9/jan.	103
	5º Anjo	Mahasiah	24/mar.	5/jun.	17/ago.	29/out.	10/jan.	106
	6º Anjo	Lelahel	25/mar.	6/jun.	18/ago.	30/out.	11/jan.	109
	7º Anjo	Achaiah	26/mar.	7/jun.	19/ago.	31/out.	12/jan.	112
	8º Anjo	Cahethel	27/mar.	8/jun.	20/ago.	1/nov.	13/jan.	115

QUALIDADES	NÚMEROS	ANJOS	DIAS				PÁG
Querubins	9º Anjo	Haziel	28/mar.	9/jun.	21/ago.	2/nov.	14/jan.	118
	10º Anjo	Aladiah	29/mar.	10/jun.	22/ago.	3/nov.	15/jan.	121
	11º Anjo	Laoviah	30/mar.	11/jun.	23/ago.	4/nov.	16/jan.	124.
	12º Anjo	Hahahiah	31/mar.	12/jun.	24/ago.	5/nov.	17/jan.	127.
	13º Anjo	Yesalel	1/abr.	13/jun.	25/ago.	6/nov.	18/jan.	130
	14º Anjo	Mebahel	2/abr.	14/jun.	26/ago.	7/nov.	19/jan.	132
	15º Anjo	Hariel	3/abr.	15/jun.	27/ago.	8/nov.	20/jan.	135
	16º Anjo	Hekamiah	4/abr.	16/jun.	28/ago.	9/nov.	21/jan.	138

QUALIDADES	NÚMEROS	ANJOS	DIAS				PÁG
Tronos	17º Anjo	Lauviah	5/abr.	17/jun.	29/ago.	10/nov.	22/jan.	141
	18º Anjo	Caliel	6/abr.	18/jun.	30/ago.	11/nov.	23/jan.	144
	19º Anjo	Leuviah	7/abr.	19/jun.	31/ago.	12/nov.	24/jan.	147
	20º Anjo	Pahaliah	8/abr.	20/jun.	1/set.	13/nov.	25/jan.	150
	21º Anjo	Nelchael	9/abr.	21/jun.	2/set.	14/nov.	26/jan.	153
	22º Anjo	Ieiael	10/abr.	22/jun.	3/set.	15/nov.	27/jan.	156
	23º Anjo	Melahel	11/abr.	23/jun.	4/set.	16/nov.	28/jan.	159
	24º Anjo	Haheuiah	12/abr.	24/jun.	5/set.	17/nov.	29/jan.	162

DESCUBRA ABAIXO QUAL É O NOME DE SEU ANJO PELO DIA E MÊS DE SEU NASCIMENTO.

QUALIDADES	NÚMEROS	ANJOS	DIAS					PAG.
Dominações	25º Anjo	Nith-Haiah	13/abr.	25/jun.	6/set.	18/nov.	30/jan.	147
	26º Anjo	Haaiah	14/abr.	26/jun.	7/set.	19/nov.	31/jan.	149
	27º Anjo	Ierathel	15/abr.	27/jun.	8/set.	20/nov.	1/fev.	151
	28º Anjo	Seheiah	16/abr.	28/jun.	9/set.	21/nov.	2/fev.	153
	29º Anjo	Reyel	17/abr.	29/jun.	10/set.	22/nov.	3/fev.	156
	30º Anjo	Omael	18/abr.	30/jun.	11/set.	23/nov.	4/fev.	158
	31º Anjo	Lecabel	19/abr.	1/jul.	12/set.	24/nov.	5/fev.	160
	32º Anjo	Vasahiah	20/abr.	2/jul.	13/set.	25/nov.	6/fev.	162

QUALIDADES	NÚMEROS	ANJOS	DIAS					PAG.
Potências	33º Anjo	Iehuiah	21/abr.	3/jul.	14/set.	26/nov.	7/fev.	165
	34º Anjo	Lehahiah	22/abr.	4/jul.	15/set.	27/nov.	8/fev.	167
	35º Anjo	Chavakiah	23/abr.	5/jul.	16/set.	28/nov.	9/fev.	170
	36º Anjo	Menadel	24/abr.	6/jul.	17/set.	29/nov.	10/fev.	172
	37º Anjo	Aniel	25/abr.	7/jul.	18/set.	30/nov.	11/fev.	174
	38º Anjo	Haamiah	26/abr.	8/jul.	19/set.	1/dez.	12/fev.	176
	39º Anjo	Rehael	27/abr.	9/jul.	20/set.	2/dez.	13/fev.	179
	40º Anjo	Ieiazel	28/abr.	10/jul.	21/set.	3/dez.	14/fev.	181

QUALIDADES	NÚMEROS	ANJOS	DIAS					PAG.
Virtudes	41º Anjo	Hahahel	29/abr.	11/jul.	22/set.	4/dez.	15/fev.	183
	42º Anjo	Mikael	30/abr.	12/jul.	23/set.	5/dez.	16/fev.	185
	43º Anjo	Veuliah	1/maio.	13/jul.	24/set.	6/dez.	17/fev.	187
	44º Anjo	Yelaiah	2/maio.	14/jul.	25/set.	7/dez.	18/fev.	189
	45º Anjo	Sealiah	3/maio.	15/jul.	26/set.	8/dez.	19/fev.	192
	46º Anjo	Ariel	4/maio.	16/jul.	27/set.	9/dez.	20/fev.	194
	47º Anjo	Asaliah	5/maio.	17/jul.	28/set.	10/dez.	21/fev.	196
	48º Anjo	Mihael	6/maio.	18/jul.	29/set.	11/dez.	22/fev.	198

DESCUBRA A SEGUIR QUAL É O NOME DE SEU ANJO PELO DIA E MÊS DE SEU NASCIMENTO

QUALIDADES	NÚMEROS	ANJOS	DIAS				PÁG.
Principados	49º Anjo	Vehuel	7/maio	19/jul.	30/set.	12/dez.	23/fev.	200
	50º Anjo	Daniel	8/maio	20/jul.	1/out.	13/dez.	24/fev.	202
	51º Anjo	Hahasiah	9/maio	21/jul.	2/out.	14/dez.	25/fev.	204
	52º Anjo	Imamaiah	10/maio	22/jul.	3/out.	15/dez.	26/fev.	206
	53º Anjo	Nanael	11/maio	23/jul.	4/out.	16/dez.	27/fev.	208
	54º Anjo	Nithael	12/maio	24/jul.	5/out.	17/dez.	28/29fev.	210
	55º Anjo	Mebahiah	13/maio	25/jul.	6/out.	18/dez.	1/mar.	212
	56º Anjo	Poiel	14/maio	26/jul.	7/out.	19/dez.	2/mar.	214

QUALIDADES	NÚMEROS	ANJOS	DIAS				PÁG.
Arcanjos	57º Anjo	Nemamiah	15/maio	27/jul.	8/out.	20/dez.	3/mar.	216
	58º Anjo	Ieialel	16/maio	28/jul.	9/out.	21/dez.	4/mar.	218
	59º Anjo	Harahel	17/maio	29/jul.	10/out.	22/dez.	5/mar.	220
	60º Anjo	Mitzrael	18/maio	30/jul.	11/out.	23/dez.	6/mar.	222
	61º Anjo	Umabel	19/maio	31/jul.	12/out.	24/dez.	7/mar.	224
	62º Anjo	Iah-Hel	20/maio	1/ago.	13/out.	25/dez.	8/mar.	226
	63º Anjo	Anauel	21/maio	2/ago.	14/out.	26/dez.	9/mar.	228
	64º Anjo	Mehiel	22/maio	3/ago.	15/out.	27/dez.	10/mar.	230

QUALIDADES	NÚMEROS	ANJOS	DIAS				PÁG.
Anjos	65º Anjo	Damabiah	23/maio	4/ago.	16/out.	28/dez.	11/mar	232
	66º Anjo	Manakel	24/maio	5/ago.	17/out.	29/dez.	12/mar	235
	67º Anjo	Ayel	25/maio	6/ago.	18/out.	30/dez.	13/mar	237
	68º Anjo	Habuhiah	26/maio	7/ago.	19/out.	31/dez.	14/mar	239
	69º Anjo	Rochel	27/maio	8/ago.	20/out.	1/jan.	15/mar	241
	70º Anjo	Yabamiah	28/maio	9/ago.	21/out.	2/jan.	16/mar	243
	71º Anjo	Haiaiel	29/maio	10/ago.	22/out.	3/jan.	17/mar	245
	72º Anjo	Mumiah	30/maio	11/ago.	23/out.	4/jan.	18/mar	247
	Anjos da	Humanidade	31/maio	12/ago.	24/out.	5/jan.	19/mar	249

Todos os Anjos do Senhor

1º ANJO – VEHUIAH

Protege e influencia as pessoas nascidas nos dias: 6/1 – 20/3 – 1/6 – 13/8 – 25/10

É um anjo da categoria SERAFINS e seu Príncipe é METATRON

Peculiaridades das pessoas nascidas sob a influência deste Anjo: A fragrância do incenso na hora da oração deve ser: OLÍBANO
Sua cor preferida: BRANCA
Sua pedra preciosa: CRISTAL
Seu atributo: "DEUS ELEVADO E EXALTADO ACIMA DE TODAS AS COISAS"
Seu mês de mudança: AGOSTO
Seu número de sorte: 8
Hora de visita do anjo à Terra: das 00h01 às 00h20

Características comportamentais das pessoas nascidas sob a influência de VEHUIAH

Gerais: a vida das pessoas nascidas sob a influência deste anjo gira em torno de tirar proveito de todas as oportunidades que aparecerem. Por serem bastante otimistas, sutis, argutas, curiosas e estarem sempre em busca da verdade, podem começar do nada, mas se sentem satisfeitos enquanto estiverem progredindo. São bastante equilibradas emocional e interiormente, e possuem também o poder de curar com as mãos. Quando militares, livram dos inimigos, conduzem à paz e à prosperidade, entendem também que os momentos de dificuldade, que aparecerem em sua vida, são para que haja crescimento pessoal e espiritual.

Relações amorosas: têm tendência a encontrar vários bons amores, mas por seu instinto de preservação e de não querer magoar ninguém, demoram a desligar-se de um amor antigo.

Relações familiares: adoram participar de um convívio familiar saudável e carinhoso, fazem de tudo para a família permanecer unida e se ajudando mutuamente.

Relações com terceiros: são amigos fiéis, fortes e ousados, mas têm grandes dificuldades de perdoar uma traição ou ato covarde de um amigo.

Relações profissionais: executam as tarefas mais difíceis, tendo facilidade para aprender sobre as ciências, terão tendências e facilidades para a escrita e a oratória, as artes e a cultura, e seus trabalhos serão premiados e reconhecidos.

Relações esportivas ou de saúde: gostam de competições e em todas que disputam, são concorrentes leais com os adversários e poderão bater muitos recordes.

Relações sociais: bastante sociáveis e de boas maneiras, adoram a vida social e sendo possuidores de forte magnetismo e carisma, poderão até frequentar a alta sociedade.

Anjo contrário: se você deixar o anjo contrário influenciar sua vida, poderá ter as seguintes características comportamentais negativas:

Pode tornar-se uma pessoa turbulenta, impetuosa e de temperamento colérico, raivoso. Ser extravagante, cometer gafes, trapalhadas e usar a agressividade intelectual e a vingança. Fazer cenas dramáticas para obter o que deseja. Terá tendências a ter um forte impulso sexual negativo.

Precauções: no amor, abstenha-se de atitudes orgulhosas que humilhem o próximo. Desenvolva o autocontrole, contenha impulsos de ira. Reflita muito sobre suas atitudes violentas e busque sempre soluções pacíficas para tudo.

Agradecendo a seu anjo:

Agradeça todos os dias ao seu anjo guardião protetor, entre 00h01 e 00h20, fazendo as orações selecionadas neste livro e recitando o salmo nº 3/3, que diz o seguinte:

"Mas, Tu, Senhor, Oh! Eterno, Tu és um escudo que me protege. Tu és a minha glória e me fazes manter a cabeça erguida."

Prece especial: Vehuiah, faça com que suas virtudes se multipliquem em mim. Permita que eu seja aquele que, por sua graça, conduz os homens à sua divindade. Liberte-me da raiva e transmita-me sagacidade e sutileza, para que eu ouça a voz de Deus e possa contemplar, um dia, seu rosto sublime.

2º ANJO – JELIEL

Protege e influencia as pessoas nascidas nos dias:
7/1 – 21/3 – 2/6 – 14/8 – 26/10
É um anjo da categoria SERAFINS e seu Príncipe é METATRON
Peculiaridades das pessoas nascidas sob a influência deste Anjo:
A fragrância do incenso na hora da oração deve ser: JASMIM
Sua cor preferida: VERMELHA
Sua pedra preciosa: RUBI
Seu atributo: "DEUS QUE SOCORRE"
Seu mês de mudança: SETEMBRO
Seu número de sorte: 9
Hora de visita do anjo à Terra: das 00h21 às 00h40.

Características comportamentais das pessoas nascidas
sob a influência de JELIEL

Gerais: a vida das pessoas nascidas sob a influência deste anjo inspira o poder de pacificação, que poderá ser exercido com discrição e sabedoria, sempre que houver alguma forma de conflito. Têm facilidade para obtenção de ganho de causa judicial contra pessoas que as atacam. Trazem harmonia entre patrões e empregados, resolvem situações críticas de multidões, revoltas populares, abrandam conflitos conjugais e judiciais.

Pensam rápido e têm uma excelente intuição. Costumam ser de temperamento amoroso e emocional. Identificam-se muito facilmente com a natureza. São pessoas corajosas e sustentam sua opinião quando acreditam estar certas.

Relações amorosas: muito vaidosas e cuidadosas com a própria aparência, essas pessoas gostam de se embelezar, usar roupas sempre na moda e perfumes caros para agradar ao outro. Espírito jovial e comportamento agradável tornam essas pessoas apreciadoras incondicionais do sexo por amor. Amoroso, carinhoso, sensual e atraente, você chama atenção fácil e dificilmente passa muito tempo sozinho(a). Entretanto, não se apaixona com facilidade, procura um(a) companheiro(a) de personalidade forte, ambicioso e que se derreta de amores por você. Talvez até por não ser um(a) parceiro(a) fácil de achar, quando o encontra, casa logo. O que costuma ameaçar suas relações amorosas é seu gênio um pouco difícil.

Relações familiares: você tem um excelente convívio familiar, pois é carinhoso e terno com pais e irmãos, faz tudo para a família permanecer unida e se ajudando mutuamente para manter a paz no lar e entre os membros familiares.

Relações com terceiros: extremamente amorosas, essas pessoas exaltam a verdade e o amor fraterno universal. Suas emoções são tão fortes que são vivenciadas em conjunto com seu Anjo Guardião Protetor. São amigas devotadas, francas e leais.

Relações profissionais: você tem uma energia de transformação capaz de mudar das pequenas às grandes coisas em sua vida, mas gosta de fazer tudo sozinho(a) e não é dado(a) a ouvir conselhos de pessoas mais velhas. Sua intuição a ajuda a trilhar os caminhos mais corretos para alcançar o sucesso profissional com harmonia. Poderá brilhar como diretor(a), poeta ou trabalhando com estética, tem agilidade para falar e escrever.

Relações esportivas ou de saúde: são pessoas determinadas, disciplinadas e perseverantes quanto à prática de esportes.

Relações sociais: equilibrados e serenos, esses indivíduos são muitas vezes mal compreendidos pelos outros, que os consideram relutantes ou incapazes de adequar-se ao padrão social.

Anjo contrário: se você deixar o anjo contrário influenciar sua vida, poderá ter as seguintes características comportamentais negativas:

Pode tornar-se uma pessoa egoísta, tirana, insensível e maldosa. Maltratará animais, provocará intrigas entre casais para separá-los; será perverso com pais, irmãos e crianças. Gosta de desobedecer às leis, principalmente se for em outro país. Influenciará outras pessoas negativamente, com maus conselhos. Terá gosto pelo celibato de maus costumes.

Precauções: no amor, lembre-se de preservar sua privacidade e respeitar a do outro, para terem um relacionamento com entendimento saudável e maduro.

Agradecendo a seu anjo:

Agradeça todos os dias ao seu anjo guardião protetor entre 00h21 e 00h40, fazendo as orações selecionadas neste livro e recitando o salmo nº 21/20, que diz o seguinte:

"Oh! Senhor, não se afaste de mim. Oh! seu auxílio vem depressa defender-me e ajudar-me."

Prece especial: Jeliel, ajude-me a levar luz onde há trevas. Proteja minha mente dos interesses materiais, para que eu seja sempre o exemplo da prática constante do amor e da caridade graças ao seu poder. Quero ser aquele que age de maneira desinteressada. Quero que a razão comande meus sentimentos. E que, em todos os lugares e momentos, eu seja um ser humano bom e puro.

3º ANJO – SITAEL

Protege e influencia as pessoas nascidas nos dias: 8/1 – 22/3 – 3/6 – 15/08 – 27/10

É um anjo da categoria SERAFINS e seu Príncipe é METATRON

Peculiaridades das pessoas nascidas sob a influência deste Anjo: A fragrância do incenso na hora da oração deve ser: CANELA **Sua cor preferida:** AMARELO-DOURADA

Sua pedra preciosa: DIAMANTE

Seu atributo: "DEUS, A ESPERANÇA DE TODAS AS CRIATURAS".

Seu mês de mudança: NOVEMBRO

Seu número de sorte: 11

Hora de visita do anjo à Terra: das 00h41 às 01h.

Características comportamentais das pessoas nascidas sob a influência de SITAEL

Gerais: as pessoas nascidas sob a influência deste anjo dificilmente são enganadas. Detestam fingimento. São particularmente sensíveis aos perigos, e costumam ser vistas pelos outros como portadoras de boa sorte, mas na verdade é porque estão aptas a antecipar-se às surpresas ruins e evitá-las. Não costumam guardar rancor e apreciam ajudar aos demais sem exigir nada em troca.

Relações amorosas: você conquista com facilidade quem deseja e atrai, como um ímã, a atenção do sexo oposto. Mas quem quiser algo sério com você pode se machucar, pois você curte mesmo é viver romances passageiros e apimentados. Só assume compromissos, em idade mais madura, somente quando encontra alguém que respeite seu carinho e dedicação com a família e com os amigos.

Relações familiares: você curte demais o ambiente familiar, sente muita alegria e paz nas boas conversas e no convívio familiar, é sempre carinhoso e terno com pais e irmãos.

Relações com terceiros: tem a alma elevada e gosta de ter muitos amigos, aos quais geralmente dá conselhos preciosos.

Relações profissionais: sabe que tem muita sorte e, por isso, tem a possibilidade de realizar-se financeiramente. Exercerá bem os postos de administração, em cargos de diretoria, ministérios, em chefias de gabinete ou seção. Poderá ser ainda grande conferencista ou político.

Relações esportivas ou de saúde: é uma pessoa indolente e preguiçosa quando se trata de praticar esportes, só mesmo com muita insistência ou grande necessidade ela consegue.

Relações sociais: embora gostem de atividades sociais, adorem festas, banquetes, celebrações, essas pessoas costumam vestir-se e portar-se com sobriedade. Têm grande simpatia, educação e gentileza para com as outras pessoas.

Anjo contrário: se você deixar o anjo contrário influenciar sua vida, poderá ter as seguintes características comportamentais negativas:

Tem o péssimo hábito de culpar o destino e as outras pessoas por tudo de ruim que acontece em sua vida. Hipócrita, ingrato, mentiroso. Não gosta de ajudar ninguém. Adepto de rituais eróticos, poderá utilizar-se de sua sexualidade para alcançar cargos elevados na empresa onde trabalha, tem muitas aventuras amorosas e mostra uma aparência medíocre.

Precauções: no amor, lembre-se de que a lealdade a si mesmo e ao outro é o valor fundamental nos relacionamentos. Na vida, seja mais paciente, pense bastante antes de falar, aja com prudência e cautela, em todos os sentidos.

Agradecendo seu anjo:

Agradeça todos os dias ao seu anjo guardião protetor, entre 00h41 e 01h, fazendo as orações selecionadas neste livro e recitando o salmo nº 90/2, que diz o seguinte:

"Tu és o meu refúgio, a minha fortaleza, meu Deus, em quem deposito minha confiança."

Prece especial: Sitael, faça de mim uma pessoa dotada da virtude da fidelidade. Que eu seja equilibrado em minhas decisões. Não me deixe cair na tentação e ajude-me a escolher os melhores caminhos. Que a todo o momento e em todo lugar, eu possa, Senhor Sitael, levar a esperança.

4º ANJO – ELEMIAH

Protege e influencia as pessoas nascidas nos dias:
9/1 – 23/3 – 4/6 – 16/8 – 28/10
É um anjo da categoria SERAFINS e seu Príncipe é METATRON

Peculiaridades das pessoas nascidas sob a influência deste Anjo:
A fragrância do incenso na hora da oração deve ser o: ALMÍSCAR
Sua cor preferida: AMARELA-DOURADA
Sua pedra preciosa: DIAMANTE
Seu atributo: "DEUS OCULTO"
Seu mês de mudança: NOVEMBRO
Seu número de sorte: 11
Hora de visita do anjo à Terra: das 01h01 às 01h20.

Características comportamentais das pessoas nascidas sob a influência de ELEMIAH

Gerais: as pessoas nascidas sob a influência deste anjo têm a potencialidade divina e, por isso, vão descobrir desde cedo seu verdadeiro dom. São pessoas curiosas a respeito de tudo na vida. Não admitem qualquer conceito ou ideia de algo que não tenha sido testado. Tecem considerações a respeito da vida, com base simplesmente no que observam. A intuição que possuem permite o funcionamento de suas atitudes perante o mundo em que vivem. Têm forte pressentimento quando algo vai acontecer. De seu inconsciente, surgem todas as explicações para os problemas que passam nesta vida, sem a necessidade de procurar ninguém para resolvê-los. Têm forte potencialidade de cura com as mãos. Adoram as viagens, as expedições marítimas. Têm o esoterismo como fonte de conhecimento.

Relações amorosas: essa pessoa adora o jogo da sedução, possui um desejo muito grande de aventura e acaba, por isso, curtindo pouco tempo seus romances. Como atrai gente assim, pode sair machucada, pois quando o amor bate de verdade, às vezes, seu(sua) companheiro(a) também não quer nada mais do que uma simples aventura passageira.

Relações familiares: é carinhoso e afetivo com pais, irmãos e amigos que considera como família.

Relações com terceiros: no íntimo, você sente uma forte propensão a ajudar as pessoas, principalmente as mais necessitadas. Mas não gosta de dar esmolas. Como se diz popularmente, prefere ensinar a pescar a dar o peixe, mas nunca recusará um pedido de trabalho. Adora abrir a mente das pessoas com ideias e propostas novas. Às vezes fica triste, porque mesmo as pessoas que quer bem invejam sua boa sorte.

Relações profissionais: sua versatilidade lhe permite estar sempre trabalhando em vários projetos ao mesmo tempo. Dotado de grande sorte e carisma, é sempre considerado o melhor naquilo que faz. Como gosta que tudo saia de maneira perfeita, chama a atenção no ambiente de trabalho e conquista a admiração dos chefes. Tem muita sorte para alcançar tudo aquilo que mais deseja. Poderá exercer atividades ligadas à área de petróleo e outros minerais. Tem facilidade de expor e explorar meios inventivos, podendo ser convidado para criar empresas novas, com alta tecnologia. Poderá trabalhar também como policial ou agente de segurança, com muita competência.

Relações esportivas ou de saúde: esses indivíduos são indolentes e preguiçosos quando se trata de praticar esportes, mas se motivados serão determinados, disciplinados e perseverantes, buscando sempre se manter saudáveis e em forma.

Relações Sociais: você tem grande simpatia, educação e gentileza para com as outras pessoas. Adora festas e curte divertir-se com os amigos e familiares. Está sempre pronto para sair com os amigos, veste-se com esmero e sobriedade.

Anjo contrário: se você deixar o anjo contrário influenciar sua vida, poderá ter as seguintes características comportamentais negativas:

Influenciará e patrocinará as descobertas perigosas para a sociedade, a má educação, a passividade quanto à violência, ao sadismo e à perversão sexual. Poderá ter interesse e curiosidade em relação a tóxicos e alucinógenos. Colocará obstáculos ou entraves na realização de negócios no comércio ou na indústria.

Precauções: no amor, lembre-se de compartilhar apenas suas qualidades. Na vida, seja mais prudente e moderado.

Agradecendo a seu anjo:

Agradeça todos os dias, ao seu anjo guardião protetor, entre 01h01 e 01h20, fazendo as orações selecionadas neste livro e recitando o salmo nº 6/4 que diz o seguinte:

"Minha alma está perturbada, Senhor, Salva-me Senhor, com sua misericórdia."

Prece especial: Elemiah, que se esconde na turbulência do nosso dia a dia, ajude-me a viver sem ambição. Permita-me ser capaz de encontrar e de compreender sua face oculta. Assim, meu imenso amor se acercará de você.

5º ANJO – MAHASIAH

Protege e influencia as pessoas nascidas
nos dias: 10/01 – 24/3 – 5/6 – 17/08 – 29/10
É um anjo da categoria SERAFINS e seu Príncipe é METATRON

Peculiaridades das pessoas nascidas sob a influência deste Anjo:
A fragrância do incenso na hora da oração deve ser: SÂNDALO
Sua cor preferida: TONS VERDES E PASTÉIS
Sua pedra preciosa: ESMERALDA
Seu atributo: "DEUS SALVADOR"
Seu mês de mudança: DEZEMBRO **Seu número de sorte:** 12
Hora de visita do anjo à Terra: das 01h21 às 01h40.

Características comportamentais das pessoas nascidas
sob a influência de MAHASIAH

Gerais: as pessoas nascidas sob a influência deste anjo aprenderão tudo na vida fácil e rapidamente, inclusive outros idiomas se quiser. São dotadas de grande equilíbrio interior, senso de justiça, generosidade e sabedoria. A sua verdade está na razão lógica, abordada pelos estudos de filosofia. Gostaram de centros de meditação, de conferências, congressos e seminários espiritualistas. Conservam sempre a consciência, quando utiliza a espiritualidade. Servem exclusivamente a sua verdade, que é o seu Deus. Têm tendências a viver de forma suntuosa. Sua casa poderá ser ampla, clara, confortável, repleta de flores, objetos simbólicos e provavelmente contará com uma grande biblioteca, não obstante serem pessoas espontâneas e diretas, e gostarem de viver de forma simples.

Relações amorosas: essa pessoa está sempre transformando, nascendo, morrendo e renascendo em todas as áreas, principalmente na vida sentimental, transborda seus sentimentos e costuma se machucar com facilidade, pois não tem medo de se entregar. Apaixonada, acredita quase cegamente em quem ama e as decepções acabam acontecendo. Porém, o tempo a faz amadurecer e alcançar seu equilíbrio interior e, aí sim, viver um grande e verdadeiro amor.

Relações familiares: você não medirá esforços para o crescimento espiritual e material, tanto seu quanto de sua família, com quem tem um zeloso respeito e apegos muito especiais, tanto de pais como filhos e irmãos.

Relações com terceiros: age sempre de acordo com as leis sociais ou humanas. É um exemplo de virtude para com as outras pessoas, e a luz intensa de sua aura pode ser vista e sentida claramente nos ombros e na cabeça.

Relações profissionais: não aguenta trabalhos rotineiros e, por isso, em seu ambiente de trabalho tudo acaba se adaptando a seu ritmo.

Relações esportivas ou de saúde: geralmente não é muito adepto a prática de esportes e prefere outras formas de manter-se saudável, com uma boa alimentação e repousos adequados.

Relações sociais: você tem facilidade em trabalhar com cerimônias "mágicas", forças espirituais e comunicação com os anjos; estará sempre a serviço do mundo angelical em suas atuações necessárias na sociedade.

Anjo contrário: se você deixar o anjo contrário influenciar sua vida poderá ter as seguintes características comportamentais negativas:

Dominará a ignorância, a libertinagem e todas as más qualidades do corpo (comer e beber demais) e do espírito (desequilíbrios morais, vícios). Poderá também explorar a boa-fé de amigos e familiares por meio da superstição, terá tendência à perversão nos assuntos espiritualistas. Poderá ser um fanático religioso, defensor das convenções morais, falando sobre leis e dogmas, sem compreender ou estudar sobre o assunto.

Precauções: no amor, entregue-se com cautela, espere conhecer um pouco mais a pessoa amada, segure seus ímpetos naturais de se entregar sem medidas, pois assim procedendo poderá sofrer e se machucar.

Agradecendo a seu anjo:

Agradeça todos os dias, ao seu anjo guardião protetor, entre 01h21 e 01h40, fazendo as orações selecionadas neste livro e recitando o salmo nº 33/4, que diz o seguinte:

"Louvemos ao Senhor e O exaltemos, que Ele nos livrará das atribulações."

Prece especial: Mahasiah, não permita que as virtudes que você depositou em minha alma impeçam meu desenvolvimento. Ajude-me a não esmorecer diante das dificuldades. Que a riqueza e a experiência adquiridas na vida se espalhem por toda a minha alma. Aponte-me um lugar onde eu possa testemunhar tudo o que você representa para Deus.

6º ANJO – LELAHEL

Protege e influencia as pessoas nascidas nos dias: 11/1 – 25/03 – 6/6 – 18/8 – 30/10

É um anjo da categoria SERAFINS e seu Príncipe é METATRON

Peculiaridades das pessoas nascidas sob a influência deste Anjo:
A fragrância do incenso na hora da oração deve ser: ALFAZEMA
Sua cor preferida: BRANCA
Sua pedra preciosa: ESMERALDA
Seu atributo: "DEUS LOUVÁVEL"
Seu mês de mudança: JUNHO
Seu número de sorte: 6
Hora de visita do anjo à Terra: das 1h41 às 2h.

Características comportamentais das pessoas nascidas sob a influência de LELAHEL

Gerais: as pessoas nascidas sob a influência deste anjo têm muitas forças para cortar o mal e para adquirir iluminação para realizar atos de cura. Elas dominam as artes, a fortuna, as ciências e o amor. São portadoras de uma virtude rara chamada luz interior. A palavra "impossível" não faz parte de seu dicionário, pois com sua garra e determinação serão capazes de vencer qualquer obstáculo. Existem momentos em que se sentem enlaçadas pela tristeza, mas sua fé em seu anjo as reergue rapidamente.

Relações amorosas: enquanto não alcança o sucesso profissional desejado, você dificilmente se prende a alguém. Prefere ficar na espera, em romances rápidos e apenas na idade madura é que acaba se casando.

Sabe, como poucos, unir dedicação e amor e sempre manter a relação a dois equilibrada. Por ser eternamente amoroso(a) e apaixonante, as pessoas estarão sempre colocando-o(a) em um pedestal. Deixe o amor ir acontecendo lentamente enquanto você vive, não condicione sua felicidade a realizações pessoais e aquisições materiais. Seja feliz simplesmente com tudo o que você já tem.

Relações familiares: sua vida será surpreendente, conquistando sempre seu próprio espaço no lar e no trabalho. Como pessoas muito dedicadas à família, buscam atender prontamente a todos os familiares que as procuram pedindo ajuda de qualquer natureza.

Relações com terceiros: são pessoas dotadas de grande idealismo e equilíbrio. Estão sempre prontas a ajudar os que necessitam, chegando mesmo a fazer "sacrifícios" pessoais, agindo de forma desinteressada; seu coração é grande e muito generoso, sempre têm tempo para qualquer pessoa que as procure e, se não puderem ajudar, tentam encontrar quem possa. Seu maior desejo nessa vida é poder realmente serem úteis e levarem alegria às vidas das pessoas.

Relações profissionais: essa pessoa trabalhará para ter seu nome honrado e conhecido por todos e usará seu conhecimento para grandes causas, principalmente para melhorar o nível de vida, de consciência e de cultura dos semelhantes. Tem facilidade para liderar e assume rapidamente cargos de comando. Poderá ser um excelente astrólogo(a), poderá optar pela medicina tradicional ou alternativa. Obterá celebridade pela literatura, especializando-se em temas futuristas ou de ficção. Artista célebre, vedete, estará sempre em evidência.

Relações esportivas ou de saúde: são pessoas bastante determinadas, disciplinadas e perseverantes quanto à prática de esportes. Gostam de todos, embora esmoreçam de vez em quando.

Relações sociais: essas pessoas gostam de todas as atividades sociais, terão constantes transformações em suas vidas em sociedade. Têm muito senso de justiça, obedecem sempre às regras estabelecidas, são refinadas e delicadas, gostam de decoração, arte e estética.

Anjo contrário: se você deixar o anjo contrário influenciar sua vida, poderá ter as seguintes características comportamentais negativas:

Dominará a prostituição, a fraude, o plágio, a extorsão e o excesso de ambição. Será destacado(a) por usar a força dos anjos contrários para atender somente a seu egoísmo e a interesses próprios. Será conhecida na história como uma pessoa ambiciosa, perigosa, sem equilíbrio e que nada realizou. Explorará o dinheiro dos outros, podendo arriscar tudo em negócios fantásticos e imaginários.

Precauções: seu jeito audacioso e sua alma alegre fazem com que seja muito invejado. Precisa estar sempre atento a pessoas mal-intencionadas e ciumentas.

Agradecendo seu anjo:

Agradeça todos os dias ao seu anjo guardião protetor, entre 01h41 e 2h, fazendo as orações selecionadas neste livro e recitando o salmo nº 9/11, que diz o seguinte:

"Aqueles que conhecerem o Teu nome confiarão em Ti, Senhor, pois jamais abandonas a quem Te procura."

Prece especial: Lelahel, dou-lhe graças por este caminho que você me aponta. Que eu possa partilhar com o próximo a grandeza dos bens que me são oferecidos. Que eu seja lembrado pela generosidade e pelo altruísmo, e consiga sempre encontrar soluções que favoreçam a todos. Senhor Lelahel, faça com que eu seja sempre inspirado pelo amor e pela ciência de Deus.

7º ANJO – ACHAIAH

Protege e influencia as pessoas nascidas nos dias: 12/1 – 26/3 – 7/6 – 19/8 – 31/10

É um anjo da categoria SERAFINS e seu Príncipe é METATRON

Peculiaridades das pessoas nascidas sob a influência deste Anjo:
A fragrância do incenso na hora da oração deve ser: CANELA
Sua cor preferida: BRANCA
Sua pedra preciosa: AMETISTA
Seu atributo: "DEUS BOM E PACIENTE"
Seu mês de mudança: OUTUBRO
Seu número de sorte: 10
Hora de visita do anjo à Terra: das 2h01 às 2h20.

Características comportamentais das pessoas nascidas sob a influência de ACHAIAH

Gerais: as pessoas nascidas sob a influência deste anjo são dotadas de grande sabedoria e, mesmo que passem por dificuldades em estudar, serão reconhecidas por seu conhecimento natural e espontâneo das coisas da vida, são autodidatas. Têm muita espiritualidade e a mente nas estrelas; ao mesmo tempo que têm os pés no chão, olham para o horizonte com firmeza. Estão sempre observando as coisas que passam ao seu redor para não deixarem escapar nenhuma boa oportunidade na vida. Têm muita proteção espiritual, por isso também têm uma forte intuição para aceitar riscos perigosos. São obstinadas, tenazes e possuem uma enorme necessidade de conhecer todos os lados de uma questão.

Relações amorosas: no amor, são pessoas pacientes. Mesmo apaixonadas, sabem esperar o momento certo para agir com seu coração e fisgarem de vez a pessoa amada. Não admitem rotina na relação e, por isso, estão sempre inventando surpresas e soltando suas fantasias para envolverem quem amam. São pessoas aventureiras e sedutoras.

Relações familiares: suas relações familiares serão sempre pautadas na paciência e na compreensão natural que você tem da vida, seja sempre o conselheiro nato e aproveite o reduto familiar para ampliar sua sabedoria.

Relações com terceiros: você é altruísta, imensamente paciente e compreensivo com tudo e com todos. Destaca-se por ter uma liderança natural.

Relações profissionais: gosta de ter e enfrentar desafios na vida e, por isso, se dá bem em profissões em que tenha de se aventurar ou enfrentar riscos, isso aguça seus talentos. Como tem paciência para agir com as pessoas e com problemas que elas possam lhe trazer, consegue chegar a cargos de comando, porém, como não gosta de rotina, pode mudar de emprego rapidamente. Poderá fazer sucesso como artista de televisão, de cinema ou trabalhando com produtores na edição de vídeos ou filmes.

Relações esportivas ou de saúde: essas pessoas gostam de caminhadas enquanto apreciam a natureza. Têm muita vontade de ser atletas mais completos, mas acabam dando mais atenção ao trabalho que à saúde.

Relações sociais: pouco sociáveis, esses indivíduos preferem viver sozinhos, dois para eles, já representam uma multidão, não obstante gostarem de se vestir com elegância e frequentar ambientes requintados.

Anjo contrário: se você deixar o anjo contrário influenciar sua vida, poderá ter as seguintes características comportamentais negativas:

Dominará a negligência, a apatia, a preguiça e a inconstância nos estudos. Pode ser uma pessoa parada e estagnada na vida, não cumpre com as promessas, não sabe enfrentar dificuldades nem tem altruísmo ou generosidade. Só será alguém compreensivo quando as evidências estiverem em suas mãos. Poderá ser militante de partidos políticos que exploram a violência, e terá dificuldade de falar e se fazer entender. Fechado(a) em seu pequeno mundo que lhe parece atraente, não perceberá sua decadência.

Precauções: no amor, cuidado com tantas surpresas, isso agrada apenas a alguns, parecidos com você, pessoas muito previsíveis detestam surpresas. Outra coisa, tenha muito cuidado, seu ritmo aventureiro pode uma hora lhe trair.

Agradecendo a seu anjo:

Agradeça todos os dias ao seu anjo guardião protetor, entre 2h01 e 2h20 fazendo as orações selecionadas neste livro e recitando o salmo nº 102/8, que diz o seguinte:

"O Senhor é bom, misericordioso e cheio de clemência."

Prece especial: Achaiah, você me oferece o difícil trabalho de encontrar Deus nas pequenas coisas. Permita, então, que minha inteligência não se disperse nas ilusões materiais. Que eu não me separe de sua luz e saiba sempre distinguir o sentido oculto dos fatos ocorridos nessa vida efêmera.

8º ANJO – CAHETHEL

Protege e influencia as pessoas nascidas
nos dias: 13/1 – 27/3 – 8/6 – 20/8 – 1/11

É um anjo da categoria SERAFINS e seu Príncipe é METATRON

Peculiaridades das pessoas nascidas sob a influência deste Anjo:

A fragrância do incenso na hora da oração deve ser: ALFAZEMA

Sua cor preferida: BRANCA
Sua pedra preciosa: TOPÁZIO
Seu atributo: "DEUS ADORÁVEL"
Seu mês de mudança: JUNHO
Seu número de sorte: 6
Hora de visita do anjo à Terra: das 02h21 às 02h40

Características comportamentais das pessoas nascidas sob a influência de CAHETHEL

Gerais: as pessoas nascidas sob a influência deste anjo possuem harmonia e equilíbrio entre espírito e matéria, têm maturidade e domínio sobre seu "eu". Possuem clara visão e compreensão do mundo e de suas leis, tendo muita força para resistir e sempre continuar em frente. Seguem seu coração e têm grande intuição, mostrando-se humildes quando transmitem com sabedoria seus conhecimentos e entendimentos. Não têm medo de nada e estão sempre de malas prontas para viajar e descobrir novos horizontes. Embora seu sucesso possa ser atribuído à sorte, agradecem sempre a Deus por tudo que conseguem.

Relações amorosas: no amor, essas pessoas não costumam se entregar ao primeiro que aparece fazendo declarações românticas. Mesmo estando sozinhas há algum tempo, sabem esperar e sempre escolhem seus parceiros usando a razão e o coração juntos. Carinhosas e companheiras para todos os momentos, ajudam muito seu(sua) companheiro(a) a subir na vida.

Relações familiares: por causa de sua maturidade espiritual, muitas vezes sentem-se deslocados(as) entre amigos ou familiares que têm dificuldade em entendê-los(as).

Relações com terceiros: sua terra será sua vida e sua casa, sabendo dividir generosamente sua prosperidade com os mais próximos.

Relações profissionais: essa pessoa poderá ter sucesso na agronomia e medicina veterinária, principalmente na especialidade de reprodução animal. Poderá ser rico(a) proprietário(a) de terras ou comerciante de produtos agrícolas. Gostará de cultivar plantas aromáticas, flores e árvores frutíferas. Poderá dedicar-se ao paisagismo ou tornar-se um *expert* em plantas medicinais. Terá grande curiosidade a respeito de Florais de Bach e a possibilidade de fabricar perfumes com fragrâncias florais. Enfim, poderá fazer sucesso com qualquer coisa que tenha relação com a terra ou com a natureza, pois respeita e defende suas leis. Poderá ser um(a) pioneiro(a) na produção agrícola, utilizando métodos modernos e tecnologia avançada.

Relações esportivas ou de saúde: por gostar de conviver e trabalhar com a natureza, sua vida já é saudável, respira ar puro todos os dias e, enquanto caminha pelos campos, está fazendo seu exercício diário.

Relações sociais: gostam pouco de atividades sociais, gostam mais de estar sozinhos(as) contemplando a beleza do mundo. Mas estão sempre atentos(as) às coisas que mudam ao seu redor e, se preciso, enfrentam as convenções e comemorações sociais com desenvoltura.

Anjo contrário: se você deixar o anjo contrário influenciar sua vida, poderá ter as seguintes características comportamentais negativas:

Dominará o orgulho, a blasfêmia, o ateísmo e a corrupção. A pessoa dominada por este anjo contrário poderá fazer tudo que é nocivo para a produção agrícola: produzir muito somente para enriquecer e se for de seu interesse, queimar tudo sem nunca doar, produzir plantas nocivas como a papoula e outras das quais se extraem os alucinógenos; vender terras estéreis e especular visando ao lucro imediato. Poderão provocar situações conflituosas com família e superiores, agindo contra todas as leis, principalmente as da natureza. Por agirem dessa maneira, suas atividades têm sempre um resultado medíocre.

Precauções: no amor, muito cuidado, não deixe a pessoa amada esperando tanto tempo por você. Você gosta de estar e ficar sozinho(a), mas não por tanto tempo; cuidado, ela pode se cansar de tanto esperá-lo.

Agradecendo a seu anjo:

Agradeça todos os dias ao seu anjo guardião protetor, entre 02h21 e 02h40, fazendo as orações selecionadas neste livro e recitando o salmo nº 94/6, que diz o seguinte:

"Venha! Adoremos e nos coloquemos em reverência diante do Senhor que nos criou."

Prece especial: Cahethel, você que me agraciou com infinitos dons, me rodearam de dificuldades, dores e obstáculos para me enfraquecer e me separar de sua divina presença, mas você me deu vigor para enfrentá-los e triunfar sobre eles. Permita que esse vigor seja cada vez mais intenso. Que eu vença todas as barreiras e alcance sua fonte de vida. Livre-me também, Cahethel, do pecado da vaidade, do orgulho e da prepotência.

9º ANJO – HAZIEL

*Protege e influencia as pessoas nascidas
nos dias: 14/1 – 28/3 – 9/6 – 21/8 – 2/11*

É um anjo da categoria QUERUBINS e seu Príncipe é RAZIEL

Peculiaridades das pessoas nascidas sob a influência deste Anjo:

A fragrância do incenso na hora da oração deve ser: VIOLETA
Sua cor preferida: AZUL-CLARA
Sua pedra preciosa: CRISTAL
Seu atributo: "DEUS DE MISERICÓRDIA"
Seu mês de mudança: AGOSTO
Seu número de sorte: 8
Hora de visita do anjo à Terra: das 02h41 às 03h.

*Características comportamentais das pessoas nascidas
sob a influência de HAZIEL*

Gerais: as pessoas nascidas sob a influência deste anjo têm a graça e a misericórdia de Deus, porque sabem compreender e não julgar os erros dos outros. Sabem que as experiências dolorosas acontecem, para que cada vitória do dia a dia seja valorizada. Têm também a proteção das pessoas mais velhas e influentes, por sua atuação brilhante na realização de trabalhos importantes. Nos momentos mais difíceis, contam sempre com a providência divina, se necessário. Terão favorecimento nas questões relacionadas com a justiça, como comutação e redução de penas, liberdade provisória e outras. Seu crescimento é contínuo e têm certeza de que, apesar dos obstáculos, sempre obterão um merecido triunfo sobre qualquer situação. Perdoam sempre, mesmo as ofensas mais graves, transmutando para positivo o carma negativo que possa estar acumulado. Não terão sentimentos de culpa ou pedirão perdão por seu dinheiro ou bens de consumo, pois tudo foi conseguido graças à força de seu trabalho. Apreciarão a arte e a beleza, serão protetoras das artes teatrais e do mundo do cinema. Sua espiritualidade será alcançada pela conscientização divina superior.

Relações amorosas: no amor, não encontram dificuldades para conquistar corações, entretanto, quem vive um romance com essas pessoas precisa estar preparado para sua sinceridade, que é cortante. Mas se o companheiro vacilar saberá, dentro das questões justificadas, perdoar.

Não costumam perder a paciência facilmente, e antes de tomarem qualquer atitude pensam sempre duas vezes.

Relações familiares: em razão de sua maturidade em não julgar as pessoas, você pode ter bom "trânsito" na família para fazer o papel de conciliador e apaziguador das possíveis tempestades familiares.

Relações com terceiros: indivíduo leal, companheiro, grande amigo, em seu íntimo imperam a nobreza de caráter e a dignidade.

Relações profissionais: dinheiro nunca será problema para você em sua vida, podendo até dispensar fortunas se tiver de abrir mão de seus ideais. Poderá obter sucesso como político, advogado, juiz ou escritor.

Relações esportivas ou de saúde: essas pessoas adoram praticar esportes e, por serem muito disciplinadas, qualidade amplamente requerida para quem pratica, não têm muita dificuldade em fazer qualquer modalidade esportiva.

Relações sociais: adoram festas, banquetes e celebrações, costumam vestir-se e portar-se com sobriedade. Têm grande simpatia educação e gentileza para com as outras pessoas, características de suas possíveis profissões.

Anjo contrário: se você deixar o anjo contrário influenciar sua vida, poderá ter as seguintes características comportamentais negativas:

Dominará a raiva, a arrogância e a mistificação. A pessoa que se deixa dominar por esse anjo contrário poderá comercializar as ciências espirituais, trocar proteção por favores sexuais e incentivar por meio de seus escritos manifestações violentas na sociedade.

Precauções: no amor, cuidado com sua sinceridade excessiva, ela pode machucar quem está gostando de você, pois as pessoas quando estão amando ficam muito mais sensíveis.

Agradecendo a seu anjo:

Agradeça todos os dias ao seu anjo guardião protetor, entre 02h41 e 3h, fazendo as orações selecionadas neste livro e recitando o salmo nº 24/6, que diz o seguinte:

"Recordai-vos das vossas misericórdias, Senhor. Misericórdias que vão além dos séculos."

Prece especial: Haziel, peço que sua misericórdia brilhe por meio de mim. Que eu possa dar alívio aos seres que se encontram com problemas graves. Se tudo deve ser partilhado com generosidade, encaminhe-me para perto daqueles que vivem rudemente. Que eles encontrem em mim um apoio para tornar menos difícil e mais feliz sua passagem por este mundo.

10º ANJO – ALADIAH

*Protege e influencia as pessoas nascidas
nos dias: 15/1 – 29/3 – 10/6 – 22/8 – 3/11*

É um anjo da categoria QUERUBINS e seu Príncipe é RAZIEL
Peculiaridades das pessoas nascidas sob a influência deste Anjo:
A fragrância do incenso na hora da oração deve ser: JASMIM
Sua cor preferida: AZUL-CLARA
Sua pedra preciosa: CRISTAL RUTILADO
Seu atributo: "DEUS PROPÍCIO"
Seu mês de mudança: MAIO
Seu número de sorte: 5
Hora de visita do anjo à Terra: das 03h01 às 03h20.

*Características comportamentais das pessoas nascidas
sob a influência de ALADIAH*

Gerais: as pessoas nascidas sob a influência deste anjo têm uma criatividade ímpar, que faz com que se destaquem perante outras, em tudo o que se propõem a realizar. Sempre têm uma boa ideia nova ou algo diferente, para ajudar e para que tudo saia melhor e mais rápido. Têm um bom coração e são corretos em seus empreendimentos. Serão anjos na Terra. Como confiam muito em si mesmas, resolvem rapidamente seus problemas, sem vacilar, e diante de um sonho que não vingou, partem para outro imediatamente.

Relações amorosas: no amor, são muito discretas e fechadas em relação aos assuntos do coração. Isso acaba atrapalhando suas conquistas, já que por não demonstrar seus sentimentos ficam esperando que a atitude parta do outro. Entretanto, quando fisgam a pessoa amada, a criatividade e o diálogo são suas armas para que ela nunca as deixe. São pessoas muito compreensivas, reservadas e dedicadas à pessoa amada.

Relações familiares: por sempre ter sido, digamos, a pessoa predileta da família, acaba tendo facilidades para conviver e conciliar conflitos, mas muito cuidado com os ciúmes que possa despertar nos outros familiares.

Relações com terceiros: por seu grande coração é alguém leal, companheiro, muito amigo e em seu íntimo impera a nobreza de caráter.

Relações profissionais: trabalhará muito e não medirá esforços para que se viva em uma sociedade mais justa. Poderá fazer sucesso na medicina, em instituições hospitalares, psiquiatria, assistência social ou enfermagem e nos empreendimentos farmacêuticos ou fitoterápicos. Como *hobby*, por sua fértil imaginação, poderá ser autor de romances policiais, escrevendo histórias imaginárias ou fictícias que surpreenderão as pessoas quanto à precisão dos fatos.

Relações esportivas ou de saúde: você gosta demais de esportes, principalmente por ser uma das maneiras de relaxar e manter a saúde. Será uma pessoa portadora de harmonia, cuidando bem do corpo, pois seu lema é "corpo são em mente sã".

Relações sociais: essas pessoas adoram atividades sociais, banquetes e celebrações, frequentarão a melhor das sociedades e terão uma vida social intensa.

Anjo contrário: se você deixar o anjo contrário influenciar sua vida, poderá ter as seguintes características comportamentais negativas:

Dominará a inibição, a infidelidade e a negligência na saúde e nos negócios. Terá a tendência ao vício da droga, álcool e tabaco. Não saberá utilizar para o bem sua força interior. Poderá acobertar crimes e receptar contrabandos.

Precauções: no amor, tome muito cuidado e fale pelo menos alguma vez na vida que você ama aquela pessoa, senão ela pode cansar de esperar. Lembre-se de compartilhar apenas suas qualidades, procurando amenizar seus defeitos. Na vida, seja mais ativo e atirado.

Agradecendo a seu anjo:

Agradeça todos os dias ao seu anjo guardião protetor, entre 03h01 e 03h20, fazendo as orações selecionadas neste livro e recitando o salmo nº 32/22, que diz o seguinte:

"Que a luz da Vossa misericórdia se manifeste sobre nós, pois a esperamos de Vós."

Prece especial: Aladiah, ajude-me a compartilhar com meus irmãos os benefícios que recebi de Deus. Que por minhas mãos eles possam receber sua força curadora. Que eu seja justo e discreto ao utilizar os bens de que disponho. Faça de mim um bom advogado na defesa dos ignorantes e que eu possa executar suas obras com amor.

11º ANJO – LAOVIAH

*Protege e influencia as pessoas nascidas
nos dias: 16/1 – 30/3 – 11/6 – 23/8 – 4/11*

É um anjo da categoria QUERUBINS e seu Príncipe é RAZIEL

Peculiaridades das pessoas nascidas sob a influência deste Anjo:

A fragrância do incenso na hora da oração deve ser o: ALMÍSCAR
Sua cor preferida: AZUL-CLARA
Sua pedra preciosa: ALMÍSCAR
Seu atributo: "DEUS LOUVADO E EXALTADO"
Seu mês de mudança: JULHO
Seu número de sorte: 7
Hora de visita do anjo à Terra: das 03h21 às 03h40

*Características comportamentais das pessoas nascidas
sob a influência de LAOVIAH*

Gerais: as pessoas nascidas sob a influência deste anjo têm a missão de cuidar das pessoas mais frágeis e carentes que passam em sua vida e, muitas vezes, se verão tirando de si mesmas para dar ao próximo. Sabem como poucos escolher o melhor caminho a seguir para realizar seus sonhos profissionais e ter uma vida estável. Como são muito sinceras em tudo o que fazem, às vezes, acabam magoando sem perceber. Poderão descobrir muitas coisas que usarão de forma prática no dia a dia. Serão célebres por seus atos, melhorando sua personalidade a cada nova experiência vivida.

Relações amorosas: no amor são bastantes extrovertidas, mas costumam viver uma vida amorosa muito tumultuada. Quando estão apaixonadas, sempre pintam grandes momentos de intensas emoções e, como consequência, até algumas desilusões. Mas, como não têm medo de amar, acabam encontrando um(a) companheiro(a) que curta seu jeito de ser e também deseje um amor forte e duradouro.

Relações familiares: por terem a índole tipo "mãezona" e "paizão" que a todos protegem, vivem entrando em conflitos com os mais fortes em defesa dos familiares mais fracos, menos cultos, mais pobres e assim extrapolam até com estranhos.

Relações com terceiros: terá por todos com os quais se relacionar sentimentos fortes e duradouros, pois têm uma intensa capacidade para amar.

Relações profissionais: será uma pessoa bem-sucedida e terá muita estabilidade financeira. Fará sucesso em qualquer atividade, pois com sua coragem nenhum obstáculo será suficientemente grande para detê-la. Terá tendência para ser uma estrela no mundo político e na vida social. Poderá atuar como jornalista ou tornar-se um romancista célebre. Como *hobby,* poderá dedicar-se à arte, à moda, à decoração e ao artesanato.

Relações esportivas ou de saúde: não gosta de esportes, a indolência é sempre mais forte quando você tenta reiniciar, mas chegará o momento em que não poderá mais se esquivar, aguarde e vá à prática constante, pois você sabe o bem que lhe fará.

Relações sociais: por gostar muito de moda, decoração e badalação também adora atividades sociais, banquetes, celebrações e frequentará a melhor das sociedades, tendo uma vida social intensa.

Anjo contrário: se você deixar o anjo contrário influenciar sua vida, poderá ter as seguintes características comportamentais negativas:

Dominará a indelicadeza, a ambição, a precipitação e o ciúme. A pessoa dominada por esse anjo contrário não saberá respeitar a vitória dos outros, podendo usar a calúnia para eliminar seus concorrentes. Poderá agir superficialmente e procurar amizades somente por interesses financeiros. Terá um exagerado amor por si mesma, com forte tendência ao narcisismo.

Precauções: na vida profissional, cuidado com as mudanças constantes de emprego ou de profissão, isso pode demonstrar aos outros uma tendência à instabilidade.

Agradecendo a seu anjo:

Agradeça todos os dias ao seu anjo guardião protetor, entre 03h21 e 03h40, fazendo as orações selecionadas neste livro e recitando o salmo nº 17/50, que diz o seguinte:

"Eu vos amo Senhor, minha força. Por isso, exaltado, eu Vos louvarei entre as nações e celebrarei o Vosso nome."

Prece especial: Laoviah, que dá a alegria e fama aos que vivem sob sua proteção, peço-lhe que me torne útil no processo da renovação da vida. Destrua meu orgulho e meus desejos inúteis e não permita que a inveja me induza a cometer falso testemunho. Que eu possa ser um exemplo das virtudes que emanam de Deus.

12º ANJO – HAHAIAH

*Protege e influencia as pessoas nascidas
nos dias: 17/1 – 31/3 – 12/6 – 24/8 – 5/11*
É um anjo da categoria QUERUBINS e seu Príncipe é RAZIEL
Peculiaridades das pessoas nascidas sob a influência deste Anjo:
A fragrância do incenso na hora da oração deve ser: SÂNDALO
Sua cor preferida: AZUL-CLARA
Sua pedra preciosa: AMETISTA
Seu atributo: "DEUS REFÚGIO"
Seu mês de mudança: JULHO
Seu número de sorte: 7
Hora de visita do anjo à Terra: das 03h41 às 04h

*Características comportamentais das pessoas nascidas
sob a influência de HAHAIAH*

Gerais: as pessoas nascidas sob a influência deste anjo são muito humildes, principalmente no trabalho; mesmo que saibam muito de determinado assunto, fazem questão de estar estudando e se atualizando. Têm o dom natural de liderança e, por mais que tentem fugir, sempre estão guiando as pessoas, seja no trabalho, em uma obra assistencial ou em uma viagem. Têm a personalidade forte, sagaz, espiritual e discreta. Sua fisionomia é agradável e suas maneiras amáveis. São serenas, cordiais e agem com moderação e equilíbrio. Possuem uma grande felicidade interna e compreendem o mundo e as pessoas com facilidade. Gostarão de seguir fielmente os ensinamentos de seu anjo, estudando cada informação que lhes é passada, por etapas e de forma didática e minuciosa.

Relações amorosas: no amor, possuem certas facilidades em encontrar sua alma gêmea, entretanto são pessos muito instáveis, cheias de manhas e charmes. Com isso acabam perdendo bons pretendentes. Se seu(sua) companheiro(a) souber respeitá-lo(a) e não atender a todos os seus caprichos, tem tudo para viver harmoniosamente com você. E, para não o(a) perder, você precisa segurar sua mania de ditar regras. Será fácil seu relacionamento com o sexo oposto, em virtude de seu enorme carisma e beleza interior exuberante.

Relações familiares: sua humildade é fator preponderante para um bom relacionamento familiar, por ser muito compreensivo acaba tornando-se o confidente dos familiares que aprendem a respeitar e gostar de você.

Relações com terceiros: sua missão será fazer com que as pessoas estudem e atinjam o conhecimento pelos livros. Terá forte sentimento fraternal e um dom especial para cuidar das pessoas abandonadas em casas de repouso e asilos. Sempre com bons conselhos, é especialista em acalmar as pessoas quando estão nervosas.

Relações profissionais: você não suporta rotina e usa o talento a seu favor para mudar de emprego, se preciso for. Poderá obter sucesso em atividades ligadas à medicina e à psicologia, podendo ser autor de tratados psicológicos. Como *hobby*, fabricará algo ligado a cosméticos, próteses ou objetos destinados a melhorar a aparência de pessoas portadoras de necessidades especiais.

Relações esportivas ou de saúde: essas pessoas gostam bastante de esportes, principalmente os radicais. Curte aventurar-se em escalada, rapel, tirolesas e outros esportes similares.

Relações sociais: gostam de atividades sociais requintadas, tais como banquetes, celebrações, mas sempre frequentadas por pessoas ilustres e de destaque.

Anjo contrário: se você deixar o anjo contrário influenciar sua vida, poderá ter as seguintes características comportamentais negativas:

Dominará a indiscrição, a delinquência e a disponibilidade sexual. Poderá usar alucinógenos como meio para atingir o êxtase espiritual, bem como abusar da confiança das pessoas, principalmente mulheres, molestando-as sexualmente. Seu esmerado refinamento será uma mentira para atrair suas vítimas.

Precauções: no amor, não abuse de seu charme nem da paciência dos pretendentes, saiba ouvir e compartilhar mais as decisões.

Agradecendo a seu anjo:

Agradeça todos os dias ao seu anjo guardião protetor, entre 03h41 e 04h, fazendo as orações selecionadas neste livro e recitando o salmo nº 9/22, que diz o seguinte:

"Senhor, eu O louvarei de todo o coração. Não se afaste de mim nem se oculte nas minhas horas de angústia."

Prece especial: Hahahiah, permita-me completar dentro de mim a beleza do amor de Deus. Que eu transmita calma e paz às almas sofredoras. Permita, Hahahiah, que eu não confunda o amor divino com as paixões humanas que agitam os corações.

13º ANJO – IEZALEL

*Protege e influencia as pessoas nascidas
nos dias: 18/11/4 – 13/6 – 25/8 – 6/11*

É um anjo da categoria QUERUBINS e seu Príncipe é RAZIEL

Peculiaridades das pessoas nascidas sob a influência deste Anjo:
A fragrância do incenso na hora da oração deve ser: ROSAS
Sua cor preferida: AZUL-CLARA
Sua pedra preciosa: TOPÁZIO
Seu atributo: "DEUS GLORIFICADO SOBRE TODAS AS COISAS"
Seu mês de mudança: JUNHO
Seu número de sorte: 6
Hora de visita do anjo à Terra: das 04h01 às 04h20

*Características comportamentais das pessoas nascidas
sob a influência de IEZALEL*

Gerais: as pessoas nascidas sob a influência deste anjo costumam ter uma mente lógica, concreta e uma memória prodigiosa. Têm grande facilidade em sintetizar os fatos e entender rapidamente o conjunto dos acontecimentos de forma lógica. São normalmente fiéis na amizade e relações amorosas e aceitam a vida como ela se apresenta.

Relações amorosas: no amor, apesar de ser uma pessoa reservada e de poucos amigos, dificilmente fica sozinha por muito tempo. Seus romances são intensos, cheios de paixão e duradouros. Você acredita que cada novo amor tem algo de novo e bom a lhe ensinar. Demora a criar coragem e assumir um compromisso sério e a formar família. Porém, quando casa, tem a proteção divina de seu anjo, que lhe garante felicidade conjugal permanente.

Relações familiares: lutará sempre pela união da família, preservando a fidelidade, por ser um produtor de grandes reconciliações estará sempre preservando a boa convivência familiar.

Relações com terceiros: sua grande habilidade para aceitar a vida como ela é, sem nunca reclamar de nada, fará com que esteja sempre rodeado de amigos aos quais compreende e não julga.

Relações profissionais: poderá fazer sucesso como advogado especializado em assuntos matrimoniais ou como conselheiro conjugal. Terá participação ativa em empresas ligadas a associações culturais ou de lazer.

Relações esportivas ou de saúde: são pessoas bastante determinadas, disciplinadas e perseverantes quanto à prática de esportes, mas vez por outra se sentem desanimadas, nessas horas precisam do apoio e da companhia de alguém para voltarem a se animar. Busquem esse apoio com quem já pratica, vocês o encontrarão muito mais rápido.

Relações sociais: adoram atividades sociais, banquetes e celebrações, frequentarão a melhor das sociedades e terão uma vida social intensa.

Anjo contrário: se você deixar o anjo contrário influenciar sua vida, poderá ter as seguintes características comportamentais negativas:

Dominará o capricho, a tirania, a mentira, a frieza, a ignorância, o erro e a incoerência. Poderá ter o espírito limitado e mistifiador, rir das pessoas que estão aprendendo e escrever sobre assuntos que conhece apenas superficialmente. Terá prazer em ver casais separados e a desunião da família.

Precauções: no amor, seja precavido com as desavenças por discordâncias sem necessidades. Seja também mais tolerante e compreensivo, pois isso só fará bem a você e à pessoa amada.

Agradecendo a seu anjo:

Agradeça todos os dias ao seu anjo guardião protetor, entre 04h01 e 04h20, fazendo as orações selecionadas neste livro e recitando o salmo nº 97/6, que diz o seguinte:

"Com júbilo, cantemos e louvemos ao Senhor na terra. Cantemos e exaltemos ao Senhor, nosso Rei."

Prece e special: Yezalel, dê-me a medida exata de suas virtudes. Faça com que meus desejos aceitem o comando da razão, e que a fidelidade impere em meus sentimentos. Afaste-me de tudo o que é pequeno e insignificante. Encaminhe-me para executar somente as obras divinas, que são eternas. Que palavras inúteis jamais saiam de minha boca e que eu esteja sempre convicto da verdade eterna.

14º ANJO – MEBAHEL

Protege e influencia as pessoas nascidas
nos dias: 19/1 – 2/4 – 14/6 –26/8 – 7/11

É um anjo da categoria QUERUBINS e seu Príncipe é RAZIEL
Peculiaridades das pessoas nascidas sob a influência deste Anjo:
A fragrância do incenso na hora da oração deve ser: CIPRESTE
Sua cor preferida: AZUL-CLARA
Sua pedra preciosa: ÁGUA-MARINHA
Seu atributo: "DEUS CONSERVADOR"
Seu mês de mudança: JUNHO
Seu número de sorte: 6
Hora de visita do anjo à Terra: 04h21 às 04h40.

Características comportamentais das pessoas nascidas
sob a influência de MEBAHEL

Gerais: as pessoas nascidas sob a influência deste anjo passam a vida lutando em nome da justiça e, aos poucos acabam percebendo que essa é sua missão. Geralmente, acabam deixando seus problemas de lado, para se envolverem em causas dos outros. Têm uma grande atração pelos sonhos e outros estados alterados de consciência, que preferem, no entanto, abordar de forma racional e científica. Serão especialistas em decifrar sonhos por serem bons conhecedores das leis materiais e espirituais, que praticam sem utopia. Costumam viver com frequência as experiências de *déjà vu* ou paramnésia, que é quando temos a impressão de já conhecermos as pessoas ou as cenas que estamos vivendo pela primeira vez. Seu ego e forte presença de espírito marcarão seu dia a dia com a nobreza e dignidade nas ações. Terão grande facilidade de adaptação e sua vida será uma transformação no sentido de uma regeneração espiritual.

Relações amorosas: no amor, você tem horror a romances passageiros e conquistas fáceis. Seu ideal de vida é um amor intenso, que lhe passe segurança para se entregar verdadeiramente. Quando se decepciona, cai facilmente em depressão e mesmo acreditando em quem ama, demora a se envolver. Quando encontra o verdadeiro amor, deixa a fragilidade de lado e passa por cima de tudo, por sua felicidade.

Relações familiares: esses indivíduos são excelentes pais e compreendem a importância da estrutura e da organização na vida dos filhos.

Relações com terceiros: não perderá tempo com futilidade e em qualquer ambiente em que você estiver, será o centro das atenções pela sabedoria, bom senso, serenidade e intuição. Será sempre um portador de boas notícias e um magnífico defensor, de forma desinteressada, das pessoas inocentes.

Relações profissionais: poderá fazer sucesso como advogado, pois terá o dom da oratória, como autor de textos jurídicos ou especializado em assuntos e processos nos quais usará mitos históricos para provar suas teses. Sua luta por uma sociedade mais justa será conhecida e reconhecida internacionalmente. Poderá ser responsável por atos contra genocídios e tornar-se imortal por essa atitude.

Relações esportivas ou de saúde: suas intensas atividades profissionais serão sempre as boas desculpas para você não se dedicar ao esporte.

Relações sociais: as profissões por você escolhidas o levarão a adorar as atividades sociais, coquetéis, festas e frequentará a sociedade, tendo uma vida social bem agitada.

Anjo contrário: se você deixar o anjo contrário influenciar sua vida, poderá ter as seguintes características comportamentais negativas:

Dominará a calúnia e a habilidade para mentir, poderá utilizar dinheiro para incriminar o inocente e favorecer o culpado. Poderá mentir sobre uma possível ligação, que não existe, com o mundo astral. Se puder, será autor de leis duras que exigem sacrifícios. Tem grande capacidade para manipular os crédulos, por meio de efeitos cênicos ou técnicos, utilizando a baixa magia. Especialista em divórcios, poderá comprometer o cônjuge com argumentos acusadores falsos. Terá prazer em ver casais separados e a desunião da família.

Precauções: na saúde, vença as barreiras das desculpas diárias para não praticar algum esporte. Chega de desculpas, a saúde é prioridade, movimente-se, mexa-se, só assim preservará sua saúde, lembre-se, muita gente precisa de você saudável e vivo.

Agradecendo seu anjo:

Agradeça todos os dias ao seu anjo guardião protetor, entre 04h21 e 04h40, fazendo as orações selecionadas neste livro e recitando o salmo nº 9/9, que diz o seguinte:

"E o Senhor se fez o refúgio dos pobres, ajudando-os em todas as atribulações, trazendo equilíbrio e justiça aos povos alheios."

Prece especial: Mebahel, que me delegou o poder de construir o futuro segundo suas leis: faça com que eu seja capaz de compreender a ira dos meus irmãos humilhados e ultrajados pela injustiça. Que meu papel na sociedade seja o de destruidor de toda falsidade. Mobilize meus sentimentos e minha consciência moral para que eu possa lutar por um futuro de esperanças. Ensine-me a ser um verdadeiro artífice e defensor da justiça.

15º ANJO – HARIEL

*Protege e influencia as pessoas nascidas
nos dias: 20/1 – 3/4 – 15/6 – 27/8 – 8/11*

É um anjo da categoria QUERUBINS e seu Príncipe é RAZIEL

Peculiaridades das pessoas nascidas sob a influência deste Anjo:
A fragrância do incenso na hora da oração deve ser o: OLÍBANO
Sua cor preferida: AZUL-CLARA
Sua pedra preciosa: RUBI
Seu atributo: "DEUS CRIADOR"
Seu mês de mudança: DEZEMBRO
Seu número de sorte: 12
Hora de visita do anjo à Terra: das 04h41 às 05h

*Características comportamentais das pessoas nascidas
sob a influência de HARIEL*

Gerais: as pessoas nascidas sob a influência deste anjo são muito sérias, de princípios morais rígidos e que não aceitam ser culpadas de nenhum tipo de injustiça para com os outros. Como são exigentes consigo mesmas, acabam fazendo o mesmo com as pessoas e passam a impressão de serem um tanto grosseiras, mas quem as conhece sabe que apenas lutam para ver o sucesso de todos.

São amigas fiéis, em quem se pode confiar em qualquer situação. Irresistivelmente perfeitas, terão tendências a estudos das ciências esotéricas, organizando associações, promovendo conferências ligadas ao assunto e trabalhando para instituir a legalização nas atividades esotéricas ou alternativas. Terão poder para as invocações religiosas importantíssimas que lhe possibilitarão combater o materialismo para melhorar a existência humana. Deterão sobre si, na Terra, uma autoridade e uma inteligência analítica extraordinárias. Possuidoras de um forte sentimento de justiça, encontrarão sempre a iluminação para a escolha do caminho que deverá seguir. Realistas, estarão sempre com os pés no chão. Terão facilidade em aprender, criar e estudar.

Relações amorosas: vivem quase 24 horas por dia sua vida profissional. São tão ligadas ao trabalho que, normalmente, quem se apaixona por vocês ou quem vocês conquistam é um colega ou chefe de trabalho. Isso acaba fazendo sua relação caminhar bem, pois essa pessoa sabe como são e respeitam seu jeito. E vocês, por sua vez, ensinam seu parceiro a ver outras formas de viver a profissão, de tal maneira que possam curtir, ao mesmo tempo, a família e os amigos.

Relações familiares: por andar e fazer tudo muito rápido, às vezes você deixa a família um pouco de lado. Todos sentem muito sua falta pela importância que tem na vida de cada um. Fique mais perto deles, curta-os mais porque tudo nesta vida passa muito rápido, e família é missão por toda esta vida terrena.

Relações com terceiros: estará sempre bem-humorado, mostrando que a vida é simples sem dificultá-la.

Relações profissionais: você poderá fazer sucesso como professor, advogado, artesão, restaurador e estudioso de pinturas e objetos antigos.

Relações esportivas ou de saúde: você gosta muito da prática de esportes, mas suas intensas atividades profissionais serão sempre as boas desculpas para não se dedicar com mais afinco e determinação.

Relações sociais: nas relações em sociedade, essas pessoas são simples, mas ao mesmo tempo refinadíssimas para os valores materiais e sociais.

Anjo contrário: se você deixar o anjo contrário influenciar sua vida, poderá ter as seguintes características comportamentais negativas:

Dominará os cataclismos e as guerras de religião. Influenciará as pessoas na propagação de métodos perigosos, dificultando a descoberta de métodos novos e apoiando manifestações contrárias a movimentos espiritualistas. Terá uma percepção individual e egoísta da espiritualidade, podendo intitular-se guru ou guia espiritual, formando grupos para se fazer adorar. Será brilhante defensor e propagador de doutrinas errôneas e organizador de guerras pessoais ou entre religiões.

Precauções: nas relações amorosas, cuide para não ofuscar a pessoa que escolheu para estar hoje com você, pois sua estrela sempre brilhante poderá, nesses casos, prejudicar a pessoa amada.

Agradecendo a seu anjo:

Agradeça todos os dias ao seu anjo guardião protetor, entre 04h41 e 5h, fazendo as orações selecionadas neste livro e recitando o salmo nº 93/22, que diz o seguinte:

"Senhor, faço de vós meu refúgio e da Vossa ajuda, meu abrigo."

Prece especial: Hariel, dê-me força e coragem para enfrentar meu destino, transformando em bem o mal que fiz. Ilumine minha inteligência, para que, com minha palavra, se reconciliem os eternos inimigos que são o sentimento e a razão. Que minha verdade seja sempre sua verdade, que eu jamais me separe de seus santos mandamentos. Que eu seja aquele que leva os idólatras e ateus a descobrir e amar a Deus.

16º ANJO – HEKAMIAH

*Protege e influencia as pessoas nascidas
nos dias: 21/1 – 4/4 – 16/6 – 28/8 – 9/11*

É um anjo da categoria QUERUBINS e seu Príncipe é RAZIEL

Peculiaridades das pessoas nascidas sob a influência deste Anjo:
A fragrância do incenso na hora da oração deve ser: CANELA
Sua cor preferida: AZUL-CLARA
Sua pedra preciosa: RUBI
Seu atributo: "DEUS QUE CONSTRÓI O UNIVERSO"
Seu mês de mudança: JULHO
Seu número de sorte: 7
Hora de visita do anjo à Terra: das 05h01 às 05h20.

*Características comportamentais das pessoas nascidas
sob a influência de HEKAMIAH*

Gerais: as pessoas nascidas sob a influência deste anjo são muito sinceras, e a felicidade que têm com seus amigos, familiares e colegas de trabalho, faz de vocês pessoas superqueridas. Sensíveis às dores dos outros, estão sempre dispostas a ajudar, se procuradas forem. Profissionalmente, podem chegar a ocupar cargos de comando, pois enfrentam qualquer desafio, mesmo que aos olhos dos outros seja impossível de ultrapassar e vencer. Não se deixam abalar facilmente, mesmo quando "amigos" se aproximam para puxar seu tapete.

Relações amorosas: muito sensual, você apreciará guardar imagens de seus amores, como exteriorização dos sentimentos do passado. É uma pessoa que não consegue se imaginar sozinha por muito tempo, pois é apaixonada pela vida e por tudo que nela há. Todos os seus amores são vividos intensamente e nunca com a preocupação de quanto tempo vão durar. Quer apenas ser feliz e muito amado(a). O tempo, para você, a Deus pertence.

Relações familiares: são indivíduos extremamente preocupados com sua família e excelentes pais, seus filhos terão sempre prioridade, mesmo que o casamento tenha acabado.

Relações com terceiros: querido por todos, você será sempre respeitado pela sensibilidade que possui. Viverá cada minuto de sua vida com muita ternura, amor, esperança e desejará para todos uma existência tão digna quanto a sua.

Relações profissionais: poderá fazer sucesso trabalhando no Legislativo, corte suprema, justiça, ou por suas grandes facilidades em falar diferentes idiomas, em atividades ligadas à diplomacia e cultura. Poderá exercer ainda profissões relativas a finanças no mercado financeiro, jornalismo, informática, relações públicas, comunicações ou aquelas ligadas à arte, à beleza estética.

Relações esportivas ou de saúde: as pessoas nascidas sob a influência deste anjo são ativas e gostam da prática de todo e qualquer esporte, desde que essas atividades não interfiram nem atrapalhem sua vida pessoal e profissional. Gostam, mas longe de serem obcecados ou apaixonados.

Relações sociais: sua sensibilidade latente pessoal também se evidencia na área social, fazendo-o desenvolver projetos audaciosos de cunho e alcance social de grande monta para as pessoas mais necessitadas; sua caridade pode ajudar muita gente.

Anjo contrário: se você deixar o anjo contrário influenciar sua vida, poderá ter as seguintes características comportamentais negativas:

Dominará as traições, a infidelidade, a sedução e a rebelião, poderá obter dinheiro ilegal, como em compra e venda de carros roubados, usar a força física para se fazer entender e difundir drogas perigosas. Poderá fazer uso de cartas anônimas e envolver-se em tramas na vida familiar. Poderá utilizar práticas orientais para arruinar o que as pessoas consideram santo ou religioso.

Precauções: na saúde, você deve manter um cuidado especial, ela deve ser prioridade em sua vida. A prática de esportes de que você tanto gosta ajudará e muito a preservar sua saúde, lembre-se, muita gente precisa de você saudável e vivo.

Agradecendo a seu anjo:

Agradeça todos os dias ao seu anjo guardião protetor, das 05h01 às 05h20, fazendo as orações selecionadas neste livro e recitando o salmo nº 87/1, que diz o seguinte:

"Saúdo ao Senhor e clamo pela Tua luz. Recebe as minhas preces, ilumina meus caminhos e não Te afastes de mim."

Prece especial: Hekamiah, se fui designado para a construção de um novo mundo, dê-me coragem. Acompanhe meus passos e permita-me compreender seus desígnios. Mantenha-me orientado pelas forças divinas quando meu coração fraquejar. Revele meus erros e ajude-me a buscar amparo em suas mãos. Auxilie-me a tornar o mundo mais sensível aos seus propósitos.

17º ANJO – LAUVIAH

Protege e influencia as pessoas nascidas
nos dias: 22/1 – 5/4 – 17/6 – 29/8 – 10/11
É um anjo da categoria TRONOS e seu
Príncipe é TSAPHKIEL (Auriel)

Peculiaridades das pessoas nascidas sob a influência deste Anjo:
A fragrância do incenso na hora da oração deve ser: BENJOIM
Sua cor preferida: VERDE
Sua pedra preciosa: QUARTZO BRANCO
Seu atributo: "DEUS ADMIRÁVEL"
Seu mês de mudança: JULHO
Seu número de sorte: 7
Hora de visita do anjo à Terra: das 05h21 às 05h40

Características comportamentais das pessoas nascidas sob a influência de LAUVIAH

Gerais: as pessoas nascidas sob a influência deste anjo têm habilidade para entender mensagens e revelações simbólicas. O mundo astral é manifestado por meio do inconsciente, ocorrendo visões, premonições, ou mesmo imagens de mundos superiores. Suas faculdades psíquicas são manifestadas nos pequenos detalhes, como na música, na poesia, na literatura e na filosofia. São amáveis, joviais, modestas em suas palavras e simples em sua maneira de ser. Terão um refinamento cultural e amarão a música, a poesia e as artes em geral. Terão proteção angelical contra os adversários e completo domínio sobre os acontecimentos de suas vidas. Suas faculdades psíquicas são manifestadas nos pequenos detalhes, como na música, na poesia, na literatura e na filosofia.

Relações amorosas: demonstrarão muita fragilidade nos assuntos do coração. São pessoas carentes por natureza, não suportam ficar sozinhas e podem acabar se envolvendo em relacionamentos proibidos ou conturbados. Apesar disso, vivem muitos amores e a cada experiência negativa se fortalecem para no momento certo, encontrarem sua alma gêmea. Lembrem-se de que o esforço premia com a conquista, mas a teimosia pode trazer decepção.

Relações familiares: poderão ser o esteio de sua família. Sempre orientando a todos com muita boa vontade e com bastante discernimento do certo e errado, por isso vocês serão muito queridos pelos parentes próximos e distantes.

Relações com terceiros: interiormente, sabem de seu lado espiritual forte, capaz de conseguir tudo que quiserem, principalmente quando o pedido é feito para alguma outra pessoa. O que sonham realizar torna-se realidade. Terão uma reação agradável, cordial e reconfortante para com as pessoas próximas.

Relações profissionais: poderão fazer sucesso profissional em atividades ligadas à medicina, à filosofia, ao esoterismo e à comunicação social ou como fabricante de brinquedos, aparelhos elétricos, papéis (livros) ou produtos farmacêuticos, principalmente aqueles ligados ao sono. Suas coisas materiais serão conseguidas por meio de muita luta ou mesmo sofrimento. Serão de grande apoio no local de trabalho.

Relações esportivas ou de saúde: vocês adoram praticar esportes e, por serem muito disciplinados, qualidade amplamente requerida para quem os pratica, não têm muita dificuldade em fazer qualquer modalidade esportiva.

Relações sociais: você tem a sensibilidade dos artistas, e é capaz de captar o belo e tudo o que se passa na alma humana com beleza e sutileza. Essa sensibilidade o coloca em posição privilegiada entre as pessoas com quem convive.

Anjo contrário: Se você deixar o anjo contrário influenciar sua vida, poderá ter as seguintes características comportamentais negativas:

Dominará a imoralidade, o desgosto, as perdas, o deboche o desespero, o ateísmo, a vida desregrada e a mentira. Sob a influência deste anjo contrário, terá grande tendência a efetuar "trabalhos" e feitiços contra outras pessoas. Estará sempre contra todas as leis morais e sociais, poderá ser um falso profeta ou mago, um *bon vivant* negativo, atacar os dogmas religiosos, fabricar drogas maléficas, livros ou objetos que defendam doutrinas errôneas.

Precauções: fique atento às influências nefastas do anjo contrário, proteja-se sempre na oração ao seu anjo, e viva em paz e muito feliz.

Agradecendo a seu anjo:

Agradeça todos os dias ao seu anjo guardião protetor das 05h21 às 05h40, fazendo as orações selecionadas neste livro e recitando o salmo nº 8/1, que diz o seguinte:

"Senhor, como é glorioso Seu nome em toda terra! Sua majestade triunfa sobre todas as coisas, acima de todos os céus."

Prece especial: Lauviah, permita que acontecimentos do meu passado se tornem situações transparentes, a fim de que nenhuma lembrança antiga perturbe meu sono nem me traga tristeza. Ilumine minhas emoções para que eu possa mostrar às pessoas as maravilhas da criação.

18º ANJO – CALIEL

Protege e influencia as pessoas nascidas
nos dias: 23/1 – 6/4 – 18/6 – 30/08 – 11/11
É um anjo da categoria TRONOS e seu Príncipe
é TZAPHKIEL (Auriel)

Peculiaridades das pessoas nascidas sob a influência deste Anjo:
A fragrância do incenso na hora da oração deve ser: CEDRO
Sua cor preferida: VERDE

Sua pedra preciosa: QUARTZO VERDE
Seu atributo: "DEUS PRONTO A ACOLHER"
Seu mês de mudança: OUTUBRO
Seu número de sorte: 10
Hora de visita do anjo à Terra: das 05h41 às 06h00

Características comportamentais das pessoas nascidas sob a influência de CALIEL

Gerais: as pessoas nascidas sob a influência deste anjo são inteligentes, irreverentes, intuitivas e trazem consigo um carisma invejável. Conseguem cativar as pessoas onde estiverem e até mesmo os mais rabugentos acabam sorrindo perto de vocês. Seu otimismo acaba sendo seu talismã da sorte, que lhes abre portas que pareciam impossíveis. Mesmo passando por dificuldades, mantêm o bom humor e, assim, passam pela tempestade com poucos arranhões.

Relações amorosas: você atrai naturalmente, mas como tem medo de se entregar, acaba curtindo alguns romances passageiros. Isso acontece por que demora a sentir-se maduro(a) o suficiente para encarar uma relação mais séria, porém, respeita e se dedica com carinho a quem está ao seu lado e aprende como poucos a arte de amar. Quando decide se casar, procura um(a) companheiro(a) que curta viver e aproveitar a vida, mesmo nos momentos mais difíceis.

Relações familiares: sua inteligência e criatividade o tornam o centro das atenções familiares. Você tudo conhece e tudo faz para ajudar a resolver; portanto, saiba dosar bem suas atitudes, pois, como sabe, no seio das famílias estão os melhores amigos e às vezes os piores inimigos, que se tornam assim pela inveja e avareza. Ore com eles e por eles para vencer essa etapa de crescimento espiritual.

Relações com terceiros: por ser alguém muito carismático e intuitivo, as pessoas adoram estar perto de você, desfrutar de sua amizade e companhia sempre muito gratificante. Você faz constantemente o papel de conselheiro, pois é muito bom ouvinte.

Relações profissionais: poderá fazer sucesso profissional em atividades ligadas ao direito, ao jornalismo, ou como escritor em atividades relacionadas à magistratura.

Relações esportivas ou de saúde: você não gosta da prática de esportes, tem e goza de boa saúde, gostaria de se exercitar mais, porém sempre encontra uma desculpa para não praticar.

Relações sociais: por ter a natureza bastante incorruptível, ama a justiça, a verdade e a integridade, analisa com amor cada pequena manifestação da vida cotidiana e das pessoas com quem se relaciona para proporcionar-lhes grande ajuda e esclarecimentos necessários.

Anjo contrário: se você deixar o anjo contrário influenciar sua vida, poderá ter as seguintes características comportamentais negativas:

Dominará a intriga, a perversidade e o gosto pelo escândalo, podendo ser um grande mentiroso, autor de cartas anônimas e escritos caluniadores ou difamadores. A justiça será somente um pretexto para manifestações de raiva ou vingança. Poderá envolver-se em situações escandalosas, para atender a pessoas com grande influência política ou aos poderosos e com grandes fortunas.

Precauções: no amor, cuidado com as relações amorosas passageiras, você poderá perder o controle e se apaixonar por uma delas e ficar em uma situação bem difícil, porque não é o que você quer para seu futuro amoroso.

Agradecendo a seu anjo:

Agradeça todos os dias ao seu anjo guardião protetor, das 05h41 às 06h, fazendo as orações selecionadas neste livro e recitando o salmo nº 7/9, que diz o seguinte:

"Senhor, em Ti confio e Te peço auxílio. As Tuas leis trazem a justiça aos povos, e a elas me submeto segundo meu justo direito e minha integridade."

Prece especial: Caliel, permita que minha inteligência esteja sempre a serviço de causas justas. Dê-me prudência quando for tentado a empregar minhas forças em coisas inúteis. Que minha lógica se assemelhe à lógica divina e que eu possa intervir sempre a favor daqueles que necessitam de proteção. Permita-me, Caliel, compreender as pessoas más e se, porventura, eu tiver de julgá-las, que a bondade de Deus não se afaste de mim.

19º ANJO – LEUVIAH

Protege e influencia as pessoas nascidas
nos dias: 24/1 – 7/4 – 19/6 – 31/8 – 12/11
É um anjo da categoria TRONOS e seu Príncipe
é TZAPHKIEL (Auriel)

Peculiaridades das pessoas nascidas sob a influência deste Anjo:
A fragrância do incenso na hora da oração deve ser: ALMÍSCAR
Sua cor preferida: VERDE
Sua pedra preciosa: QUARTZO VERDE
Seu atributo: "DEUS QUE ACOLHE OS PECADORES"
Seu mês de mudança: DEZEMBRO
Seu número de sorte: 12
Hora de visita do anjo à Terra: das 06h01 às 06h20

Características comportamentais das pessoas nascidas
sob a influência de LEUVIAH

Gerais: as pessoas nascidas sob a influência deste anjo são amáveis, joviais, modestas em suas palavras e simples em sua maneira de ser. Possuem um refinado gosto artístico e cultural e amarão a música, a poesia e as artes em geral. Têm proteção angelical contra os adversários. Essa proteção é como uma grande muralha de luz etérica, invisível aos olhos das pessoas comuns. Têm também completo domínio sobre os acontecimentos de suas vidas. Alcançarão a graça de Deus quando permanecerem firmes e decididas a lutar por seus ideais.

Relações amorosas: como você é uma pessoa carismática e muito doce, conquista fácil, mas, como não curte paixões avassaladoras nem romances passageiros, acaba afastando alguns pretendentes. Costuma ser exigente e sempre deixa claro que quer compromisso sério. Quando está amando, faz loucuras e nunca deixa a rotina passar nem perto da relação.

Relações familiares: apesar de serem bastante ambiciosas profissionalmente, têm um coração bondoso e alegre. Vivem cercadas de muitos amigos e não abrem mão do carinho e da companhia da família.

Relações com terceiros: têm boa intuição, principalmente quanto a perigos ou possibilidades de ataques dos inimigos.

Relações profissionais: você poderá obter sucesso em atividades ligadas e relativas à arqueologia, museus e na conservação da memória do passado por meio de arquivos e livros. Por causa de sua personalidade forte, não aguenta, por muito tempo, trabalhar em cargos subalternos, gosta de liderar e batalha para crescer na empresa e ter um cargo de chefia. Caso sinta que alguém tenta atrapalhar seus planos, bate de frente e argumenta, pois acredita que tudo se resolve com diálogo. Aprecia jogos que desenvolvem a memória e o raciocínio.

Relações esportivas ou de saúde: seu lado sociável e sua amabilidade o fazem gostar de esportes de massa em que participam muitas pessoas, o que lhe possibilita ampliar seu leque de amizades e relacionamentos.

Relações sociais: vocês adoram festas e comemorações. Gostam de usar roupas de bom estilo e na moda. Têm uma incrível facilidade para se locomover no meio social, nos salões e nas festas sociais.

Anjo contrário: se você deixar o anjo contrário influenciar sua vida, poderá ter as seguintes características comportamentais negativas:

Dominará a imoralidade, o desgosto, as perdas, o deboche e o desespero, poderá utilizar objetos de uso pessoal para fazer trabalhos de "amarração", feitiços e patuás. Estará sempre contra as leis morais e sociais, e interpretará de maneira maldosa os textos e livros sagrados. Poderá ter e incitar nas outras pessoas uma visão desastrosa e negativa do mundo.

Precauções: no amor, lembre-se de que deixar fluir é uma forma de manter sempre saudável a relação. Não force barras nem situações, quando as coisas acontecem mais naturalmente é muito mais gratificante e gostoso saboreá-las.

Agradecendo a seu anjo:
Agradeça todos os dias ao seu anjo guardião protetor das 06h01 às 06h20, fazendo as orações selecionadas neste livro e recitando o salmo nº 39/1, que diz o seguinte:

"Senhor, estou à espera de Sua salvação e de Sua compreensão."

Prece especial: Leuviah, elimine de meu inconsciente todos os elementos e influências que o poluem. Afaste de meus sonhos as imagens assustadoras e monstruosas. Ajude meus irmãos a terem esperança na construção de um futuro brilhante. Senhor Leuviah, faça-me encontrar o equilíbrio, para que eu possa auxiliar na concretização de um mundo melhor e mais humano.

20º ANJO – PAHALIAH

Protege e influencia as pessoas nascidas nos dias:
25/1 – 8/4 – 20/6 – 1/9 – 13/11
É um anjo da categoria TRONOS e seu Príncipe é TZAPHKIEL
(Auriel)

Peculiaridades das pessoas nascidas sob a influência deste Anjo:

A fragrância do incenso na hora da oração deve ser: ALECRIM
Sua cor preferida: VERDE
Sua pedra preciosa: ÔNIX
Seu atributo: "DEUS REDENTOR"
Seu mês de mudança: JANEIRO
Seu número de sorte: 1
Hora de visita do anjo à Terra: 06h21 às 06h40.

Características comportamentais das pessoas nascidas sob a influência de PAHALIAH

Gerais: As pessoas nascidas sob a influência deste anjo têm uma personalidade forte e objetivos bem definidos; têm muita garra para conseguir o que querem, raramente desistem de uma luta; são autênticas combatentes, lutando sempre pelos grandes ideais. Serão intelectuais e estudiosas de vários temas em todas as áreas. São grandes otimistas, mestres na arte de discernir e gostam de viver em paz com todos.

Relações amorosas: São pessoas muito desconfiadas quando o assunto é amor e não gostam nem de imaginar que podem perder sua liberdade. No fundo, vocês não se prendem com facilidade, porque têm medo de se entregar e se machucar, mas têm a sorte de atrair parceiros(as) de gênio forte, que desejam estar ao seu lado pela vida inteira. Com eles(as), aprenderão a ser mais perseverantes nas coisas do coração e a confiar mais, sem precisar passar por estradas tortuosas, em nome de sua liberdade. Vocês são pessoas que detesta ficar sozinho(as) e costuma ser muito dedicados(as) ao companheiros(as);

Relações familiares: Trazem para esta vida todas as experiências que já tiveram, principalmente as ligadas à família e filhos. Não sabem viver sós, necessitando para ser felizes, de um companheiro fiel e de uma família unida e fraterna.

Relações com terceiros: - são pessoas otimistas, que não se deixam abater pelas dificuldades da vida e fazem de tudo para contagiar outras pessoas com a esperança, para que elas continuem batalhando e acreditando em seus sonhos. Devido a essa sua postura positiva diante da vida, são abençoadas e resolvem seus problemas de maneira tranquila e rápida. Sua ambição é equilibrada e gostam mesmo é de curtir a vida. Como são amigos de todos, nunca estão sós.

Relações profissionais: Poderão obter sucesso em atividades ligadas à carreira jornalística ou qualquer outra da área de comunicação social. Poderão ser grandes pregadores, que viverão da oratória, discursos e palestras. Aptidão para trabalhos manuais ou atividades relativas a antiguidades; têm talento também para atividades artesanais e restauração, e também para as áreas de marketing, jornalismo e relações públicas.

Relações esportivas ou de saúde: aparentam menos idade do que realmente têm e um jeito de quem têm muito dinheiro, apesar de muitas vezes não terem quase nada e isso graças a sua dedicação incondicional ao esporte e atividades ligadas a saúde e bem viver.

Relações sociais: por terem a personalidade forte e marcante, sempre estão na organização e na liderança das festas e comemorações. Relacionam-se muito bem com as pessoas sob sua coordenação "social".

Anjo contrário: se você deixar o anjo contrário influenciar sua vida, poderá ter as seguintes características comportamentais negativas:

Dominará o fanatismo religioso, libertino, explorador da prostituição e incapaz de captar a espiritualidade que existe nas pessoas. Grande vedete de cerimonial religioso, poderá lesar financeiramente as pessoas de boa-fé. Egoísta, se intitulará dono da verdade, ditando regras que não costuma seguir.

Precauções: No amor, seja menos desconfiado(a) e se solte mais para a pessoa amada, libere seus preconceitos e suas vontades.

Não oprima seu(sua) parceiro(a), lembre-se de deixar fluir suas mais fortes emoções que lhe farão sentir uma pessoa muito melhor.

Agradecendo a seu anjo:

Agradeça todos os dias ao seu anjo guardião protetor, das 06h21 às 06h40, fazendo as orações selecionadas neste livro e reci- tando o salmo n º119/2, que diz o seguinte:

"Senhor, libera minha alma de lábios inimigos e de línguas maldosas."

Prece Especial: Pahaliah, ilumine minha fé, para que eu entenda as verdades deste mundo. Que eu seja um exemplo para aqueles que se sentem perdidos e ainda não encontraram seu verdadeiro caminho. Dê-me solidão, para que eu possa meditar nas coisas superiores. E quando minha alma se aproximar da sua ciência sagrada, ajude-me a esclarecer os que necessitam do seu esplendor, para que eu transmita a eles a semente da eternidade.

21º ANJO – NELCHAEL

*Protege e influencia as pessoas nascidas
nos dias: 26/1 – 9/4 – 21/6 – 2/9 – 14/11*

É um anjo da categoria TRONOS e seu Príncipe é TZAPHKIEL (Auriel)

Peculiaridades das pessoas nascidas sob a influência deste Anjo:
A fragrância do incenso na hora da oração deve ser: CIPRESTE
Sua cor preferida: VERDE
Sua pedra preciosa: CALCEDÔNIA
Seu atributo: "DEUS SÓ E ÚNICO"
Seu mês de mudança: MAIO
Seu número de sorte: 5
Hora de visita do anjo à Terra: das 06h41 às 07h

*Características comportamentais das pessoas nascidas
sob a influência de NELCHAEL*

Gerais: as pessoas nascidas sob a influência deste anjo têm muita liderança, autocontrole, paciência e cuidado com as palavras de forma a não criar situações conflitantes; podem ser um pouco solitárias. Tendem a ser pacificadoras em todos os ambientes que frequentam, mas as pessoas podem achá-las fracas e indecisas, o que não é verdadeiro.

Relações amorosas: costumam ter sorte na vida amorosa, porque sabem respeitar o próximo. Seu jeito determinado e sua sensualidade atraem seus pretendentes. Mas essas pessoas não toleram parceiros que deixem todas as decisões em suas mãos, mostrando muita dependência. Se há algo que não acontece a elas é sofrer. Quando sentem que um relacionamento vai dar problema ou que são incompreendidas, caem fora antes de se magoar ou magoar alguém. Embora românticas e em busca de um grande amor, gostam também de viver sós e têm hábitos muito próprios.

Relações familiares: procura sempre a harmonização de todos na família, embora, muitas vezes, sinta-se incompreendido por seus membros.

Relações com terceiros: como você é uma pessoa que não gosta de ser enganada, mesmo quando alguém vem lhe pedir uma ajuda, não se precipita, antes vai verificar o quanto a pessoa realmente precisa de você para depois auxiliá-la. Isso está certo. Apesar de ser ambicioso(a), tem um lado espiritual muito elevado, que o(a) faz equilibrar tudo em sua vida e ser bastante abençoado(a) pelos anjos.

Relações profissionais: você é uma pessoa muito querida e respeitada em seu ambiente de trabalho. Tem forte capacidade de liderança, autocontrole e paciência. Busca sua estabilidade financeira, perseguindo seu ideal a qualquer custo, não aceitando perdas. Poderá ter sucesso lecionando matemática, geografia, filosofia, geometria, administração, computação ou trabalhando como psicólogo ou assistente social. É alguem bastante ligado à arte, trabalho social, psicologia, ciências exatas e ensino.

Relações esportivas ou de saúde: por não gostar muito de multidão, seus esportes favoritos são a caminhada ou as maratonas, em que você pode também aproveitar para cuidar de sua saúde e refletir sobre sua vida.

Relações sociais: sua capacidade de liderança e coordenação de pessoas vai colocá-lo em evidência nos meios sociais, onde precisam de orientações seguras para continuar seus projetos de vida. Quando assim for, lá estará você para dar essa cobertura.

Anjo contrário: se você deixar o anjo contrário influenciar sua vida, poderá ter as seguintes características comportamentais negativas:

Dominará o erro, a violência, a agressividade, a ignorância e o preconceito, poderá facilitar a promulgação de leis errôneas. Em sua visão do futuro, haverá trabalho só para a máquina, anulando o valor do homem na empresa.

Precauções: No amor, lembre-se de que a partilha de experiências e o companheirismo são essenciais a uma relação estável, duradoura e feliz.

Agradecendo a seu anjo:

Agradeça todos os dias ao seu anjo guardião protetor, das 06h41 às 07h, fazendo as orações selecionadas neste livro e recitando o salmo nº 30/18, que diz o seguinte:

"Senhor, confio em Ti, e não me envergonho de Te invocar. É assim que enxergo meu caminho com clareza. Que a confusão fique para os outros, que Tu tiras do meu caminho."

Prece Especial: Nelchael, faça com que meu projeto para o futuro não seja um sonho em vão. Faça com que, lançando minhas fantasias ao céu, elas retornem aos homens como uma chuva abundante de verdades. Faça circular em minhas veias o sopro da eternidade. Ajude-me a não repetir os erros do passado e a construir um universo novo. Liberte-me dos caluniadores e daqueles que combatem sua obra.

22º ANJO – IEIAEL

Protege e influencia as pessoas nascidas nos dias:
27/1 – 10/4 – 22/6 – 3/9 – 15/11
É um anjo da categoria TRONOS e seu Príncipe é TZAPHKIEL
(Auriel)

Peculiaridades das pessoas nascidas sob a influência deste Anjo:
A fragrância do incenso na hora da oração deve ser: ROSAS
Sua cor preferida: VERDE
Sua pedra preciosa: HEMATITA
Seu atributo: "A JUSTIÇA DE DEUS"
Seu mês de mudança: JULHO

Seu número de sorte: 7
Hora de visita do anjo à Terra: 07h01 às 07h20

Características comportamentais das pessoas nascidas sob a influência de IEIAEL

Gerais: as pessoas nascidas sob a influência deste anjo costumam ter boa percepção da impermanência das coisas e, por isso, acham que não se pode desperdiçar nenhum momento da vida. Originais e exóticas no pensar e no agir, são muitas vezes consideradas um mágico ou um louco. Viagens a trabalho são muito marcantes em sua vida e podem acabar, em idades mais maduras, abrindo novos caminhos que as levem a morar fora de seu próprio país.

Relações amorosas: por ser uma pessoa com forte poder de sedução e muito magnética, não têm medo de se entregar. Mas, apesar de ser uma personalidade expert na arte da conquista, quando a relação fica séria, mostra que é um tanto instável. Se seu(sua) parceiro(a) souber lidar com isso, terá uma(um) amante inesquecível, romântica(o) e muito carinhoso(a).

Relações familiares: está sempre distribuindo alegria e todos gostam de sua companhia e de viverem ao seu lado. Procura sempre proporcionar a harmonia e a felicidade de todos na família.

Relações com terceiros: É um ser humano compreensivo, diplomático e com grande habilidade para captar o pensamento das pessoas com as quais convive, procurando sempre formas para melhorar suas vidas. Têm ideais filantrópicos e é bastante generoso, detesta o sofrimento humano e estará sempre trabalhando para o bem comum.

Relações profissionais: a rotina é algo que a deixa muito impaciente e que poda sua criatividade. Por isso, costuma ter várias profissões e, ao longo de sua vida, mudará demais de emprego. Se souber valorizar seus talentos, pode acabar montando seu próprio negócio e assim se realizar, pois sabe defender com vigor suas ideias e tem facilidade para acumular fortuna. Poderá fazer sucesso como professor, psicólogo, ator e/ou em outras atividades que lhe permitam estar sempre viajando.

Relações esportivas ou de saúde: sua pressa e rapidez para fazer tudo na vida provocam mudanças constantes de vida e de objetivo, isso dificulta um pouco a prática de esportes, mas quando se dedica, é fiel e constante, levando bem a sério a importância dessa prática para sua vida e saúde.

Relações sociais: sua personalidade humana e filantrópica o colocará em evidência também no convívio social, de onde poderá obter boas contribuições para financiar suas causas humanitárias.

Anjo contrário: se você deixar o anjo contrário influenciar sua vida, poderá ter as seguintes características comportamentais negativas:

Dominará o racismo, a pirataria, a apropriação indébita e o plágio, poderá explorar e oprimir seus subalternos para viver sofisticadamente à custa desta e de outras pessoas.

Precauções: no amor, lembre-se de que o sentimento verdadeiro ajuda a descobrir a constante novidade no parceiro. Sinta verdadeiramente e deixe a falsidade de lado.

Agradecendo a seu anjo:

Agradeça todos os dias ao seu anjo guardião protetor, das 07h01 às 07h20, fazendo as orações selecionadas neste livro e recitando o salmo nº 120/3, que diz o seguinte:

"Senhor, que me tens sob a Tua custódia e proteção, não permitas que meus pés resvalem nem que durmam aqueles que me guardam."

Prece especial: Ieiael, que me fez conhecer a unidade de seu reino, permita que esse conhecimento se reflita em minha vida. Quero que minhas ações falem mais alto que minhas palavras. Ajude-me a caminhar, durante essa vida, em direção a um futuro brilhante, livrando-me das catástrofes e dos perigos que afastam o homem de Deus. Liberte-me, Ieiael, do pecado do narcisismo. Assim, quando um espelho refletir meu rosto, poderei descobrir nele sua face divina.

23º ANJO – MELAHEL

***Protege e influencia as pessoas nascidas
nos dias: 28/1 – 11/4 – 23/6 – 4/9 – 16/11***

É um anjo da categoria TRONOS e seu Príncipe é TZAPHKIEL (Auriel)

Peculiaridades das pessoas nascidas sob a influência deste Anjo:
A fragrância do incenso na hora da oração deve ser: CEDRO
Sua cor preferida: VERDE
Sua pedra preciosa: QUARTZO BRANCO
Seu atributo: "DEUS QUE LIVRA DOS MALES"
Seu mês de mudança: JULHO
Seu número de sorte: 7
Hora de visita do anjo à Terra: das 07h21 às 07h40

***Características comportamentais das pessoas nascidas
sob a influência de MELAHEL***

Gerais: as pessoas nascidas sob a influência deste anjo costumam ser extremamente organizadas, corretas e gostam das coisas nos lugares certos, respeitando prazos e horários; podem parecer tímidas, mas na verdade são apenas reservadas e introvertidas. Têm o domínio da comunicação e a capacidade de expressar com clareza seus sentimentos.

Relações amorosas: costumam ter muitos pretendentes, mas não são de fazer experiências amorosas, buscam logo alguém que lhes dê segurança e estabilidade, para que possam se entregar verdadeiramente. Como são pessoas muito protegidas por seu anjo, não têm medo de abrir seu coração e mostrar o que sentem a quem amam. No dia a dia, pesam sempre os prós e os contras quando algum problema aparece na relação e fazem questão de que o(a) companheiro(a) seja sincero(a), mesmo que isso as machuque.

Relações familiares: por ter um espírito iluminado, você está sempre distribuindo sorrisos e alegria a todos os parentes, será também o "médico" da família, aproveitando seus dons curativos com as mãos e também utilizando as plantas.

Relações com terceiros: você terá extraordinária intuição para conhecer os problemas das pessoas ou seus segredos mais íntimos. Saberá também distinguir as falsas amizades e se afastar delas em tempo, não antes de ajudá-las por meio de seus conhecimentos, sobre os segredos de viver em harmonia e paz. Acredita que Deus está verdadeiramente presente em sua vida e na natureza.

Relações profissionais: você poderá ter sucesso como botânico, biólogo, fitoterapeuta, bioquímico, escritor de livros sobre as virtudes das plantas e em qualquer atividade relacionada com as plantas e a natureza. Como *hobby*, poderá viver em chácaras ou fazendas cultivando plantas exóticas e/ou medicinais. As áreas profissionais que mais o atraem são: agronomia, botânica, paisagismo, fazendas, bioquímica e farmácia. Será um ecologista vivo, *expert* em plantas curativas.

Relações esportivas ou de saúde: sua pacífica convivência com a natureza fará de você um admirador e/ou desportista de trilhas, *tracking*, rapel, tirolesa, arvorismo e outros menos radicais, mas que caracterizem o contato com árvores, água, rios e cachoeiras.

Relações sociais: você terá um excelente convívio social; dada sua responsabilidade com horários e cumprimento de seus deveres, essas atitudes o tornarão respeitado junto às pessoas.

Anjo contrário: se você deixar o anjo contrário influenciar sua vida, poderá ter as seguintes características comportamentais negativas:

Dominará a mentira, o charlatanismo e o uso indevido dos conhecimentos sobre a natureza. Poderá fazer parte de seitas que incentivam o uso de drogas, fazer e vender poções milagrosas, facilitar a propagação de doenças sexuais, cultivar plantas nocivas ou difundir o tráfico de drogas e de pessoas.

Precauções: na relação com terceiros, muito cuidado para não enveredar para o charlatanismo e as falsas profecias.

Agradecendo a seu anjo:

Agradeça todos os dias ao seu anjo guardião protetor, das 7h21 às 7h40, fazendo as orações selecionadas neste livro e recitando o salmo nº 120/8 que diz o seguinte:

"Levanto meus olhos em busca de socorro. O Senhor guardará meus passos, agora e para todo o sempre"

Prece especial: Melahel, faça-me contemplar a eternidade e dê-me inspiração correta a respeito de tudo o que me cerca, em harmonia com as leis naturais e de modo que exista em mim a energia da reconstrução. Que eu traga aos meus irmãos sua harmonia divina, para que, por meio dela, eles reencontrem o ritmo perfeito de seu corpo e recuperem a saúde. Dê-me o dom de apreciar a vida, que só Deus é capaz de tornar eterna e sublime.

24º ANJO – HAHEUIAH

Protege e influencia as pessoas nascidas nos dias:
29/1 – 12/4 – 24/6 – 5/9 – 17/11
É um anjo da categoria TRONOS e seu Príncipe é TZAPHKIEL
(Auriel)

Peculiaridades das pessoas nascidas sob a influência deste Anjo:

A fragrância do incenso na hora da oração deve ser: ALFAZEMA
Sua cor preferida: VERDE
Sua pedra preciosa: CRISTAL
Seu atributo: "DEUS BOM POR SI MESMO"
Seu mês de mudança: ABRIL
Seu número de sorte: 4
Hora de visita do anjo à Terra: 07h41 às 08h

Características comportamentais das pessoas nascidas sob a influência de HAHEUIAH

Gerais: as pessoas nascidas sob a influência deste anjo são dotadas de grande poder espiritual, amadurecimento e discernimento, são grandes amigas, com quem todos gostam de conviver. Possuem inteligência analítica e procuram respostas dentro dos conceitos religiosos, para tudo que se passa no mundo. Quando isso não acontece, mantêm-se sempre informadas do assunto, para dar um auxílio mais direto, se procuradas.

Relações amorosas: estas pessoas possuem charme e beleza, mas não costumam usá-los na arte da conquista. Por serem muito tímidas, demoram a encontrar alguém, mas, quando encontram, costuma ser amor para a vida inteira. Como amam com os pés no chão, costumam crescer materialmente com o(a) parceiro(a) e dificilmente fazem extravagâncias com o que conquistam juntos, buscam apenas uma vida de conforto para seus filhos. Calmas e muito seguras do que querem, sabem fazer o(a) parceiro(a) sentir-se amado(a).

Relações familiares: são pessoas dotadas de muito amor familiar, tanto que moram com a família durante um longo período do tempo de suas vidas e muitas vezes até mesmo depois do casamento, procuram residir em locais próximos, em uma convivência quase que diária com seus familiares.

Relações com terceiros: como chama a atenção, a maior tentação de sua vida é não cair na lábia de quem lhe oferece enriquecimento fácil. Terá grande preocupação com o aspecto da segurança, tanto familiar como do grupo ou comunidade. Têm o dom de ajudar as pessoas injustiçadas e normalmente acaba trabalhando na área da justiça

Relações profissionais: fará sucesso como político, advogado defensor dos direitos humanos ou em qualquer atividade relacionada com ciências exatas e segurança. Apreciador das artes, adora estudar e seu hobby será a leitura. Aprecia trabalhos em que se exige fiscalizar, organizar, administrar, gerenciar, prover segurança e da área econômica.

Relações esportivas ou de saúde: não gostam muito da prática de esportes; sua natureza e sua saúde bem que cobram, mas preferem cuidar da saúde de outra forma, ou seja, prevenindo-se contra todos os males do corpo alimentando-se com qualidade e variedade.

Relações sociais: como pessoa falante e diplomática terá um excelente convívio social, pois é um grande estudioso e conhecedor da natureza humana.

Anjo Contrário: se você deixar o anjo contrário influenciar sua vida, poderá ter as seguintes características comportamentais negativas:

Dominará a violência, o sequestro, o terrorismo, poderá, por meio de seus escritos, incitar as pessoas à violência. Poderá ser protetor de delinquentes e praticar crimes em nome da religião ou da espiritualidade, fazendo uso de "entidades".

Precauções: na saúde, cuidado: "men sana in corpore sano", já dizia o ditado, mente sã em corpo são, deixe o esporte fazer parte de sua vida com mais frequência, cedo ou tarde você vai descobrir a importância desta prática saudável e necessária para toda a sua vida e saúde.

Agradecendo a seu anjo:
Agradeça todos os dias ao seu anjo guardião protetor, das 07h41 às 08h, fazendo as orações selecionadas neste livro e recitando o salmo nº 32/18, que diz o seguinte:
"Louvemos a Deus, criador e protetor dos fiéis. Os olhos do Senhor estão pousados, sobre os que O respeitam e sobre os que esperam na Sua bondade."
Prece especial: Haheuiah, coloque-me sob sua proteção. Seja meu guia e instrutor, para que eu não perca o rumo nessa vida. Quero ser conduzido rumo à luz, e espero que minha inteligência possa compreendê-la. Só assim entenderei o mundo, a mim mesmo e também ao seu poder. Desejando ser a pedra angular de sua obra, ponho-me sob sua proteção, meu guia e senhor.

25º ANJO – NITH-HAIAH

Protege e influencia as pessoas nascidas
nos dias: 30/1 – 13/4 – 25/6 – 6/9 – 18/11
É um anjo da categoria DOMINAÇÕES
e seu Príncipe é TZADKIEL (Uriel)

Peculiaridades das pessoas nascidas sob a influência deste Anjo:
A fragrância do incenso na hora da oração deve ser: ABSINTO
Sua cor preferida: VERMELHA
Sua pedra preciosa: SAFIRA
Seu atributo: "DEUS QUE DÁ SABEDORIA"
Seu mês de mudança: NOVEMBRO
Seu número de sorte: 11
Hora de visita do anjo à Terra: das 08h01 às 08h20

Características comportamentais das pessoas nascidas
sob a influência de NITH-HAIAH

Gerais: as pessoas nascidas sob a influência deste anjo, apesar de serem bastante emotivas e parecerem até frágeis por possuírem serenidade, moderação, equilíbrio, autocontrole, harmonia e paciência; são pessoas fortes, que têm uma enorme paciência para suportar os desafios que a vida lhes impõe e se saírem vitoriosas. Amam a paz, a solidão, a contemplação e os mistérios da natureza. Tempestades as molham, mas não as abalam.

Relações amorosas: são pessoas encantadoras, que não passam despercebidas pelas outras. E do mesmo jeito que não têm vergonha de ir atrás e se declararem a quem amam, costumam ser surpreendidas com declarações. Seus relacionamentos costumam ser sérios, cheios de compreensão e delicadeza. Dificilmente perdem a calma nos momentos de discussão, pois são muito controladas e sabem usar seu jogo de cintura para esclarecer as coisas sem maiores brigas. Rotina em suas vidas? Nem pensar!

Relações familiares: por serem, desde crianças, conhecedoras do significado das coisas, nunca questionadoras, mas observadoras, essa pessoas acabam atraindo grande amor familiar. Por isso sempre foram e serão admiradas pelos irmãos e parentes próximos. Acolherão em seu ambiente familiar crianças abandonadas de estranhos ou de parentes.

Relações com terceiros: por possuírem serenidade, moderação, equilíbrio, autocontrole, harmonia e paciência, esses indivíduos conseguem, com mais facilidade que os outros, estabilidade emocional, profissional e material. Benevolentes mesmo com os inimigos, vivem de maneira plena, têm alegria e prazer em viver.

Relações profissionais: você poderá ser autodidata em várias disciplinas, pois sempre busca informações necessárias nas áreas em que a troca de ideias e de informações seja a rotina de trabalho, tais como: jornalismo, psicologia, ensino e filosofia, escritor, cientista ou em qualquer atividade ligada ao esoterismo.

Relações esportivas ou de saúde: seu temperamento sereno e calmo acaba levando-o a não gostar muito da prática de esportes, prefere cuidar da saúde de outra forma, ou seja, alimentando-se bem.

Relações sociais: você traz consigo o dom da paz. Quando estiver diante de uma situação de conflito, apenas com algumas palavras conseguirá restabelecer a harmonia do lugar e acalmar os ânimos mais exaltados.

Anjo contrário: se você deixar o anjo contrário influenciar sua vida, poderá ter as seguintes características comportamentais negativas:

Terá fortes tendências à prostituição e à maldade, podendo usar as forças do mal para vingança, utilizar animais em rituais de sacrifício. Essas tendências poderão levá-lo a ser autor de fórmulas de encantamento, causar mal à natureza, aos animais e a produtos da terra e fazer pactos demoníacos de natureza sexual.

Precauções: no amor, lembre-se de que saber ceder é uma das chaves para um bom relacionamento.

Agradecendo a seu anjo:

Agradeça todos os dias ao seu anjo guardião protetor, das 08h01 às 08h20, fazendo as orações selecionadas neste livro e recitando o salmo nº 9/1, que diz o seguinte:

"Senhor, eu Vos louvarei de todo o coração e todas as Vossas maravilhas cantarei, com a alegria de quem sente a Vossa doce presença."

Prece especial: Nith-Haiah, faça com que sua luz se manifeste em mim em plenitude. Que minhas ambições sejam grandiosas, não para enaltecer meu ego, mas para proclamar seus divinos poderes. Dê-me a tranquilidade necessária para que eu possa absorver sua essência e enxergar além do que é permitido aos olhos dos simples mortais. Liberte-me da tentação, de usar suas virtudes para satisfazer minha vaidade ou diminuir meu próximo. E que minhas preces agradem ao Deus eterno.

26º ANJO – HAAIAH

Protege e influencia as pessoas nascidas nos dias:
31/1 – 14/4 – 26/6 – 7/9 – 19/11

É um anjo da categoria DOMINAÇÕES e seu Príncipe é
TZADKIEL (Uriel)

Peculiaridades das pessoas nascidas sob a influência deste Anjo:

A fragrância do incenso na hora da oração deve ser: CIPRESTE

Sua cor preferida: VERMELHA
Sua pedra preciosa: BERILO
Seu atributo: "DEUS OCULTO"
Seu mês de mudança: ABRIL
Seu número de sorte: 4
Hora de visita do anjo à Terra: 08h21 às 08h40

Características comportamentais das pessoas nascidas sob a influência de HAAIAH

Gerais: as pessoas nascidas sob a influência deste anjo são justas, benevolentes, gostam de afetos sólidos, têm apreço pelas soluções lógicas e são dotadas de compaixão e equilíbrio. São missionárias por natureza. Dificilmente ficarão muito tempo na cidade onde nasceram e até no país de origem. Em seus corações está bem clara sua missão de levar paz aos homens através do amor e do Evangelho. Mesmo que não façam parte de nenhuma religião, a vida as leva a cumprir sua missão. Sua vida é marcada por viagens e muitos amigos interessantes.

Relações amorosas: adoram se entregar e se sentirem amadas, e não guardam sonhos nem esperanças ou ilusões de um amor para a vida inteira, por isso costumam viver intensamente boas, e grandes paixões que podem durar anos. Curtem com suas paixões tudo de bom que a vida pode oferecer e quando finalmente resolvem subir ao altar, já estão bem maduras e conscientes do passo a ser dado.

Relações familiares: dotadas de mente concreta, preferem as manifestações afetivas sem muita sutileza e com resultados concretos. Odeiam a falsidade familiar, têm respeito por todos os parentes, mas se magoam com facilidade quando incompreendidas.

Relações com terceiros: Procuram ter relacionamentos e amizades duradouras e estáveis, pois têm muito senso prático. São bastante sociáveis, mas podem ficar deprimidas se forçadas a se esconder dos outros. Se estiverem magoadas, podem passar por momentos difíceis que exigem isolamento.

Relações profissionais: costumam ter muitas profissões, até encontrarem a realização profissional e a estabilidade financeira. Poderão fazer sucesso como guias turísticos, pilotos, políticos, diplomatas, vendedores ou jornalistas.

Relações esportivas ou de saúde: gostam de viajar e, por isso, gostam muito de praticar longas e saudáveis caminhadas enquanto contemplam a beleza da natureza.

Relações sociais: graças à sua personalidade marcante e à beleza de seu caráter, terá acesso às mais altas esferas sociais e governamentais.

Anjo contrário: se você deixar o anjo contrário influenciar sua vida, poderá ter as seguintes características comportamentais negativas:

Dominará a ambição, a traição, a conspiração, a indiscrição e, por serem muito fofoqueiras e não saberem guardar segredos, farão oposição às causas justas, violarão correspondências e tratarão mal as pessoas que querem ajudá-la.

Precauções: no amor, lembre-se de que as diferenças são sempre enriquecedoras. Aprenda a respeitar essas diferenças e será uma pessoa muito querida, respeitada e amada.

Agradecendo a seu anjo:
Agradeça todos os dias ao seu anjo guardião protetor, das 08h21 às 08h40, fazendo as orações selecionadas neste livro e recitando o salmo nº 118/145, que diz o seguinte:
"Felizes aqueles que mantêm uma vida pura, dentro das leis do Senhor. Peço-Lhe que me ouça, Senhor, de todo o coração, e atentarei sempre ás suas leis."

Prece especial: Haaiah, permita-me refletir sua luz sobre a Terra. Conceda-me poder para decidir sobre os conflitos entre os povos e ajude-me a solucioná-los do modo mais elevado e humano possível. Faça com que pense sempre no bem das pessoas e me mantenha em harmonia com o universo. Afaste de mim a inquietação e ajude-me a ser uma pessoa justa e equilibrada.

27º ANJO – IERATHEL

Protege e influencia as pessoas nascidas nos dias:
1/2 – 15/4 – 27/6 – 8/9 – 20/11
É um anjo da categoria DOMINAÇÕES e seu
Príncipe é TZADKIEL (Uriel)

Peculiaridades das pessoas nascidas sob a influência deste Anjo:
A fragrância do incenso na hora da oração deve ser: CANELA
Sua cor preferida: VERMELHA
Sua pedra preciosa: JASPE
Seu atributo: "DEUS PUNIDOR DOS MAUS"
Seu mês de mudança: NOVEMBRO
Seu número de sorte: 11
Hora de visita do anjo à Terra: das 08h41 às 09h

Características comportamentais das pessoas nascidas
sob a influência de IERATHEL

Gerais: as pessoas nascidas sob a influência deste anjo têm uma energia positiva muito forte que se irradia por onde passam. Ao mesmo tempo que sua energia faz bem aos outros, indiretamente ela lhes abre portas, pois nunca deixam seu astral cair e, assim, podem mostrar seus talentos e ser reconhecidas profissionalmente. Sabem controlar qualquer situação complicada e jamais deixam que as dificuldades as façam entrar em uma crise emocional. Conseguem equilibrar seus instintos individuais aceitando, sem necessariamente seguir, os conselhos e as demonstrações de carinho de todos. Têm forte iniciativa e perseverança, sua vida clara e plena de alegria sustenta uma aparência nobre e refinada.

Relações amorosas: você costuma passar uma imagem de pessoa durona e independente, mas possui um coração romântico e frágil. Seu desejo é encontrar um amor verdadeiro que o(a) leve ao altar. Nessa ânsia de se casar, muitas vezes acaba se precipitando e se machucando. Precisa aprender a ter mais calma e esperar que o momento adequando aconteça e o destino faça sua parte.

Relações familiares: por confiarem muito na proteção divina que os tira de perigos e problemas, esses indivíduos acabam auxiliando muito seus familiares, com boas recomendações e conselhos. Terão proteção contra qualquer tipo de força negativa, e seu poder de ação é invencível.

Relações com terceiros: por ser um defensor das ciências e das artes, mobilizará um grande número de pessoas por um ideal. Possui amigos verdadeiros que a(o) admiram bastante e nunca o(a) desamparam.

Relações profissionais: por apreciar atividades ligadas à cultura, arte, ensino, lazer e crianças, você poderá fazer sucesso como escritor, jornalista, assistente social ou qualquer atividade ligada à cultura e lazer. Fará tudo de modo lúcido e ponderado, por isso, suas iniciativas geralmente o levam ao sucesso.

Relações esportivas ou de saúde: esses indivíduos costumam ser possuidores de uma nobreza natural, que se reflete até mesmo na sua postura física. Fortes adeptos de todo tipo de atividade física, porque sabem a importância que ela tem para trazer saúde e bem-estar às suas vidas.

Relações sociais: será um ser harmônico com plena visão e compreensão do mundo. Essa característica de se relacionar bem com todos lhe proporciona uma brilhante atuação no meio social, onde você transita com bastante desenvoltura.

Anjo contrário: se você deixar o anjo contrário influenciar sua vida, poderá ter as seguintes características comportamentais negativas:

Dominará a ignorância, a intolerância e a violência, poderá ser um defensor de sistemas autoritários, apoiando a exploração do trabalho escravo. Poderá praticar atos bárbaros e viver em um mundo utópico e inacessível.

Precauções: no amor, lembre-se de que as uniões estáveis devem evoluir para manter sua estabilidade. Não seja tão precipitado, dê tempo ao tempo, que as coisas acontecerão quando madurarem.

Agradecendo seu anjo:

Agradeça todos os dias ao seu anjo guardião protetor, das 08h41 às 09h, fazendo as orações selecionadas neste livro e recitando o salmo n° 139/1, que diz o seguinte:

"Livrai-nos, Senhor, dos ataques dos adversários e concedei a vitória aos cumpridores das suas leis."

Prece especial: Ierathel, permita-me usar suas virtudes para iluminar tudo o que sem você permanece obscuro. Que eu seja um fogo sagrado para purificar a todos que de mim se aproximarem. Ajude-me a compreender as coisas sagradas e a abandonar as coisas materiais deste mundo. E que a vontade de trabalhar e de aprender, jamais acabe na minha alma. Quando meu espírito se elevar até você, Ierathel, faça com que eu veja a face de Deus.

28° ANJO – SEHEIAH

Protege e influencia as pessoas nascidas nos dias:
2/2 – 16/4 – 28/6 – 9/9 – 21/11
É um anjo da categoria DOMINAÇÕES e seu Príncipe é
TZADKIEL (Uriel)

Peculiaridades das pessoas nascidas sob a influência deste Anjo:
A fragrância do incenso na hora da oração deve ser: ROSAS
Sua cor preferida: VERMELHA
Sua pedra preciosa: SAFIRA
Seu atributo: "DEUS QUE CURA OS DOENTES"
Seu mês de mudança: JUNHO
Seu número de sorte: 6
Hora de visita do anjo à Terra: 09h01 às 09h20

Características comportamentais das pessoas nascidas sob a influência de SEHEIAH

Gerais: as pessoas nascidas sob a influência deste anjo podem passar por momentos tensos, mas estão sempre com a cabeça no lugar e servem de apoio para as pessoas ao redor; às vezes, sob pressão, têm grandes ideias que aliviam a situação, ou resolvem problemas de amigos. Quando têm maus pressentimentos, devem acreditar neles e evitarão situações perigosas. Terão bom senso, agirão com prudência e sabedoria. Resistirão a tudo com dignidade e tudo em sua vida funcionará de modo perfeito. Autênticos, verdadeiros, conseguem sempre sair-se bem nas situações mais caóticas, graças às ideias luminosas que surgem repentinamente.

Relações amorosas: vocês são pessoas apaixonadas de plantão, pois sonham com amores românticos do tipo Romeu e Julieta. Até encontrar seu príncipe ou princesa encantado(a), vão namorar bastante e, às vezes, se machucarem por seu jeito impulsivo de ser. No fundo desejam casar-se e formar uma família, mas isso só acontecerá depois de muito amadurecimento de sua parte.

Relações familiares: terá sempre uma palavra de otimismo para ajudar as pessoas da família em qualquer situação de insegurança, pois está sempre em sintonia com todas as forças divinas. Precisa ter a família ao seu lado, dando-lhe a força necessária para acreditar em si mesma e ajudá-la no equilíbrio das finanças.

Relações com terceiros: costumam expressar o bom senso que, com o tempo, pode se transformar em sabedoria, e essa é a chave do sucesso com as outras pessoas. Sabedoria para saber ouvir muito e falar pouco.

Relações profissionais: se trabalham como funcionário, têm tudo para crescer na empresa e, se têm seu negócio próprio, podem brilhar ainda mais, acumulando boa fortuna. Tenha muita cautela com todo investimento porque, até amadurecer, poderá passar por momentos difíceis com suas finanças. Poderá fazer sucesso trabalhando em áreas ligadas à administração pública, escrevendo livros, matérias para rádio e televisão ou nos estudos da homeopatia e acupuntura.

Relações esportivas ou de saúde: terá longa vida e saúde por saber se cuidar com exercícios diários, seja em academias ou em pistas de corrida; sabe também se alimentar muito bem.

Relações sociais: exercem grande atração entre os amigos que os cercam por causa de seu bom-humor, boas ideias e por seu grande poder de sedução. Muitos são líderes e gostam de receber em casa, onde podem demonstrar, com esmero, tudo o que sabem fazer.

Anjo contrário: se você deixar o anjo contrário influenciar sua vida, poderá ter as seguintes características comportamentais negativas:

Dominará as catástrofes e os acidentes médicos ou cirúrgicos. A negligência e a desorganização serão rotinas em sua vida. Podem prejudicar seus semelhantes, fazendo uso descuidado de produtos de beleza, usando ou fazendo usar drogas como: injeções de silicone, psicotrópicos e outros ou participando da produção de equipamentos com defeito, para baratear a produção. Poderá provocar incêndios, por suas atitudes negligentes.

Precauções: No amor, lembre-se de que beleza física tem seu lugar, mas é um dos aspectos mais profundamente transitórios da natureza humana. Não a leve tão a sério, cultive e ame mais a alma da pessoa amada, esta é eterna.

Agradecendo seu anjo:

Agradeça todos os dias ao seu anjo guardião protetor, das 09h01 às 09h20, fazendo as orações selecionadas neste livro e recitando o salmo n º 70/13, que diz o seguinte:

"Deus meu, não se afaste de mim. Vem em meu auxílio, que minha esperança não seja confundida. Confundidos sejam os que atentam contra mim."

Prece especial: Seheiah, ajude-me a compreender meus erros, de modo que eu não tenha de sofrer para atingir o autoconhecimento. Agradeço os muitos dons com os quais você me dotou, e peço que me ajude a administrá-los com prudência. Proteja-me quando minha saúde fraquejar. Ilumine minha alma para que eu aceite os desafios. E me liberte de meus pecados, para que eu seja uma coluna de seu templo junto às outras pessoas.

29º ANJO – REYEL

Protege e influencia as pessoas nascidas
nos dias: 3/2 – 17/4 – 29/6 – 10/9 – 22/11
É um anjo da categoria DOMINAÇÕES e seu
Príncipe é TZADKIEL (Uriel)

Peculiaridades das pessoas nascidas sob a influência deste Anjo:
A fragrância do incenso na hora da oração deve ser: OLÍBANO
Sua cor preferida: VERMELHA
Sua pedra preciosa: SAFIRA
Seu atributo: "DEUS PRONTO A SOCORRER"
Seu mês de mudança: AGOSTO
Seu número de sorte: 8
Hora de visita do anjo à Terra: das 09h21 às 09h40

Características comportamentais das pessoas nascidas
sob a influência de REYEL

Gerais: as pessoas nascidas sob a influência deste anjo se distinguirão por suas qualidades, por seu zelo em propagar a verdade e ser combativas contra pessoas falsas e caluniadoras. Sua conduta será exemplar, amarão a verdade, a paz, a justiça, a liberdade e o silêncio. Sua vida é uma exaltação, iluminada por meio de sua escolha espiritual. Deverão ter cuidado para não criar sentimentos de culpa em relação a problemas familiares, pois todos estão passando por uma evolução positiva e sem perdas, mas com renovação. Sua casa estará sempre limpa, arrumada, enfeitada com flores e exalando perfume de incenso.

Relações amorosas: não é nada fácil conquistar seu coração, pois exige fidelidade e exclusividade até em pensamento, quando ama é de forma intensa e entrega-se sem pudores. Quando encontra o amor de seus sonhos, esse amor precisa ter muito jogo de cintura se quiser ficar ao seu lado, porque é ciumento(a) e fala coisas que magoam, na maioria das vezes sem pensar.

Relações familiares: por valorizar acima de tudo a verdade e a sinceridade e buscar a justiça em todas as situações, você faz o papel de protetor familiar, mediando situações de conflitos e tendo sempre uma boa, segura e exemplar opinião a oferecer aos familiares.

Relações com terceiros: você tem a capacidade de compreender a fundo as pessoas, percebe suas intenções e sabe como lidar com elas, detestando ambientes onde existe agressividade, falta de sinceridade, falsidade ou maledicência. É excelente conselheiro(a).

Relações profissionais: você poderá exercer suas atividades profissionais em assuntos relacionados à arte em geral, como pintor(a), escultor(a) ou escritor(a) e também publicidade e direito.

Relações esportivas ou de saúde: essas pessoas terão longa vida e saúde porque são ativas e gostam da prática de todo e qualquer tipo de esporte, desde que essas atividades não interfiram nem atrapalhem sua vida pessoal e profissional. Gostam, mas longe de ser obcecadas ou apaixonadas. Também farão companhia, se for necessário, a pessoas menos dedicadas à prática.

Relações sociais: por ter um coração terno e sensível, você capta o sofrimento dos outros de longe, por isso está sempre pronto(a) e disposto(a) a ajudar quando procurado(a), pois o sofrimento do próximo se torna seu também. É natural encontrá-lo(a) envolvido(a) com alguma obra assistencial ou seguindo alguma carreira que lhe permita ajudar mais ativamente os necessitados.

Anjo contrário: se você deixar o anjo contrário influenciar sua vida, poderá ter as seguintes características comportamentais negativas:

Dominará o fanatismo, a hipocrisia, o egocentrismo e o preconceito racial. A pessoa sob a influência deste anjo contrário desconfia da boa-fé dos outros, ridiculariza tudo, usando a expressão "circo" ou "palhaço" para as pessoas que ajudam os semelhantes, e quer transformar as filosofias ou a religião em coisas sem importância.

Precauções: nas relações sociais, você precisa tomar cuidado para não se esquecer de cuidar de si mesma e de seus problemas, pois seu vaivém positivo entre as pessoas necessitadas atrai invejosos que tentam, em vão, puxar seu tapete. No amor, lembre-se de que o sentimento de culpa tem utilidade limitada, mas muitos são seus disfarces.

Agradecendo a seu anjo:

Agradeça todos os dias ao seu anjo guardião protetor, das 09h21 às 09h40, fazendo orações selecionadas neste livro e recitando o salmo nº 70/13, que diz o seguinte:

"Peço-Lhe ajuda, Senhor, contra todos os meus inimigos. Meu Deus, escute minha oração e atenda às minhas palavras."

Prece especial: Reyel, você me elegeu para ser o mensageiro de sua palavra. Então, vigie-me, para que minha alma se conserve sempre pura ao manifestar seus pensamentos. Livre-me das impurezas e dos obstáculos, para que os objetivos de Deus sejam alcançados. Não permita que minha conduta seja fonte de maus exemplos. Senhor Reyel, dê-me a coragem e a devoção necessárias para semear sempre suas virtudes no coração das pessoas.

30º ANJO – OMAEL

Protege e influencia as pessoas nascidas nos dias:
4/2 – 18/4 – 30/6 – 11/9 – 23/11
É um anjo da categoria DOMINAÇÕES e seu Príncipe é TZADKIEL (Uriel)

Peculiaridades das pessoas nascidas sob a influência deste Anjo:
A fragrância do incenso na hora da oração deve ser: CIPRESTE
Sua cor preferida: VERMELHA
Sua pedra preciosa: BERILO
Seu atributo: "DEUS PACIENTE"
Seu mês de mudança: JUNHO
Seu número de sorte: 6
Hora de visita do anjo à Terra: das 9h41 às 10h

Características comportamentais das pessoas nascidas sob a influência de OMAEL

Gerais: As pessoas nascidas sob a influência deste anjo têm o dom de acreditar em si mesmas, acima de qualquer coisa. Por serem extremamente autoconfiantes, enfrentam as dificuldades com olhos no futuro, não param para ver o que perderam, aprendem a lição e continuam caminhando, afinal, sua persistência e determinação a fazem vencedora. São extremamente justas e vivem em harmonia com seu universo.

Relações amorosas: por terem a vida profissional muitíssimo agitada, dificilmente encontram tempo para o amor, pois não suportam sofrer cobranças de falta de atenção por parte de quem ama. É claro que sonham em encontrar alguém especial, de preferência em seu ambiente de trabalho e que tenha seu pique para que possam crescer juntos.

Relações familiares: são excelentes filhos, consequentemente muito bons pais, por isso compreendem a importância da estrutura e da organização na vida dos filhos. Graças à sua maturidade em não julgar as pessoas, vocês terão muita influência na família, para fazerem o papel de mediadores dos conflitos familiares.

Relações com terceiros: por serem pessoas superprotegidas por seus Anjos, terão uma confiança inabalável em si mesmas e lutarão sempre por grandes ideais, ajudando as pessoas que estão em desespero a terem mais paciência.

Relações profissionais: poderá fazer sucesso como médico pediatra, obstetra, cirurgião, político ou em qualquer outra atividade relativa a puericultura, química e anatomia. Financeiramente costuma demorar um pouco mais para alcançar uma estabilidade que lhe garanta maior conforto. Terá bastante sucesso também trabalhando na área de ensino, que lide com crianças pequenas e/ou com animais

Relações esportivas ou de saúde: sua ligação com a natureza e os animais o faz gostar de esportes ecológicos e que contemplem a natureza, podendo ser um praticante de rapel, escalada, natação, arvorismo e outros similares.

Relações Sociais: no dia a dia, destacam entre as pessoas por serem diplomáticas, jamais falam ou agem de alguma maneira que ofendam ou criem atritos com qualquer pessoa.

Anjo contrário: se você deixar o anjo contrário influenciar sua vida, poderá ter as seguintes características comportamentais negativas:

Dominará a indiferença, a violência contra os animais, a propagação de erros e os fenômenos monstruosos. A pessoa sob a influência deste anjo contrário poderá fabricar produtos químicos mortais para causar destruição, ser a favor da eutanásia, negar os filhos e sentir irresistível atração sexual por crianças e adolescentes.

Precauções: no amor, lembre-se de que as pessoas não agem baseadas unicamente no instinto natural, o emocional está ali sempre presente dando seus palpites.

Agradecendo seu anjo:

Agradeça todos os dias ao seu anjo guardião protetor, das 09h41 às 10h, fazendo as orações selecionadas neste livro e recitando o salmo nº 70/6, que diz o seguinte:

"Senhor, em Ti eu procuro meu refúgio. Tens sido meu apoio e tens me dado a sua proteção desde que nasci. É em Ti que tenho esperado."

Prece Especial: Omael, eu desejo trazer para o mundo almas nobres e iluminadas. Desejo ser escolhido por Deus para transmitir a vida apenas a seres superiores, que testemunharão seu reino. Mas, se é exigido que até mim venham seres portadores de problemas físicos ou espirituais, prepare-me. Assim, eles poderão encontrar em mim as virtudes necessárias à sua passagem pela Terra. Conceda-me, Omael, o dom da vida.

31º ANJO – LECABEL

*Protege e influencia as pessoas nascidas
nos dias: 5/2 – 19/4 – 1/7 – 12/9 – 24/11*
*É um anjo da categoria DOMINAÇÕES e seu
Príncipe é TZADKIEL (Uriel)*

Peculiaridades das pessoas nascidas sob a influência deste Anjo:

A fragrância do incenso na hora da oração deve ser: JASMIM
Sua cor preferida: VERMELHA
Sua pedra preciosa: JASPE
Seu atributo: "DEUS QUE INSPIRA"
Seu mês de mudança: NOVEMBRO
Seu número de sorte: 11
Hora de visita do anjo à Terra: das 10h01 às 10h20

*Características comportamentais das pessoas nascidas
sob a influência de LECABEL*

Gerais: as pessoas nascidas sob a influência deste anjo são dotadas de coragem para enfrentar os mais difíceis obstáculos, mas deverão ter cautela com o poder, pois o abuso deste é tão prejudicial quanto a força bruta. Apreciarão os livros antigos de história e arqueologia. Terão grande curiosidade em saber o que terá acontecido em outras vidas, para responder às dúvidas de sua alma e entender esta existência.

Relações amorosas: são pessoas muito românticas e sonhadoras, por isso sabem como poucas conquistar o coração de alguém, mas não entregam seu amor para qualquer um(a). Costumam ser muito exigentes com seus(suas) pretendentes. Até curtem relacionamentos sem compromisso, mas quando sentem que a pessoa certa apareceu, não pensam duas vezes e acabam se casando.

Relações familiares: você acredita que a fé move montanhas, por isso nunca desiste de nada no meio do caminho. Cedo, conquista a admiração e o respeito de sua família e busca rápido sua independência, pois para você a vida é curta e deve ser aproveitada ao máximo.

Relações com terceiros: essas pessoas procuram sintetizar a sofisticação da tecnologia moderna com a paz e o dia a dia bucólico do campo ou das montanhas. Terão tendência a ter uma vida dupla, dirigindo ao mesmo tempo seu mundo urbano informatizado e sua fazenda, em contato direto com a natureza. Suas principais características serão a estabilidade e a grande riqueza interior, amando sempre a verdade e a ordem.

Relações profissionais: você é uma pessoa muito determinada, que sabe o que quer e batalha por isso. Diante das dificuldades, se enche de coragem e fé na proteção divina e vai em frente. Por causa disso, se destaca no trabalho e pode alcançar bons cargos. Sua fortuna virá por seu talento. Não se sente à vontade no trabalho em ambientes fechados, nem com os horários rígidos demais. Poderá fazer sucesso na área de ciências exatas, como agricultor, agrônomo, veterinário, analista de sistemas, tecnologia de informação, ou em atividades relacionadas com astrologia e astronomia.

Relações esportivas ou de saúde: você tem por lema manter o corpo são, por isso poderá fazer dietas alimentares com base em frutas, legumes e verduras sem a ingestão de carnes vermelhas e praticar muitos esportes, como aeróbica, ciclismo e musculação.

Relações sociais: você tem muita coragem e franqueza, enfrenta as coisas direta e rapidamente. Por isso, se dá muito bem e transita elegantemente nos meios sociais, os quais frequenta com austeridade e dignidade.

Anjo contrário: se você deixar o anjo contrário influencie sua vida, poderá ter as seguintes características comportamentais negativas:

Dominará a avareza, a usura, a preguiça para o estudo e o comércio ilegal de animais. Poderá ser desordeiro, malvado, usar a força para dominar, ter grande atração por amores ilícitos e praticar comércio ilegal de produtos tóxicos e drogas.

Precauções: no amor, lembre-se de que é necessário harmonizar as necessidades de ambas as partes. O amor não admite egoísmos ou narcisismos, tenha cuidado e abstenha-se de dizer o que não convém à pessoa amada.

Agradecendo a seu anjo:

Agradeça todos os dias ao seu anjo guardião protetor, das 10h01 às 10h20, fazendo as orações selecionadas neste livro e recitando o salmo nº 70/16, que diz o seguinte:

"Senhor, em Vós eu procuro meu refúgio. As Suas maravilhas eu narrarei e só a Sua justiça hei de proclamar."

Prece especial: Lecabel, inspire minha alma para que eu desenvolva satisfatoriamente meu trabalho. Ajude-me a descobrir, em meu interior, os grandes espaços siderais, de modo que o ritmo de meu corpo acompanhe o ritmo do cosmo. Que minha inteligência solucione tudo o que de mim esperam. E afaste para bem longe a tentação de enriquecer explorando meus talentos. Dê-me serenidade para assimilar todas as boas experiências e faça com que as paixões não me dominem. Que eu seja sensível apenas à beleza da face de Deus.

32º ANJO – VASAHIAH

Protege e influencia as pessoas nascidas nos dias:
6/2 – 20/4 – 2/7 – 13/9 – 25/11
É um anjo da categoria DOMINAÇÕES e seu
Príncipe é TZADKIEL (Uriel)

Peculiaridades das pessoas nascidas sob a influência deste Anjo:
A fragrância do incenso na hora da oração deve ser: ALECRIM
Sua cor preferida: VERMELHA
Sua pedra preciosa: SAFIRA
Seu atributo: "DEUS JUSTO"

Seu mês de mudança: AGOSTO
Seu número de sorte: 8
Hora de visita do anjo à Terra: 10h21 às 10h40

Características comportamentais das pessoas nascidas sob a influência de VASAHIAH

Gerais: as pessoas nascidas sob a influência deste anjo serão amáveis, espiritualizadas e modestas. Terão excelente memória e aprenderão a falar qualquer idioma com facilidade. Serão grandes estudiosos, e suas vidas ricas, por experimentarem de tudo um pouco. Desejam que todos, independentemente de raça, credo ou cultura, sejam merecedores das mesmas oportunidades de vida. Sua palavra de ordem é respeitar para serem respeitados. Têm o dom da palavra e facilidade para falar em público, sendo invencíveis quando falam com superiores, em defesa dos menos favorecidos. Vencer obstáculos é apenas uma parte de sua luta, pois para terem uma vida plena deverão manter-se sempre equilibrados internamente.

Relações amorosas: seu jeito alegre e doce acaba contagiando a todos e é assim que acaba conquistando quem deseja, mas como é um pouco ingênua, vive tão intensamente suas paixões que acaba sofrendo por amor. Porém, tem uma força incrível para se levantar sem guardar mágoas. Somente mesmo o destino para fazê-la encontrar o verdadeiro amor.

Relações familiares: sempre muito dedicado à família, busca atender prontamente a todos que o procuram pedindo ajuda de qualquer natureza, é o grande irmão. Sua vida será surpreendente, conquistando sempre seu próprio espaço no lar, na sociedade e no trabalho.

Relações com terceiros: são amigos devotados, francos e leais. Têm ideais filantrópicos e são bastante generosos, detestam o sofrimento humano e estarão sempre trabalhando em prol do bem comum da humanidade.

Relações profissionais: você têm muita proteção e carrega consigo a sorte na área profissional, por isso, independentemente da profissão que escolher, obterá o sucesso. Não é ligada a dinheiro, mas atrai fortuna com facilidade. Poderá fazer sucesso como advogado, assistente social, professor e escritor ou produzindo livros, resumos, apostilas ou qualquer outro objeto ou utensílio para facilitar ao leigo, aquilo que por meios normais seria impossível. Costuma ser um trabalhador dedicado, porém não tem temperamento para assumir cargos de chefia, por ser muita humildade acha difícil comandar os outros e ter de repreender alguém.

Relações esportivas ou de saúde: muito ligado à natureza, por isso gosta de caminhadas enquanto aprecia o mundo à sua volta; tem muita vontade de ser um atleta mais completo, mas acaba dando mais atenção ao trabalho que aos cuidados com a saúde.

Relações sociais: trata as pessoas com muito respeito e é frequente que tenha carreira na área de relações públicas e cerimoniais.

Anjo contrário: se você deixar o anjo contrário influenciar sua vida, poderá ter as seguintes características comportamentais negativas:

Dominará a irresponsabilidade, a maldade e o rancor, poderá ser um gênio do mal, com espiritualidade corruptiva, fazendo mau uso de textos sagrados, interpretando erradamente as leis para se aproveitar disso.

Precauções: no amor, lembre-se de que nem sempre a habilidade em convencer o parceiro traz soluções justas. De vez em quando, deixe-se levar pelo outro, os caminhos dele também poderão ser muito bons.

Agradecendo a seu anjo:

Agradeça todos os dias ao seu anjo guardião protetor, das 10h21 às 10h40, fazendo as orações selecionadas neste livro e recitando o salmo nº 32/4, que diz o seguinte:

"Louvo a ti, Senhor, nosso criador e protetor, pois Tuas leis são justas e em tuas obras resplendem a fidelidade e o equilíbrio."

Prece especial: Vasahiah, você colocou um fardo pesado sobre meus ombros frágeis. Se é inevitável que eu julgue meus irmãos, manifeste-se em mim, Senhor Vasahiah, para que eu seja exemplo de retidão e de ordem. Se eu sou obrigado a espalhar sua serenidade, ajude-me a não ser insolente ou orgulhoso. Faça de mim um modesto serviçal de sua lei, e não uma pessoa arbitrária e injusta.

33º ANJO – IEHUIAH

*Protege e influencia as pessoas nascidas
nos dias: 7/2 – 21/4 – 3/7 – 14/9 – 26/11*

É um anjo da categoria POTÊNCIAS e seu Príncipe é CAMAEL
Peculiaridades das pessoas nascidas sob a influência deste Anjo:
A fragrância do incenso na hora da oração deve ser: CANELA
Sua cor preferida: LARANJA
Sua pedra preciosa: RUBI
Seu atributo: "DEUS CONHECEDOR DE TODAS AS COISAS"
Seu mês de mudança: SETEMBRO
Seu número de sorte: 9
Hora de visita do anjo à Terra: das 10h41 às 11h

*Características comportamentais das pessoas nascidas
sob a influência de IEHUIAH*

Gerais: as pessoas nascidas sob a influência deste anjo costumam relacionar-se bem e fácil com gente importante. Têm normalmente uma percepção bastante aguçada a respeito da malícia de terceiros, principalmente quando conduzida a outros que não a elas mesmas. São dadas a ilusões, mas de um modo geral sabem diferenciá-las da realidade e não costumam enganar-se nessa área. Precisam de um lar tranquilo para deixarem fluir o melhor de sua personalidade e amadurecerem como pessoas. Uma vez observadas essas condições, poderão desenvolver notável poder de concentração.

Relações amorosas: costumam acreditar em alma gêmea, mas não ficam paradas esperando que ela apareça para fazê-las felizes. Ao longo de suas vidas vivem muitos amores, pois acreditam que cada parceiro tem algo para lhes ensinar e fazê-las mais forte, até encontrarem quem amam. Sua alma gêmea naturalmente acaba aparecendo em sua vida de forma mágica e inesquecível.

Relações familiares: a forte religiosidade que você traz dentro do coração o(a) faz seguir naturalmente caminhos religiosos, podendo se tornar um(a) líder nesta área, pois tem a missão de levar amor e conforto espiritual para todas as pessoas, principalmente aos seus familiares.

Relações com terceiros: você será uma criatura essencialmente benéfica a seus semelhantes, aumentando-lhes a luz, por meio das boas ações. Lutará para que as pessoas não fiquem ignorantes, contribuindo com aulas ou recursos financeiros para essa boa causa.

Relações profissionais: por serem pessoas muito equilibradas espiritualmente e com muito bom senso, trarão muita harmonia e paz para os ambientes em que estão ou em que trabalham. Poderão fazer sucesso como professor, psicólogo, assistente social ou em qualquer outra atividade relativa às ciências exatas. É comum que seu trabalho envolva relações públicas, atendimento a clientes, recepção, contatos, psicologia e hotelaria.

Relações esportivas ou de saúde: seus esportes favoritos são as caminhadas, nas quais esses indivíduos podem, além de aproveitar para cuidar de sua saúde, refletirem sobre os acontecimentos do dia de ontem, os de hoje e o de amanhã.

Relações sociais: sua simpatia e generosidade extremas atraem as pessoas e as cativam. Mesmo que você não frequente nenhuma instituição religiosa, vai conviver com pessoas à sua procura atrás de uma carreira a seguir, se sentir que errou, não tem vergonha de voltar atrás e recomeçar, sem grandes traumas.

Anjo contrário: se você deixar o anjo contrário influenciar sua vida, poderá ter as seguintes características comportamentais negativas:

Dominará a insubordinação, a intolerância e a falta de escrúpulo. A pessoa sob a influência deste anjo contrário poderá ter obsessão pela conquista de bens materiais. Será uma tagarela insuportável e não inspirará confiança por sua falta de caráter.

Precauções: no amor, deverá ser cauteloso na escolha do cônjuge, pois necessita de um lar tranquilo para demonstrar sempre uma personalidade equilibrada. Pode ter dificuldades nos relacionamentos afetivos se lidar com pessoas muito impositivas, dominadoras ou de temperamento ruim, pois não consegue ficar em ambientes onde exista agressividade e discussões.

Agradecendo a seu anjo:

Agradeça todos os dias ao seu anjo guardião protetor, das 10h41 às 11h, fazendo as orações selecionadas neste livro e recitando o salmo nº 33/11, que diz o seguinte:

"Senhor, só os Seus desígnios permanecem eternamente, e só os pensamentos vindos do Seu coração, por todas as gerações."

Prece especial: Iehuiah, percorri um longo caminho em sua lei. Fui seu instrumento e você fez de mim seu instrumento de paz e amor segundo sua vontade. Se agora deseja que eu conheça a perversidade, proteja-me, para que eu aprenda as lições sem ir para o lado mau. Quero estar para sempre dentro dos seus e dos meus limites. E espero estar sempre dentro dos limites de seus caminhos. Que esse conhecimento das trevas seja muito breve. Peço sua ajuda para voltar à luz e ser o fundamento e a base de seu universo resplandecente.

34º ANJO – LEHAHIAH

Protege e influencia as pessoas nascidas nos dias:
8/2 – 22/4 – 4/7 – 15/9 – 27/11

É um anjo da categoria POTÊNCIAS e seu Príncipe é CAMAEL
Peculiaridades das pessoas nascidas sob a influência deste Anjo:
A fragrância do incenso na hora da oração deve ser: OLÍBANO
Sua cor preferida: LARANJA
Sua pedra preciosa: SARDÔNIA
Seu atributo: "DEUS CLEMENTE"
Seu mês de mudança: OUTUBRO
Seu número de sorte: 10
Hora de visita do anjo à Terra: 11h01 às 11h20

Características comportamentais das pessoas nascidas sob a influência de LEHAHIAH

Gerais: as pessoas nascidas sob a influência deste anjo procuram sempre estar de bem com a vida e, consequentemente, com as pessoas ao seu redor. Sentem um prazer especial na resolução de problemas intrincados, que consideram estimulantes e desafiadores. Pessoas pacificadoras inspiradas e de bem, terão sempre a simpatia de todos, porque adoram resolver problemas de terceiros, sempre aconselhando e apoiando.

Relações amorosas: sonham com um amor verdadeiro e não têm pressa de encontrá-lo, por isso acabam vivendo alguns romances, mas nada que dure muito. Como transmitem segurança e carinho costumam atrair parceiros dependentes, porém, se algum deles amá-los de verdade, vai aprender ao seu lado a crescer e andar com as próprias pernas. Só assim conseguirão dividir seu amor com sua vida profissional, pois ambos têm o mesmo peso para você.

Relações familiares: Muito ligados à família e amigos, costumam criar uma ilha de convivência onde existe alegria e cooperação.

Relações com terceiros: Suas atitudes serão firmes, com altos princípios morais, bondade e hospitalidade, mas pode sofrer decepções quando as pessoas não correspondem às suas expectativas.

Relações profissionais: Apesar de ser talentosa, no trabalho evita entrar em decisões conflitantes de todas as formas e caso sinta que algo está se tornando motivo de disputa, sai de campo. Isso faz parecer uma pessoa que foge de suas responsabilidades, porém, nos momentos de maior dificuldade, mostra o quanto seu espírito pacificador é importante. Rende mais em cargos de comando ou coordenação e normalmente assume atitudes firmes, ainda que bastante emocionais. Poderá fazer sucesso como administrador de empresa, poeta, escritor ou trabalhando com oráculos. Seu hobby certamente será a música e a pintura.

Relações esportivas ou de saúde: Por terem a preferência em trabalhar com profissões agitadas, onde a troca de informação é constante e não existe rotina, acabam também sendo ativas e gostam da prática de todo e qualquer tipo esporte, desde que estas atividades não interfiram nem atrapalhem sua vida pessoal e profissional. Não obstante gostarem não se sentem obcecados ou apaixonados pela prática.

Relações sociais: Por serem pessoas falantes e diplomáticas terão um excelente convívio social, pois são grandes estudiosos e conhecedores da natureza humana.

Anjo contrário: se você deixar o anjo contrário influenciar negativamente em sua vida poderá ter as seguintes características comportamentais negativas:

Dominará a discórdia, a teimosia e a insensatez. Poderá ser preconceituosa perante os fatos, inescrupulosa nos negócios, exercer domínio exagerado sobre os filhos e incentivar a libertinagem e a promiscuidade sexual.

Precauções: No amor, lembre-se de que para se alcançar a felicidade, é preciso do mínimo de harmonia pessoal.

Agradecendo seu anjo: agradeça todos os dias ao seu anjo guardião protetor, entre 11h01 às 11h20 da manhã orando as orações selecionadas neste livro e recitando o salmo nº 130/5, que diz o seguinte:

"Clamo a Ti Senhor, do abismo em que me encontro. Em Ti coloco minha esperança, pois minha alma confia na Tua palavra."

Prece Especial: Lehahiah, dê-me bons ideais para perseguir. Cerque-me de seres de visão grandiosa, aos quais poderei mostrar minha eficácia e organização. Você me ensinou a combinar a água com o fogo e o ar com a terra. Nesse trabalho, espero colher louros e títulos de glória. Conduza-me a situações nas quais eu possa mostrar as qualidades que herdei de você. E, se porventura eu precisar trabalhar com pessoas mesquinhas, dê-me a graça da justiça e da tolerância e da compreensão. Faça com que eu tenha a serenidade necessária para acalmar pessoas enraivecidas e que eu seja um exemplo de generosidade e dedicação. Que eu transmita aos meus irmãos a paz que existe na minha alma proveniente de sua aura de luz.

Relações esportivas ou de saúde: Por serem fisicamente atraentes, terão dedicação intensa às atividades esportivas para manter essa atração corporal, seus esportes favoritos são a natação, o futebol e a musculação.

Relações sociais: será um grande colaborador para o bem-estar social, muitas vezes às custas até do sacrifício de interesses pessoais. Seu bem-estar emocional dependerá da aprovação dos demais no convívio social.

Anjo contrário: se você deixar o anjo contrário influenciar sua vida, poderá ter as seguintes características comportamentais negativas:

Dominará o deboche, a antipatia, a discriminação racial, social e a confusão gratuitas. A pessoa sob influência deste anjo contrário poderá envolver-se em processos judiciais injustos e prejudiciais, fazer julgamentos de ordem moral e tratar mal os empregados tentando escravizá-los.

Precauções: no amor, lembre-se de que esperar demasiado, ou esperar pouco de alguém, são dois extremos prejudiciais à harmonia do casal.

Agradecendo seu anjo:

Agradeça todos os dias ao seu anjo guardião protetor, das 11h21 às 11h40, fazendo as orações selecionadas neste livro e recitando o salmo nº 114/1, que diz o seguinte:

"Amo o Senhor, pois ele ouviu a minha voz, ouviu a minha súplica."

Prece especial: Chavahiah, ajude-me a fazer a voz do meu eu chegar ao meu entendimento. Ajude-me a compreender a língua estranha das regiões divinas. Dê-me força para quebrar minhas ligações com os maus hábitos e ser a base para uma nova vida de um novo universo. Inspire-me a dizer a palavra certa na hora certa, a fazer o gesto adequado e a compreender a voz que clama no céu e as mãos que trabalham na terra. Ajude-me a encontrar o espaço adequado às novas criações. Prometo que serei o construtor de sua obra, o edificador do novo Éden.

35º ANJO – CHAVAKIAH

Protege e influencia as pessoas nascidas nos dias:
9/2 – 23/4 – 5/7 – 16/9 – 28/11

É um anjo da categoria POTÊNCIAS e seu Príncipe é CAMAEL
Peculiaridades das pessoas nascidas sob a influência deste Anjo:
A fragrância do incenso na hora da oração deve ser: BENJOIM
Sua cor preferida: LARANJA
Sua pedra preciosa: TURMALINA
Seu atributo: "DEUS QUE DÁ ALEGRIA"
Seu mês de mudança: JUNHO
Seu número de sorte: 6
Hora de visita do anjo à Terra: das 11h21 às 11h40.

Características comportamentais das pessoas nascidas
sob a influência de CHAVAHIAH

Gerais: as pessoas nascidas sob a influência deste anjo costumam não se prender muito aos problemas que a vida lhes impõe, passam por eles de maneira rápida, pois são muito práticas e não perdem tempo com aquilo que lhes fazem mal. Sempre calmas e muito tranquilas, conseguem passar este estado de espírito para as pessoas. Gostam de viver com tranquilidade e a desarmonia alheia as incomoda. Detalhistas e discretas, costumam ver com desgosto e tristeza as atitudes extravagantes das outras pessoas.

Relações amorosas: seu jeito tímido e um tanto fechado não lhes permite abrir o coração para aqueles que amam. Uma vez ou outra, acabam sofrendo caladas, por amar alguém que nem sonha que ela o(a) amam. Quando conseguem quebrar as barreiras que as impedem de ser felizes, surpreendem mostrando o quanto são companheiros(as) ardentes. Costumam se casar cedo. E têm, ao lado, seu anjo lhes dando todo o equilíbrio necessário para manter a harmonia no lar. Apesar de geralmente ter uma aparência física atraente, não buscam perfeição nos relacionamentos.

Relações familiares: você costuma sacrificar seus interesses, se preciso for para ajudar alguém da família ou um amigo. Por causa disso, é abençoada e realiza a maioria de seus sonhos. Mantém a paz e a harmonia entre as famílias.

Relações com terceiros: você amará viver em paz com todos e ver as pessoas reconciliadas. Será uma criatura essencialmente benéfica a seus semelhantes, aumentando-lhes a luz, por meio das boas ações.

Relações profissionais: têm uma capacidade enorme de prestar atenção a detalhes que podem ser usados na profissão, o que o(a) torna muito organizado(a) e prático(a). Relações públicas ou sociologia serão carreiras adequadas. Poderá ainda trabalhar em projetos para resolver problemas ligados à ecologia e à educação. Desenvolver seu poder de comunicação telepática poderá ajudar em seu trabalho.

Relações esportivas ou de saúde: por serem pessoas fisicamente atraentes, terão dedicação intensa às atividades esportivas para manter esta atração corporal; seus esportes favoritos são a natação, o futebol e a musculação.

Relações sociais: você será um(a) grande colaborador(a) para o bem-estar social, muitas vezes à custa até do sacrifício de interesses pessoais. Seu bem-estar emocional dependerá da aprovação dos demais no convívio social.

Anjo contrário: se você deixar o anjo contrário influenciar em sua vida, poderá ter as seguintes características comportamentais negativas:

Dominará o deboche, a antipatia, a discriminação racial, social e confusão gratuitas. A pessoa sob influência deste anjo contrário poderá envolver-se em processos judiciais injustos e prejudiciais, fazer julgamentos de ordem moral e tratar mal os empregados tentando escravizá-los.

Precauções: no amor, lembre-se de que esperar demasiado, ou esperar pouco de alguém, são dois extremos prejudiciais à harmonia do casal.

Agradecendo a seu anjo:

Agradeça todos os dias, ao seu anjo guardião protetor, das 11h21 às 11h40, fazendo as orações selecionadas neste livro e recitando o salmo nº 114/1, que diz o seguinte:

"Amo o Senhor, pois ele ouviu a minha voz, ouviu a minha súplica". **Prece especial:** Chavakiah, ajude-me a fazer a voz do meu eu chegar ao meu entendimento. Ajude-me a compreender a língua estranha das regiões divinas. Dê-me força para quebrar minhas ligações com os maus hábitos e ser a base para uma nova vida de um novo universo. Inspire-me a dizer a palavra certa na hora certa, a fazer o gesto adequado e a compreender a voz que clama no céu e as mãos que trabalham na terra. Ajude-me a encontrar o espaço adequado às novas criações. Prometo que serei o construtor da sua obra, o edificador do novo Éden.

36º ANJO – MENADEL

Protege e influencia as pessoas nascidas nos dias:
10/2 – 24/4 – 6/7 – 17/9 – 29/11

É um anjo da categoria POTÊNCIAS e seu Príncipe é CAMAEL

Peculiaridades das pessoas nascidas sob a influência deste Anjo:

A fragrância do incenso na hora da oração deve ser: ROSAS
Sua cor preferida: LARANJA
Sua pedra preciosa: QUARTZO BRANCO
Seu atributo: "DEUS ADORÁVEL"
Seu mês de mudança: AGOSTO Seu número de sorte: 8
Hora de visita do anjo à Terra: das 11h41 às 12h00

Características comportamentais das pessoas nascidas sob a influência de MENADEL

Gerais: a pessoa nascida sob a influência deste anjo guardião é companheira, amiga e preza a honestidade mais do que tudo neste mundo. Da mesma maneira que age com as pessoas, gosta que ajam com você. Por ser perfeccionista, se dá bem em tudo o que resolve fazer. Apesar de tanta independência, precisa aprender a confiar menos nos outros e não passar suas responsabilidades para elas, afinal, isso só acaba em problemas para você.

Relações amorosas: até alcançar uma certa segurança interior, sofre muito em sua vida amorosa. Por ser possessiva e muitas vezes dependente, acaba sufocando quem ama. Também tem dificuldade em dialogar, preferindo acabar a relação por medo de sofrer. Mas o tempo a ajudará a crescer, dialogar mais e compreender para ser feliz.

Relações familiares: Dona de seu próprio nariz, alcança a independência da família muito cedo, pois acredita no seu talento e sai logo em busca do reconhecimento e de oportunidades.

Relações com terceiros: excelente amigo e companheiro, amante apaixonado, ofende-se com certa facilidade e critica imediatamente algo de que não gosta nas outras pessoas ou em suas atitudes.

Relações profissionais: seu trabalho, bem como sua forte personalidade e carisma, farão com que fique conhecido nos meios de comunicação, ocupando um lugar de destaque. Poderá ser um grande orador público, cientista e pesquisador. Professor ou filósofo autodidata, ensinará as leis que regem e governam o Universo. Defenderá a Pátria com amor e poderá ser convidado por partidos políticos ou sociedades comunitárias, para participar da vida pública.

Relações esportivas ou de saúde: Você gosta muito da prática de esportes, mas as suas intensas atividades profissionais serão sempre as boas desculpas para você não se dedicar com mais afinco e determinação a elas.

Relações sociais: tem grande simpatia educação e gentileza para com as outras pessoas, exigências de suas profissões.

Anjo contrário: se você deixar o anjo contrário influenciar sua vida, poderá ter as seguintes características comportamentais negativas:

Dominará o ócio e a preguiça. Poderá adotar métodos que entravem o andamento de projetos na justiça, proteger fugitivos criminosos, fugir para o exterior a fim de escapar da justiça, ser falso profeta e aceitar cultos religiosos sem valor.

Precauções: no amor, lembre-se de que sufocar a pessoa amada só faz afastá-la de você, abstenha-se disso e deixe cada um viver a sua liberdade. "Viveis juntos, mas não se aproximeis demasiado." (Gibran Khalil Gibran)

Agradecendo a seu anjo:

Agradeça todos os dias ao seu anjo guardião protetor, das 11h41 às 12h, fazendo as orações selecionadas neste livro e recitando o salmo nº 25/8, que diz o seguinte:

"Protegei-me, Senhor, pois tenho seguido as Vossas leis e em Vós tenho confiado, sem jamais sair do seu caminho. Amo a Vossa morada e amo tudo o que reflete a Vossa glória."

Prece especial: Menadel, ajude-me a esquecer o passado. Faça com que o véu do arrependimento, perdão e esquecimento cubra tudo que eu possivelmente fiz de ruim. Não deixe a tristeza me perseguir, nem os vícios me prenderem à matéria. Quero me envolver em sua luz e ouvir a música das esferas e o som harmonioso das harpas angelicais na sua rota espacial. O trabalho de uma longa jornada terminou e quero retornar ao seu lar. Compreenda, por meio de mim, sua criação.

37º ANJO – ANIEL

Protege e influencia as pessoas nascidas nos dias: 11/2 – 25/4 – 7/7 – 18/9 – 30/11

É um anjo da categoria POTÊNCIAS e seu Príncipe é CAMAEL

Peculiaridades das pessoas nascidas sob a influência deste Anjo:

A fragrância do incenso na hora da oração deve ser: SÂNDALO

Sua cor preferida: LARANJA

Sua pedra preciosa: QUARTZO BRANCO

Seu atributo: "DEUS NAS VIRTUDES"

Seu mês de mudança: NOVEMBRO

Seu número de sorte: 11

Hora de visita do anjo à Terra: das 12h01 às 12h20

Características comportamentais das pessoas nascidas sob a influência de ANIEL

Gerais: as pessoas nascidas sob a influência deste anjo guardião são normalmente bastante intuitivas e contam com um notável poder de improvisação oratória. De espírito satírico, atraem as pessoas por suas tiradas irreverentes e pouco convencionais. Tendem um pouco à acomodação, mas costumam escapar disso em virtude de um férreo controle autoimposto. Poderá ser uma celebridade que se distinguirá por seus talentos e por suas mensagens de bom astral, seu entusiasmo é sempre transbordante e alegre.

Relações amorosas: você não gosta de aventuras amorosas e nem acredita que muitos amores o(a) farão mais experiente. Por isso, só tenta conquistar alguém se sentir que pode virar algo sério. Geralmente, prefere se dedicar ao trabalho e esperar que na hora certa, apareça um amor confiável e companheiro para estar ao seu lado, como sonha. Tende a casar-se jovem e frequentemente, sente-se atraído(a) por pessoas bem mais velhas.

Relações familiares: você poderá querer subir na vida a qualquer custo e com isso negligenciar o bem-estar da família e fazer julgamentos falsos. Dona de seu próprio nariz, alcança a independência da família muito cedo, pois acredita em seu talento e sai em busca de seu reconhecimento profissional e financeiro.

Relações com terceiros: essas pessoas dão muita importância à amizade, mas em geral limitam seus amigos a um círculo muito restrito, por terem sido vítimas de traição de amigos muito próximos.

Relações profissionais: você poderá obter sucesso trabalhando com comunicações, marketing, publicidade, jornalismo ou comércio. Financeiramente, lembre-se, nada cai do céu para você, é preciso trabalhar e poupar, se quiser ter uma vida de conforto.

Relações esportivas ou de saúde: você gosta muito da prática de esportes, mas suas intensas atividades profissionais serão sempre as boas desculpas para não se dedicar com mais afinco e determinação como deveria. Será uma pessoa portadora de harmonia corporal, cuidando bem de sua saúde, pois seu lema é "corpo são em mente sã".

Relações sociais: você adora atividades sociais, banquetes e celebrações, frequentará a melhor das sociedades e terá uma vida social intensa. Tem grande simpatia, educação e gentileza, para com as outras pessoas, exigências de suas profissões.

Anjo contrário: se você deixar o anjo contrário influenciar sua vida, poderá ter as seguintes características comportamentais negativas:

Dominará a perversidade, o charlatanismo, o materialismo, o sensualismo, a prostituição, a rispidez e a lamúria. Poderá querer subir na vida a qualquer custo, negligenciar o bem-estar da família e fazer julgamentos falsos.

Precauções: no amor, lembre-se de que nos relacionamentos as comparações são sempre perigosas; cada pessoa é ímpar. Nunca se entregue totalmente, pois seu instinto de liberdade aventureira dificilmente se deixará dominar.

Agradecendo a seu anjo:

Agradeça todos os dias ao seu anjo guardião protetor, das 12h01 às 12h20, fazendo as orações selecionadas neste livro e recitando o salmo nº 79/8, que diz o seguinte:

"Senhor, esqueça as culpas dos nossos antepassados e traga-nos logo a Sua misericórdia, pois dela necessitamos."

Prece especial: Aniel, desejo colocar minha inteligência a serviço de sua glória. Sei que há estágios que ainda não alcancei nem cheguei a entender. Mas sei também que além deste universo há um outro, muito maior, para o qual todos nós iremos um dia. Eu lhe peço, Aniel, que faça de mim o porta-voz de suas maravilhas, para que eu leve a boa-nova àqueles que se acham em condição inferior à minha. Espero um dia enxergar claramente o poder que emana de você e compreender sua vontade única.

38º ANJO – HAAMIAH

Protege e influencia as pessoas nascidas nos dias:
12/2 – 26/4 – 8/7 – 19/9 – 1/12
É um anjo da categoria POTÊNCIAS e seu Príncipe é CAMAEL

Peculiaridades das pessoas nascidas sob a influência deste Anjo:

A fragrância do incenso na hora da oração deve ser: ALECRIM
Sua cor preferida: LARANJA
Sua pedra preciosa: PÉROLA
Seu atributo: "DEUS A ESPERANÇA DE TODOS OS FILHOS DA TERRA"
Seu mês de mudança: ABRIL
Seu número de sorte: 4
Hora de visita do anjo à Terra: das 12h21 às 12h40

Características comportamentais das pessoas nascidas sob a influência de HAAMIAH

Gerais: As pessoas nascidas sob a influência deste anjo guardião são lutadoras que nunca aceitam derrotas, limites, preconceitos ou meias verdades. Assimilam novas ideias com rapidez, e apreciam um fluxo constante de novidades e renovação. Não gostam de compromissos pesados nem repressão. Precisam manter sua liberdade em qualquer situação. Quase sempre dão um caráter sagrado a cada uma de suas ações, inclusive as mais corriqueiras. Terão grande facilidade em aceitar coisas que outras pessoas considerariam surpreendentes ou incompreensíveis.

Relações amorosas: pouco convencionais nos relacionamentos, sentem-se atraídas por pessoas diferentes, excêntricas, que se destaquem por sua originalidade. Têm tudo para ser felizes em um relacionamento. São premiadas com toda a proteção divina, mas precisam ter mais coragem e determinação para laçar o coração de quem desejam. Quando conseguem deixar os medos de lado, vivem uma história de amor cheia de companheirismo, carinho e esperança. O dia a dia da vida conjugal sempre vai exigir de vocês maior determinação, que mostre ao seu companheiro que vocês lutarão com ele no que for preciso. Detestam cenas de ciúmes ou de possessividade.

Relações familiares: tem na família sua grande missão. De tempos em tempos, será chamada a resolver algum assunto ou intriga familiar e será a única capaz de promover a paz nos momentos difíceis. Como é ligada a assuntos religiosos, impõe respeito, pois de sua boca só saem palavras de sabedoria.

Relações com terceiros: são pessoas defensoras das liberdades individuais e frequentemente aceitam com naturalidade aquilo que poderia espantar a média das pessoas. Serão simpáticos aos problemas de todas as pessoas, conseguindo até mesmo resolvê-los usando sua prodigiosa intuição. Defenderão calorosamente as liberdades individuais e lutarão contra todos os tipos de preconceitos.

Relações profissionais: poderão obter sucesso trabalhando com novas tendências, seja na área de tecnologia de informação, arte, educação ou ciências sociais, e usam todo tipo de tecnologia avançada em seu dia a dia.

Relações esportivas ou de saúde: por saberem se alimentar muito bem, terão longa vida e com saúde, sabem também se cuidar com exercícios diários seja em academias ou em pistas de corrida.

Relações sociais: muito simpáticas, educadas e gentis para com as outras pessoas, exigências de suas profissões de alta tecnologia, acabam colocando você em uma situação privilegiada, todos querem estar a seu lado para saber das novidades tecnológicas.

Anjo contrário: se você deixar o anjo contrário influenciar sua vida, poderá ter as seguintes características comportamentais negativas:

Poderá ir contra todos os princípios morais e religiosos, fazendo pinturas, fotos, filmes ou escrevendo livros pornográficos. Será inflexível, não aceitará críticas e se julgará o único capaz de decidir sobre qualquer assunto. Incitará ao erro, ao fanatismo, à irritação e à mentira.

Precauções: no amor, lembre-se de que em tudo, todos têm sua medida e seus limites. Respeite os limites de sua pessoa amada.

Agradecendo a seu anjo:

Agradeça todos os dias ao seu anjo guardião protetor, das 12h21 às 12h40, fazendo orações selecionadas neste livro e recitando o salmo nº 90/9, que diz o seguinte:

"O Senhor é o meu refúgio. Escolhí por morada, o altíssimo."

Prece especial: Haamiah, purifique meus sentimentos e afaste de mim o que não estiver de acordo com as regras divinas. Faça com que meu coração só deseje aquilo que está em harmonia com a eternidade de Deus. Inspire-me, Haamiah, para que eu edifique seu templo. Faça com que meus irmãos contemplem em mim o esplendor de sua obra. Dê-me poderes para fazer renascer sua eterna verdade no coração dos homens.

39º ANJO – REHAEL

*Protege e influencia as pessoas nascidas
nos dias: 13/2 – 27/4 – 9/7 – 20/09 – 2/12*
É um anjo da categoria POTÊNCIAS e seu
Príncipe é CAMAEL

Peculiaridades das pessoas nascidas sob a influência deste Anjo:
A fragrância do incenso na hora da oração deve ser: JASMIM
Sua cor preferida: LARANJA
Sua pedra preciosa: HEMATITA
Seu atributo: "DEUS QUE ACOLHE OS PECADORES"
Seu mês de mudança: SETEMBRO
Seu número de sorte: 9
Hora de visita do anjo à Terra: das 12h41 às 13h

*Características comportamentais das pessoas nascidas
sob a influência de REHAEL*

Gerais: as pessoas nascidas sob a influência deste anjo guardião consideram que o poder mental e o raciocínio lógico e rápido podem superar qualquer coisa e resolver qualquer problema; em geral, distanciam-se das emoções e têm muito senso prático para tomar decisões. Contraditoriamente, têm uma fé intensa, que as faz acreditar e favorecer a ocorrência de milagres, principalmente relacionados à cura de doenças; essa dualidade entre realismo e fé faz delas as protetoras dos curadores, que usam a tecnologia, mas também a fé e a força mental.

Relações amorosas: quando essas pessoas estão apaixonadas, vão fundo na relação e não permitem que nada nem ninguém interfira em sua escolha. Querem mesmo é ser felizes e arriscam seu coração nas paixões que vivem sem medo. Costumam se casar ainda jovens e seus relacionamentos são envolvidos por muita sinceridade, dedicação e uma boa dose de perdão de sua parte.

Relações familiares: você terá adoração pelos filhos e certamente fará tudo para vê-los formados e encaminhados na vida financeira, familiar e socialmente.

Relações com terceiros: você sentirá amor altruísta por todos os homens da Terra, que considera como seus irmãos e filhos de Deus.

Relações profissionais: você poderá obter sucesso como médico, enfermeiro, sociólogo, homeopata, psiquiatra, psicólogo, professor e escritor. Prestará serviços em laboratórios, clínicas geriátricas e em pesquisas para a descoberta de medicamentos para prolongar a vida de todos e isolar as doenças.

Relações esportivas ou de saúde: essas pessoas gostam da prática de esportes, mas sem paixão, apenas o suficiente para se manterem em forma e saudáveis.

Relações sociais: são indivíduos participantes na vida de suas comunidades, nos sindicatos e associações, e procuram ser sempre justos em suas decisões, embora não gostem de voltar atrás no que ficou estabelecido.

Anjo contrário: se você deixar o anjo contrário influenciar sua vida, poderá ter as seguintes características comportamentais negativas:

Dominará a severidade, a crueldade, a violência, o alcoolismo e a prostituição de crianças, poderá tornar-se um carrasco infanticida. Participar de festas de orgias e bacanais e, com isso, ser levado ao desespero, à depressão e ao suicídio.

Precauções: no amor, lembre-se de que a igualdade entre parceiros é mais sólida quando as diferenças são respeitadas.

Agradecendo a seu anjo:

Agradeça todos os dias ao seu anjo guardião protetor, das 12h41 às 13h, fazendo orações selecionadas neste livro e recitando o salmo nº 29/13, que diz o seguinte:

"Nós Vos saudamos Senhor, pela Vossa bondade e justiça. Em conjunto testemunhamos as Vossas revelações e a Vossa justiça."

Prece especial: Rehael, não me deixe transferir meus problemas a outros. Dê-me forças para que eu mesmo(a) realize meus deveres, não sobrecarregando ninguém. Dê-me lucidez para tomar decisões e chegar aos meus objetivos espirituais. Tenho necessidade de seu auxílio para aceitar todos os tipos de mudanças. Livre-me da tentação de deixar trabalho para as outras gerações. Ouça minha prece e traga até mim o raio de sua suprema lucidez.

40º ANJO – IEIAZEL

Protege e influencia as pessoas nascidas nos dias:
14/2 – 28/4 – 10/7 – 21/9 – 3/12

É um anjo da categoria POTÊNCIAS e seu
Príncipe é CAMAEL

Peculiaridades das pessoas nascidas sob a influência deste Anjo:

A fragrância do incenso na hora da oração deve ser: BENJOIM

Sua cor preferida: LARANJA
Sua pedra preciosa: SAFIRA
Seu atributo: "DEUS QUE DÁ ALEGRIA"
Seu mês de mudança: MAIO
Seu número de sorte: 5
Hora de visita do anjo à Terra: das 13h01 às 13h20

Características comportamentais das pessoas nascidas sob a influência de YEIAZEL

Gerais: as pessoas nascidas sob a influência deste anjo guardião costumam ter um temperamento ao mesmo tempo passivo e idealista. São pessoas fortes e equilibradas em seu dia a dia. Gostam muito de literatura e de ciências, bastante inteligentes, chamam sempre a atenção por suas ideias e se tornam líderes em qualquer atividade que estejam trabalhando. As dificuldades que a vida lhes impõe elas tiram de letra, pois acreditam que tudo têm um porquê e sempre depois de cada tempestade sentem-se fortes e renovadas para continuarem caminhando rumo à bonança.

Relações amorosas: seu jeito doce, amoroso e inteligente de conversar faz com que atraia muitos pretendentes e, quando está apaixonada, envolve quem ama com cartas, bilhetes amorosos, flores, presentes e surpresas criativas. Seu coração romântico não é de viver aventuras e, quando encontra sua alma gêmea, costuma ser amor à primeira vista. Só se casará por amor, esperando, é claro, que a afeição seja retribuída.

Relações familiares: precisa ter a família sempre ao seu lado, lhe dando a força necessária para acreditar em si mesma e ajudá-la no equilíbrio das finanças. Muito dedicado, busca atender prontamente a todos os familiares que o procuram pedindo ajuda de qualquer natureza.

Relações com terceiros: normalmente têm facilidade em compreender o que os outros tentam expressar e são solidários com aqueles que passam por dificuldades, não conseguindo dizer não aos que necessitam, mesmo sabendo que alguns deles não merecem seu auxílio. Apreciam toda atividade que possibilite o contato humano e a troca ou transmissão de ideias.

Relações profissionais: poderá obter sucesso como músico, pintor, escritor, livreiro, editor e gráfica. Através da arte, música ou pintura, libertará as pessoas de baixo astral. Defensor da cultura, poderá ser bom novelista, conselheiro ou historiador. Caso seja pintor, se encaminhará para as pinturas sensitivas e/ou abstratas. Pode ser encontrado em qualquer área de atuação em que esse talento seja necessário, é um chefe atencioso, sério e as pessoas que trabalham com ele se sentem protegidas e satisfeitas.

Relações esportivas ou de saúde: só mesmo com muita insistência ou grande necessidade eles conseguem praticar algum tipo de esporte, não obstante terem conhecimento da importância dessa prática para se manterem em forma e saudáveis.

Relações sociais: autoconfiantes, emitem uma luz própria que faz com que os outros os sigam, não dão muito valor ao dinheiro, podem emprestar, gastar ou doar dinheiro com facilidade; poderão ser encontrados onde quer que haja livros, arte, cultura e idealismo.

Anjo contrário: se você deixar o anjo contrário influenciar sua vida, poderá ter as seguintes características comportamentais negativas:

Dominará a gula, o desleixo com o corpo, a sujeira, o pessimismo, a prostituição, a crítica destrutiva, o complexo de perseguição e a melancolia. Poderá isolar-se do convívio social e envolver-se com tratamentos cosméticos ou cirúrgicos que danifiquem o corpo.

Precauções: no amor, lembre-se de que a iniciativa é uma das mais importantes formas de dedicação ao outro. Busque seu parceiro sempre.

Agradecendo a seu anjo:
Agradeça todos os dias, ao seu anjo guardião protetor das 13h01 às 13h20, fazendo as orações selecionadas neste livro e recitando o salmo nº 87/15, que diz o seguinte:
"Senhor, aqui estou e clamo pela vossa luz. Não ignoreis minha alma nem me oculteis a vossa face."

Prece especial: Yeiazel, faça com que eu só tenha aspirações puras. Permita-me oferecer à humanidade uma visão equilibrada de seu reino. Ajude-me a me libertar de meus inimigos interiores e exteriores e a me separar de tudo que me mantém prisioneiro neste mundo. Faça com que eu enalteça seus altos feitos diante de todos. E, quando a fonte de Deus jorrar em mim, faça com que os homens me ouçam com confiança e não me considerem estranho ou diferente. Assim, poderei ajudá-los a alcançar o Eterno.

41º ANJO – HAHAHEL

Protege e influencia as pessoas nascidas
nos dias: 15/ 2 – 29/4 – 11/7 – 22/9 – 4/12
É um anjo da categoria VIRTUDES e seu Príncipe é RAFAEL

Peculiaridades das pessoas nascidas sob a influência deste Anjo:
A fragrância do incenso na hora da oração deve ser: ABSINTO
Sua cor preferida: VIOLETA
Sua pedra preciosa: TOPÁZIO
Seu atributo: "DEUS EM TRÊS PESSOAS"
Seu mês de mudança: OUTUBRO
Seu número de sorte: 10
Hora de visita do anjo à Terra: das 13h21 às 13h40

Características comportamentais das pessoas nascidas sob a influência de HAHAHEL

Gerais: as pessoas nascidas sob a influência deste anjo guardião protetor dão muito valor à sinceridade de propósitos e têm bom discernimento para avaliar situações e pessoas. Possuem muita sabedoria e seu caráter é nobre, se destacam entre os demais por procurarem profissões que estejam ligadas, de alguma forma, à espiritualidade, mas costumam vê-la mais sob seus aspectos culturais do que propriamente espirituais. Procuram sempre passar seus conhecimentos para as outras pessoas, pois sentem que esta é sua missão.

Relações amorosas: costumam se destacar em seu ambiente de trabalho e atrair pretendentes mal-intencionados, por isso normalmente mantêm sempre um pé atrás quando o assunto é amor. Para se entregarem totalmente a uma paixão, precisam sentir que os sentimentos de seu par são reais. Normalmente vivem relacionamentos estáveis. No mais, que seja eterno enquanto dure.

Relações familiares: você é uma pessoa carinhosa e paciente com todos que a cercam, e é muito amada e respeitada entre seus familiares por sua nobreza de caráter.

Relações com terceiros: sentem necessidade de alguém ao seu lado, para partilhar suas ideias e planos.

Relações profissionais: normalmente você tem uma carreira profissional brilhante quando está em perfeita sintonia com seu anjo, pois ele é seu amparo maior. Poderá fazer sucesso como professor, médico, enfermeiro, assistente social, psicólogo, sociólogo ou em qualquer atividade ligada ao esoterismo. Sua vocação será provavelmente encontrada dentro das áreas ligadas à religião, à espiritualidade, ao esoterismo e à metafísica.

Relações esportivas ou de saúde: você aprecia muito a prática de esportes, tem por meta na vida manter o corpo saudável, mas suas atividades diárias dificultam bastante essa prática e serão sempre as boas desculpas para você não se dedicar com mais afinco e determinação.

Relações sociais: terá muitos amigos e adeptos de suas ideias e colocará sua imensa energia a serviço do bem comum.

Anjo contrário: se você deixar o anjo contrário influenciar sua vida, poderá ter as seguintes características comportamentais negativas:

Dominará a desonra, a adoração de ídolos falsos, os rituais profanos de cerimônias eróticas e será pivô de escândalos. Terá menosprezo pelos humildes e por aqueles que têm dificuldade em aprender. Poderá ser pregador de uma falsa religião.

Precauções: no amor, lembre-se de que é fundamental tentar entender o ponto de vista do outro. Lembre-se de que todo problema tem dois lados.

Agradecendo a seu anjo:

Agradeça todos os dias ao seu anjo guardião protetor, das 13h21 às 13h40, fazendo as orações selecionadas neste livro e recitando o salmo nº 119/2, que diz o seguinte:

"Felizes os que têm uma vida pura, os que guardam com todo o cuidado os Seus preceitos e aqueles que os procuram, com todo o coração."

Prece especial: Hahahel, transmita-me seu fôlego com força implacável, como o golpe de um machado, de modo que sua mensagem penetre violentamente em mim e nem uma única gotícula de seu amor se perca nas frivolidades do mundo. Ajude-me, para que esse amor que recebi de você retorne a Deus enriquecido pelo amor humano e pela aceitação. Permita-me, Hahahel, manter-me preso à sua luz e tornar-me seu missionário perfeito.

42º ANJO – MIKAEL

Protege e influencia as pessoas nascidas nos dias:
16/2 – 30/4 – 12/7 – 23/9 – 5/12

É um anjo da categoria VIRTUDES e seu Príncipe é RAFAEL

Peculiaridades das pessoas nascidas sob a influência deste Anjo:

A fragrância do incenso na hora da oração deve ser: ALFAZEMA

Sua cor preferida: VIOLETA

Sua pedra preciosa: CRISÓLITO

Seu atributo: "VIRTUDE DE DEUS, SEMELHANTE A DEUS"

Seu mês de mudança: ABRIL

Seu número de sorte: 4

Hora de visita do anjo à Terra: das 13h41 às 14h

Características comportamentais das pessoas nascidas sob a influência de MIKAEL

Gerais: as pessoas nascidas sob a influência deste anjo guardião são otimistas incorrigíveis, costumam temperar essas características com traços de bom senso. Têm espírito empreendedor e, mesmo passando anos trabalhando como empregadas, um dia acabam tendo seu próprio negócio. Seus objetivos são simples e diretos, por isso correm atrás de sua vitória com confiança. São frequentemente dotadas da capacidade de manter a calma e a visão clara das coisas durante as tempestades da vida. Exercem esse talento da calma com notável eficácia nas atividades empresariais e comerciais.

Relações amorosas: seu sonho é casar e ser feliz, como tem um coração generoso, transmite alegria e é muito sincera, por isso consegue chamar a atenção de muitos pretendentes. Entretanto, precisa conter seu desejo por aventuras, pois às vezes fica malvista aos olhos dos outros e, numa dessas, corre o risco de deixar passar seu verdadeiro amor.

Relações familiares: você é uma pessoa carinhosa e terna com pais e irmãos; faz tudo para a família permanecer unida e se ajudando mutuamente para manter a paz no lar e entre os membros da família.

Relações com terceiros: por saber lidar com todo tipo de pessoa, transmite sempre muita alegria e carisma por onde passa.

Relações profissionais: sua malícia em relação à vida a faz defender seus interesses financeiros com unhas e dentes. Não é materialista, mas sabe dar valor a cada centavo que ganha. Poderá fazer sucesso como político, diplomata, professor, tradutor, empresário, trabalhando com pessoas ligadas a espetáculos, festas e cerimônias. Seu prazer pelas viagens e conhecimento de diferentes idiomas poderá ser útil em seu trabalho.

Relações esportivas ou de saúde: são apreciadores e fortes adeptos de todo tipo de atividade física, porque sabem a importância que ela tem para trazer saúde e bem-estar à sua vida.

Relações sociais: são diplomatas natos e muito populares em seus círculos de influência, tanto entre amigos como no meio profissional.

Anjo contrário: se você deixar o anjo contrário influenciar sua vida, poderá ter as seguintes características comportamentais negativas:

Dominará a perversidade, a traição, a conspiração, a violência, o escândalo e as drogas. Poderá ser um propagador de falsas notícias e projetos sociais que não existem. Poderá ser um torturador violento e divulgador do erotismo promíscuo.

Precauções: no amor, lembre-se de que a verdade pode doer, mas vale a pena porque quase sempre cura.

Agradecendo a seu anjo:

Agradeça todos os dias ao seu anjo guardião protetor, das 13h41 às 14h, fazendo as orações selecionadas neste livro e recitando o salmo nº 120/7, que diz o seguinte:

"O Senhor me protegerá de todo o mal e guardará minha alma."

Prece especial: Senhor Mikael, conceda-me o privilégio de instituir na terra a mesma ordem que vigora no céu. Faça com que minha mente compreenda a razão divina. Que eu possa difundir sua infinita luz, que me inunda. Não me deixe sentir tanta atração pelas coisas materiais do mundo e faça de mim uma pessoa ávida por segredos cósmicos. Não permita que eu sirva a outros senhores além do meu Deus, nem que eu deseje outro poder além daquele que vem diretamente dos céus. Mantenha-me, Mikael, obediente aos seus desígnios, e não me separe nunca de seu amor.

43º ANJO – VEULIAH

Protege e influencia as pessoas nascidas
nos dias: 17/2 – 1/5 – 13/7 – 24/9 – 6/12

É um anjo da categoria VIRTUDES e seu Príncipe é RAFAEL

Peculiaridades das pessoas nascidas sob a influência deste Anjo:
A fragrância do incenso na hora da oração deve ser: CEDRO
Sua cor preferida: VIOLETA
Sua pedra preciosa: CITRINO
Seu atributo: "REI DOMINADOR"
Seu mês de mudança: DEZEMBRO
Seu número de sorte: 12
Hora de visita do anjo à Terra: das 14h01 às 14h20

Características comportamentais das pessoas nascidas sob a influência de VEULIAH

Gerais: as pessoas nascidas sob a influência deste anjo guardião são muito sensíveis ao sofrimento humano e dão muita importância ao fato de que todos devem ter um mínimo de condições e oportunidades na vida. São normalmente muito zelosas no que toca à sua própria moralidade e é, principalmente, sob o prisma da moral que veem o mundo. Sua mente é muito criativa e sempre cheia de novas ideias. Onde quer que seja, desejam fazer o melhor e sempre têm algo pensado e inteligente para transformar, o que dá prejuízo em algo lucrativo. Apesar de alcançarem facilmente cargos de comando e estarem marcadas pela prosperidade, costumam mudar de emprego sempre que sentem que não têm mais em que colaborar.

Relações amorosas: essas pessoas são muito intuitivas, e por mais que seu coração deseje viver uma grande paixão, não se deixam envolver por qualquer um. Percebem de longe as intenções de quem lhes faz juras de amor. Mas quando encontram aquele que seu coração busca, se entregam sem medo. Possuem uma forte intuição, que faz perceber de longe as pessoas que desejam o mal de sua vida amorosa, dificilmente são envolvidas por fofocas ou intrigas maldosas. Têm preferência por se relacionarem com pessoas discretas e calmas, relacionamentos com pessoas impulsivas ou explosivas podem prejudicá-las, pois alteram seu equilíbrio emocional e seu raciocínio fica comprometido.

Relações familiares: você viverá cada minuto de sua vida com muita ternura, amor, esperança e desejará para todos os membros de sua família uma existência tão digna e serena quanto a sua.

Relações com terceiros: você será nobre, sincero, altruísta e autoconfiante em seus relacionamentos interpessoais, iluminando a todos com sua poderosa energia.

Relações profissionais: você poderá fazer sucesso como empresário, político, cientista ou em qualquer atividade ligada à medicina. A pesquisa seria também uma escolha adequada, pois sua paciência poderia levá-lo a grandes descobertas. Prefere também trabalhar em ambientes fechados e em assuntos internos, tais como: contabilidade, gerenciamento ou análise de dados, recursos humanos, organização e métodos. Os trabalhos de pesquisa sempre o atraem.

Relações esportivas ou de saúde: por gostarem bastante de esportes, esses indivíduos não têm muita dificuldade em fazer qualquer modalidade; só falta boa vontade e determinação.

Relações sociais: você gosta muito de moda, decoração e badalação, também adora atividades sociais, banquetes e celebrações, tendo uma vida social bastante intensa.

Anjo contrário: se você deixar o anjo contrário influenciar sua vida, poderá ter as seguintes características comportamentais negativas:

Dominará a discórdia entre patrão e empregado ou entre sócios. Provocará a destruição de empresas, a catástrofe, o apetite insaciável, o egoísmo sem limites, o dogmatismo, as intrigas e os maus conselhos.

Precauções: no amor, lembre-se de que o corpo tem sua própria linguagem e deve deixá-lo expressá-la.

Agradecendo a seu anjo:

Agradeça todos os dias ao seu anjo guardião protetor, das 14h01 às 14h20, fazendo as orações selecionadas neste livro e recitando o salmo nº 87/14, que diz o seguinte:

"Senhor, aqui estou e clamo pela Vossa luz. Eu Vos peço. Desde a aurora que eu Vos envio minha prece."

Prece especial: Veuliah, faça com que minha luz interior entre em sintonia com a ordem universal. Que meu espírito se alegre com tudo que é nobre e elevado. Que minha alma e minha energia se dirijam para objetivos sublimes. Que meus sentimentos possam se integrar harmoniosamente ao mundo mental, inspirados pela razão. Liberte-me do ódio e do rancor, para que eu o sirva com justiça e reconstitua a virtude da liberdade. E não permita que eu me torne um tirano, mas faça de mim um pulso forte a serviço do seu rigor.

44º ANJO – YELAIAH

Protege e influencia as pessoas nascidas nos dias:
18/2 - 2/5 – 14/7 - 25/9 - 7/12
É um anjo da categoria VIRTUDES e seu Príncipe é RAFAEL

Peculiaridades das pessoas nascidas sob a influência deste Anjo:

A fragrância do incenso na hora da oração deve ser: ALECRIM

Sua cor preferida: VIOLETA
Sua pedra preciosa: HEMATITA
Seu atributo: "DEUS ETERNO E TODO-PODEROSO"
Seu mês de mudança: JUNHO
Seu número de sorte: 6
Hora de visita do anjo à Terra: das 14h21 às 14h40

Características comportamentais das pessoas nascidas sob a influência de YELAIAH

Gerais: as pessoas nascidas sob a influência deste Anjo guardião protetor costumam ter uma percepção muito boa do que pode ser prejudicial nos momentos confusos. Em sua vida não existe a palavra desânimo, por pior que a situação esteja. É por esse seu jeito otimista de encarar a vida que conseguem realizar quase todos os seus desejos materiais e pessoais. São pessoas de muita sorte. Não gostam de se arriscar e acreditam piamente em seus próprios talentos e em sua força de trabalho, vivem fugindo de propostas que possam colocar sua reputação ou situação financeira em jogo ou em risco. Seu maior prazer é viajar e, ao longo de sua vida, conhecerão muitos lugares interessantes. Raramente dão um passo em falso e são normalmente rápidas em suas ações e reações. Gostam e sabem trabalhar em equipe e delegar poderes. Vocês são pessoas batalhadoras por excelência e graça divina.

Relações amorosas: sua personalidade forte faz de você uma pessoa inesquecível por onde passa. Sabe envolver e cativar e dificilmente fica só por muito tempo. Quando está amando, curte com seu par os pequenos e simples prazeres que a vida pode dar. Se ele souber respeitar seus momentos de isolamento e privacidade, será muito feliz ao seu lado. Procura um parceiro que tenha certa dose de ousadia nos momentos íntimos e de prazer, mas também companheiro nas lutas do dia a dia que a vida impõe para todo casal.

Relações familiares: manifestará sempre seu amor de forma construtiva. Necessitará sempre defender seus sonhos, quer sejam relacionados com a família, o bairro onde mora ou valores culturais. É uma pessoa que estará sempre se preocupando e cuidando em todos os aspectos de seus familiares.

Relações com terceiros: será respeitado, admirado e capaz de encontrar soluções para todos os problemas relacionados às outras pessoas.

Relações profissionais: generoso no trabalho, sempre dará oportunidades a todos, pois acredita que somente através do trabalho se conquista um ideal. Nunca se deixará dominar pelo desânimo e nada o impedirá de alcançar seus objetivos. Será seguro, hábil e incapaz de arriscar seu nome ou reputação em atitudes suspeitas, deixando que tudo se desenvolva de forma espontânea. Muito pé no chão, sabe controlar seus ganhos, é seguro e inteligente em seus investimentos, jamais arriscando em algo que ainda não tenha certeza nas mãos. Poderá fazer sucesso profissionalmente como historiador, antropólogo, sociólogo, assistente social, missionário ou qualquer outra atividade relacionada às ciências e relações humanas.

Relações esportivas ou de saúde: não gostam muito da prática de esportes, sua natureza e sua saúde bem que cobram, mas preferem cuidar disso de outra forma, ou seja, prevenindo-se contra todos os males do corpo alimentando-se com esmero e atenção.

Relações sociais: nas relações em sociedade estas pessoas são simples, mas ao mesmo tempo muito refinadas para os valores materiais e sociais, gostam muito de moda, decoração e também adoram atividades sociais, voltadas para a filantropia. Por terem a personalidade forte e marcante sempre estão na organização e na liderança das festas e comemorações. Relacionam-se muito bem com as pessoas sob sua coordenação "social".

Anjo contrário: se você deixar o anjo contrário influenciar sua vida, poderá ter as seguintes características comportamentais negativas:

Será capaz de provocar guerras e brigas, causar a desgraça nas famílias e tornar as pessoas prisioneiras de tóxicos. Poderá ser indiferente ao sofrimento dos humildes, cultivar religiões sem Deus, violar acordos e tratados, torturar as pessoas emocionalmente, massacrando-as sem piedade.

Precauções: no amor, lembre-se de que a boa e profunda reflexão sempre poderá evitar decisões precipitadas. Deixe as coisas de seu amor somente com você, palpites ou opiniões de outros atrapalharão.

Agradecendo a seu anjo:

Agradeça todos os dias ao seu anjo guardião protetor, das 14h21 às 14h40, fazendo as orações selecionadas neste livro e recitando o salmo nº 118/108, que diz o seguinte:

"Felizes os que mantêm uma vida pura, dentro das leis do Senhor. Aceite, Senhor, as minhas promessas e me oriente cada vez mais."

Prece especial: Yelaiah, você que me escolheu como instrumento de sua justiça, guarde-me junto à sua luz e não permita que meus sentimentos me impeçam de ser justo comigo mesmo. Guie-me rumo às suas leis e me conscientize da organização do cosmo. Que minha inspiração venha de sua luz.

45º ANJO – SEALIAH

Protege e influencia as pessoas nascidas
nos dias: 19/2 – 3/5 – 15/7 – 26/9 – 8/12

É um anjo da categoria VIRTUDES e seu Príncipe é RAFAEL

Peculiaridades das pessoas nascidas sob a influência deste Anjo:
A fragrância do incenso na hora da oração deve ser: ALFAZEMA
Sua cor preferida: VIOLETA
Sua pedra preciosa: CITRINO
Seu atributo: "DEUS, MOTOR DE TODAS AS COISAS"
Seu mês de mudança: JULHO
Seu número de sorte: 7
Hora de visita do anjo à Terra: 14h41 às 15h00

Características comportamentais das pessoas nascidas
sob a influência de SEALIAH

Gerais: as pessoas nascidas sob a influência deste anjo guardião protetor são normalmente muito solidárias com os menos afortunados. Gostam da simplicidade, e refletem isso no cuidado com a casa, sempre muito bem arrumada, mas despojada de luxo e riqueza. Ainda assim, apreciam os detalhes, pois costumam ter bom gosto, sentindo-se atraídas por objetos de arte, os quais escolhem mais por gosto pessoal do que pelo prestígio do objeto em si.

Relações amorosas: quando conseguem ultrapassar a barreira de sua timidez, conseguem conquistar o coração de quem desejarem. Por serem pessoas muito doces, carinhosas e românticas vivem grandes momentos ao lado de seu amor. O que costuma atrapalhar suas relações é sua ingenuidade, pois dá ouvidos a quem não merece e se magoam à toa. Acredite mais em você e não dê ouvidos a pessoas invejosas. Saiba que é justamente seu amor ao próximo que a faz admirada pela pessoa amada.

Relações familiares: você é um ser humano especial, sempre envolvido em amar e ajudar seus familiares, seu senso de família é completo, tendo em vista sua apurada sensibilidade com os problemas dos outros.

Relações com terceiros: você será muito admirado por acudir aos perdidos, deprimidos, desesperados e doentes, trazendo luz, calor e ânimo para enfrentarem seus problemas por si mesmos, com seus recursos.

Relações profissionais: você terá sempre dinheiro para suas necessidades e a palavra crise não existirá em seu vocabulário. Poderá obter êxito em atividades que permitam estar sempre em contato com pessoas, pois estará sempre disposto a ajudar a todos. É atencioso(a), respeitador(a) e solícito(a) e pode tanto ser um(a) bom(boa) funcionário(a) quanto um(a) bom(boa) chefe, pois tem o sentido de trabalho em grupo acima do poder pessoal. Estará com frequência trabalhando em instituições de solidariedade, adaptação ou recuperação de pessoas marginalizadas pela sociedade. Poderá trabalhar com decoração, artesanato, marcenaria, prótese, cirurgias delicadas, mecânica delicada, qualquer atividade que exige habilidade manual e criatividade.

Relações esportivas ou de saúde: esses indivíduos não gostam muito da prática de esportes, têm e gozam de boa saúde, bem que gostariam de se exercitar mais, mas sempre encontram uma desculpa para não praticar.

Relações sociais: possuidor de sensibilidade dos artistas, pintores e escritores, você é capaz de captar o belo e tudo o que se passa na alma humana com beleza e sutileza. Essa sensibilidade acaba colocando-o(a) em posição privilegiada entre as pessoas com quem convive.

Anjo contrário: se você deixar o anjo contrário influenciar sua vida, poderá ter as seguintes características comportamentais negativas:

Dominará o desequilíbrio, a frieza e a maldade. A pessoa que nasce sob a influência deste anjo contrário poderá ser um agitador em greves, dependente de calmantes e negar ajuda a humildes e necessitados.

Precauções: no amor, lembre-se de que é preciso equilibrar romantismo com realismo.

Agradecendo a seu anjo:

Agradeça todos os dias, ao seu anjo guardião protetor, das 14h41 às 15h, fazendo as orações selecionadas neste livro e recitando o salmo nº 93/18, que diz o seguinte:

"Senhor, Deus de justiça, que nos protege dos nossos inimigos. Quando penso, sinto o chão faltar sob meus pés. O que me sustenta, Senhor, é a minha fé em Ti."

Prece especial: Sealiah, sinto-me como o sol que quer espalhar seus raios no mundo. Preciso de sua ajuda para que minhas virtudes não se percam sem discernimento. Que apenas aquilo que é útil à sua criação possa se difundir. Faça de mim um instrumento que ajudará todos aqueles que se movem pelo desejo ardente de servir, e faça também com que, graças às minhas ações, as boas sementes germinem. Não permita que meu temperamento se exalte. Faça-me agir sempre em conjunto com as leis cósmicas.

46º ANJO – ARIEL

Protege e influencia as pessoas nascidas nos dias:
20/2 – 4/5 – 16/7 – 27/9 – 9/12
É um anjo da categoria VIRTUDES e seu Príncipe é RAFAEL

Peculiaridades das pessoas nascidas sob a influência deste Anjo:
A fragrância do incenso na hora da oração deve ser: ROSAS
Sua cor preferida: VIOLETA
Sua pedra preciosa: CITRINO
Seu atributo: "DEUS REVELADOR"
Seu mês de mudança: MAIO
Seu número de sorte: 5
Hora de visita do anjo à Terra: das15h01 às 15h20

Características comportamentais das pessoas nascidas sob a influência de ARIEL

Gerais: as pessoas nascidas sob a influência deste Anjo guardião protetor têm a personalidade muito forte, o que as faz serem pessoas de difícil convivência, pois além de saberem muito bem o que querem, têm ideias incríveis, mas a maioria das pessoas não está preparada para entender. Em razão disso, levam uma vida muito discreta, evitando lugares onde circulem muitas pessoas.

Relações amorosas: seu coração apaixonado até sofre por ficar muito tempo sem um amor, porém não curte amores passageiros e foge dos proibidos. Quando sente que está se envolvendo com alguém errado, sua intuição dá o alarme e cai fora rapidinho. Prefere esperar que o destino faça sua parte, pois sabe que nasceu para ser muito amada.

Relações familiares: como costuma ter especial reverência pelos mais velhos ou mais experientes, vai cuidar bem de seus pais toda vida e principalmente na velhice.

Relações com terceiros: sabe ser paciente e prudente com as pessoas, para não magoá-las. É discreto, racional e acredita que tudo possa se resolver civilizadamente, com uma boa conversa.

Relações profissionais: poderá fazer sucesso em qualquer atividade relacionada a recursos humanos. Seu interesse pelo estudo dos minerais, principalmente cristais e botânica, abrirá seu caminho para atividades nessas áreas. Por sua beleza e sedução, poderá viver e trabalhar no meio artístico.

Relações esportivas ou de saúde: geralmente essas pessoas não gostam muito da prática de esportes, têm e gozam de boa saúde, por isso são belas e sedutoras, gostariam de se exercitar mais, mas preferem outras formas de manterem-se saudáveis e belas com uma boa alimentação e repouso adequado.

Relações sociais: como aprecia a vida de luxo e conforto, faz de tudo para mostrar seus talentos e conseguir trabalhos e relacionamentos que lhe permitam obter uma boa remuneração.

Anjo contrário: se você deixar o anjo contrário influenciar sua vida, poderá ter as seguintes características comportamentais negativas:

Dominará a falência em negócios, a indecisão diante das dificuldades, a imaturidade, o roubo e o escândalo; poderá ser fraco de espírito, inconsequente e viver atormentado por atribulações espirituais.

Precauções: no amor, lembre-se de que o silêncio é muitas vezes a melhor solução para conflitos. Afinal ouvir o outro é atitude sábia.

Agradecendo a seu anjo:

Agradeça todos os dias ao seu anjo guardião protetor, das 15h01 às 15h20, fazendo as orações selecionadas neste livro e recitando o salmo nº 144/9, que diz o seguinte:

"Senhor meu Deus, eu o glorificarei. O Senhor é bom para todos e a sua misericórdia está em todas as suas obras."

Prece especial: Ariel, quero me separar das coisas materiais para, em liberdade, galgar os espaços infinitos. Quero ultrapassar este mundo concreto e atingir a eternidade. Revele-me todos os segredos ocultos em sua divindade, um a um, na mais perfeita ordem, de modo que minha mente os assimile e os projete entre os homens. Ilumine minha percepção, para que eu seja útil à sua obra, revelando aos meus irmãos os tesouros profundos de meu ser.

47º ANJO – ASALIAH

Protege e influencia as pessoas nascidas
nos dias: 21/2 – 5/5 – 17/7 – 28/9 – 10/12

É um anjo da categoria VIRTUDES e seu Príncipe é RAFAEL

Peculiaridades das pessoas nascidas sob a influência deste Anjo:
A fragrância do incenso na hora da oração deve ser: ALFAZEMA
Sua cor preferida: VIOLETA
Sua pedra preciosa: TOPÁZIO
Seu atributo: "DEUS JUSTO QUE INDICA A VERDADE"
Seu mês de mudança: OUTUBRO
Seu número de sorte: 10
Hora de visita do anjo à Terra: das 15h21 às 15h40

Características comportamentais das pessoas nascidas sob a influência de ASALIAH

Gerais: as pessoas nascidas sob a influência deste anjo guardião costumam ter boa compreensão dos ciclos da natureza, suas leis, exigências e de sua lógica. Frequentemente aplicam essa compreensão de maneira prática, em sua vida pessoal e profissional, em geral com resultados compensadores. Gostam de tudo muito bem encadeado, notadamente no campo afetivo, e não apreciam lidar com nada que não possam controlar razoavelmente.

Relações amorosas: você sente-se dono(a) de seu próprio nariz quando o assunto é amor, arrisca-se nas conquistas e, por mais que se frustre, sacode a poeira e parte para outra sem rancores ou mágoas. Por ser atraente e cheio(a) de iniciativa, atrai muitos pretendentes, mas seu sonho é encontrar alguém parecido com seu jeito de ser e de levar a vida.

Relações familiares: por ser uma pessoa muito doce e terna, terá caráter agradável e conseguirá se destacar entre seus familiares, em razão de seu enorme carisma.

Relações com terceiros: são normalmente pessoas elegantes e um pouco orgulhosas, sem que isso chegue necessariamente a prejudicar suas boas relações com os outros.

Relações profissionais: você costuma se dar bem em qualquer emprego, por causa de seu jeito dinâmico de encarar a vida. Poderá fazer sucesso como empresário(a), desenhista, cirurgião(ã) ou qualquer atividade em que a firmeza e destreza das mãos sejam importantes. Dotado de facilidade para se expressar, poderá ser um(a) grande orador(a) ou um(a) ótimo professor.

Relações esportivas ou de saúde: desportistas natos, parece que nasceram para a prática de esportes e para cuidar da saúde. São indivíduos determinados, disciplinados e sempre superam seus objetivos nessa área.

Relações sociais: seu sorriso derrete qualquer coração e sempre está envolvido(a) em projetos em que possa se doar, de alguma maneira, às pessoas, independentemente de classe social, credo ou raça.

Anjo contrário: se você deixar o anjo contrário influenciar sua vida, poderá ter as seguintes características comportamentais negativas:

Dominará a ação imoral e escandalosa, os escândalos públicos e os sistemas perigosos; poderá ser permissivo, propagador de sistemas ilusórios, envolver-se em amores múltiplos, praticar crime sexual e violência no ato de amar.

Precauções: no amor, lembre-se de que, se bem trabalhadas, as dificuldades podem ser fonte de evolução.

Agradecendo seu anjo:

Agradeça todos os dias ao seu anjo guardião protetor, das 15h21 às 15h40, fazendo orações selecionadas neste livro e recitando o salmo nº 104/25, que diz o seguinte:

"Senhor, como é magnífica a tua obra! Colocastes sabedoria nos corações e fizeste da terra Teu reino e dos Teus seguidores."

Prece especial: Asaliah, estou abandonando as coisas materiais e caminhando para a Terra Prometida. Em um passado remoto, fui guiado por você. Agora, quero eu mesmo estruturar meu mundo, segundo suas lições. Quero agir unido à sua luz, deixando marcas que poderão ser seguidas por todos que vierem atrás de mim, assim, poderão descobrir o que fazer a serviço de sua obra.

48º ANJO – MIHAEL

Protege e influencia as pessoas nascidas
nos dias: 22/2 – 6/5 – 18/7 – 29/9 – 11/12

É um anjo da categoria VIRTUDES e seu Príncipe é RAFAEL

Peculiaridades das pessoas nascidas sob a influência deste Anjo:
A fragrância do incenso na hora da oração deve ser: ALECRIM
Sua cor preferida: VIOLETA
Sua pedra preciosa: TOPÁZIO
Seu atributo: "DEUS PAI QUE SOCORRE"
Seu mês de mudança: MAIO
Seu número de sorte: 5
Hora de visita do anjo à Terra: das 15h41 às 16h

Características comportamentais das pessoas nascidas
sob a influência de MIHAEL

Gerais: as pessoas nascidas sob a influência deste anjo guardião fazem de seus sonhos quase uma obsessão. Jamais aceitam perder, por isso lutam com todas as armas. Amarão profundamente a todos e cuidarão de forma especial da preservação da natureza e do bem-estar da comunidade.

Relações amorosas: você acredita em uma relação simples, verdadeira e para a vida inteira, por isso não tem pressa de encontrar quem vai compartilhar a vida com você. Quando encontra a pessoa certa, trilha um caminho de felicidade conjugal invejável, pois sabe ser companheiro(a), cúmplice e, principalmente, passar segurança para quem ama.

Relações familiares: costumam encontrar sua felicidade fazendo os outros felizes e têm um apreço particular pelas crianças e pela vida familiar, constituindo famílias relativamente grandes. Consolidarão com palavras de confiança e otimismo os relacionamentos de amigos ou parentes.

Relações com terceiros: interessam-se muito especialmente pela relação com terceiros, em comunidades e grupos de trabalho. Sua missão terrena é o humanitarismo. Sem preconceito, nem de classe, nem de raça, nem de credo, terão a verdade como sua amiga soberana.

Relações profissionais: você aceita correr riscos para se realizar e, muitas vezes, acaba tendo doenças devido ao estresse. Terá boas chances no trabalho com associações comerciais, associações de classe, na política, relações públicas, marketing e advocacia. É querido(a) e admirado(a) pelos colegas de trabalho, porque luta pelo bem-estar de todos e faz o possível, junto aos chefes, para tornar o ambiente de trabalho gostoso.

Relações esportivas ou de saúde: alimentam-se com cuidado e atenção e, por consumirem muitos produtos naturais, entendem não ser necessário praticar esportes com frequência e regularidade. Poderiam, certamente, ser muito mais saudáveis.

Relações sociais: funcionam bem nas atividades comunitárias. É normalmente a partir daí que essas pessoas amadurecem suas relações sociais, profissionais e amigáveis.

Anjo contrário: se você deixar o anjo contrário influenciar sua vida, poderá ter as seguintes características comportamentais negativas:

Induzirá ao divórcio, estimulará a desunião dos esposos, a infidelidade, as múltiplas uniões e a esterilidade. Poderá ser *playboy*, gigolô, gostar de aberrações sexuais e estimular a pornografia.

Precauções: no amor, lembre-se de que a liberdade é que dá sabor ao compromisso. Deixe as pessoas que você ama livres, se forem suas de verdade sempre voltarão para você.

Agradecendo a seu anjo:

Agradeça todos os dias ao seu anjo guardião protetor, das 15h41 às 16h, fazendo as orações selecionadas neste livro e recitando o salmo nº 97/3, que diz o seguinte:

"Nós Vos saudamos, Senhor, pela Sua bondade e justiça. Em conjunto, testemunhamos as Vossas revelações e a Vossa justiça."

Prece especial: Mihael, permita-me transmitir só as coisas boas da vida. Faça com que tudo floresça ao meu redor e ponha em mim a boa semente, para que ela germine e me torne digno do olhar divino. Quero que das trevas brote a luz e que minha vida seja fonte de exemplos. Que eu saiba encontrar as fontes de águas profundas e faça jorrar na terra árida dos homens a água divina que emana do Criador

49º ANJO – VEHUEL

*Protege e influencia as pessoas nascidas
nos dias: 23/2 – 7/5 – 19/7 – 30/9 – 12/12*

É um anjo da categoria PRINCIPADO e seu Príncipe é HANIEL
Peculiaridade das pessoas nascidas sob a influência deste Anjo:
A fragrância do incenso na hora da oração deve ser: BENJOIM
Sua cor preferida: ROSA
Sua pedra preciosa: CORAL
Seu atributo: "DEUS GRANDE E ELEVADO"
Seu mês de mudança: MARÇO
Seu número de sorte: 3
Hora de visita do anjo à Terra: das 16h01 às 16h20

*Características comportamentais das pessoas nascidas
sob a influência de VEHUEL*

Gerais: as pessoas nascidas sob a influência deste anjo guardião protetor possuem muita sabedoria para lidar com os demais. São bastante alegres e muito humanitárias, nunca deixam de estender sua mão quando alguém lhes pede ajuda. Não gostam de julgar os outros e são muito prudentes, sempre que têm de tomar alguma decisão no trabalho. Possuem muitos amigos, porque também não se magoam à toa e perdoam verdadeiramente. Por serem tão queridas, seu anjo as abençoa com uma vida financeira estável e confortável.

Relações amorosas: se você deseja ter o coração de alguém não faz rodeios, vai direto ao assunto, com seu carisma e sua franqueza, acaba conquistando. No dia a dia, seus romances são recheados de muito bom humor e harmonia de sua parte, pois sabe como usar o diálogo para resolver tudo, mas pode magoar pelo excesso de sinceridade.

Relações familiares: por ser um trabalhador contumaz que dedica muitas horas do dia ao seu trabalho, por vezes acaba negligenciando a família, mas com o tempo, com o passar dos anos e com a aquisição da maturidade, aprende a dividir melhor seu tempo.

Relações com terceiros: esses indivíduos impacientam-se com a negligência dos outros quanto a compromissos, e seu refinamento pode ser confundido com distanciamento dos demais.

Relações profissionais: você poderá ser um(a) escritor(a) genial, muito criativo(a), que respeitará a espiritualidade. Dotado(a) de um agudo senso crítico, será ótimo(a) nas organizações empresariais. Em viturde da sua enorme capacidade de evolução, é possível que tenha dons formidáveis para a arte ou atividades culturais.

Relações esportivas ou de saúde: em geral, são fisicamente esbeltos e elegantes em função da prática constante de esportes e da alimentação esmerada e cuidadosa e por consumirem muitos produtos naturais.

Relações sociais: esses indivíduos costumam conhecer bastante as formas de expressão dos diferentes meios sociais, e comunicam-se bem com pessoas de qualquer classe.

Anjo contrário: se você deixar o anjo contrário influenciar sua vida, poderá ter as seguintes características comportamentais negativas:

Dominará o egoísmo, a raiva, o ódio, a hipocrisia e a vingança. Poderá ter tendência à infidelidade e a paixões repentinas. Poderá ser também muito presunçoso, planejar represálias e revanches.

Precauções: no amor, lembre-se de que não podemos exigir do outro uma perfeição que nós mesmos não temos.

Agradecendo a seu anjo:

Agradeça todos os dias ao seu anjo guardião protetor, das 16h01 às 16h20, fazendo as orações selecionadas neste livro e recitando o salmo nº 144/3, que diz o seguinte:

"Grande e louvável é o Senhor, e sua magnitude jamais terminará."

Prece especial: Senhor Vehuel, faça-me aspirar somente ao que é nobre, grandioso e digno de seu santo nome. Permita-me chegar à sua grandeza, levando comigo todos os que de mim se aproximarem. Deixe-me sentir o perfume de sua transcendência. Guie meus passos para as montanhas, e não para os vales, para os picos inacessíveis, para a abóbada celeste. Faça brilhar em mim as virtudes, não para que eu me envaideça, mas para testemunhar seu poder. Não permita que meus atos turvem sua divindade radiosa.

50º ANJO – DANIEL

*Protege e influencia as pessoas nascidas
nos dias: 24/2 – 8/5 – 20/7 – 1/10 – 13/12*

É um anjo da categoria PRINCIPADO e seu Príncipe é HANIEL
Peculiaridade das pessoas nascidas sob a influência deste Anjo:
A fragrância do incenso na hora da oração deve ser: OLÍBANO
Sua cor preferida: ROSA
Sua pedra preciosa: ESMERALDA
Seu atributo: "O SIGNO DAS MISERICÓRDIAS"
Seu mês de mudança: NOVEMBRO
Seu número de sorte: 11
Hora de visita do anjo à Terra: das 16h21 às 16h40

*Características comportamentais das pessoas nascidas
sob a influência de DANIEL*

Gerais: as pessoas nascidas sob a influência deste anjo guardião protetor valorizam demais a lealdade e honestidade, e não aceitam em hipótese alguma situações duvidosas, vantagens, corrupção ou falsidade; em geral têm uma atitude de vingador, principalmente para proteger pessoas ameaçadas, indefesas ou injustiçadas, e podem ficar realmente furiosas diante dessas situações, tornando-se às vezes até explosivas.

Relações amorosas: essas pessoas não curtem ficar sozinhas e, por isso, vão sempre à luta para terem alguém que possa amá-las. Mesmo que existam obstáculos, se estiverem apaixonadas, derrubam todos. O que costuma pesar em seus relacionamentos é que, no começo, vocês conseguem manter a harmonia e a dedicação, mas assuntos profissionais sempre acabam falando mais alto. Para que consigam dividir melhor seu tempo entre amor e trabalho, estejam sempre com sua intuição aberta, para que seu anjo lhes envie mensagens.

Relações familiares: você terá proteção contra qualquer tipo de forças negativas e seu poder de ação é invencível. Por terem essa proteção divina extrema que o(a) tira de todos os tipos de perigos e problemas, acabam auxiliando muito seus familiares, com boas recomendações e conselhos.

Relações com terceiros: esses indivíduos podem ser bastante agressivos com as pessoas quando se acham injustiçados. Nos momentos de dificuldades, procuram conforto espiritual e, sempre que podem, buscam nas crianças uma maneira de se divertirem e se doarem.

Relações Profissionais: sua energia e vitalidade estão concentradas no trabalho, você tem pique invejável e dificilmente possui concorrentes no que se dispõe a fazer. Por causa de tanta dedicação, acaba alcançando cargos de destaque e sucesso. Trabalhará com mais doçura, equilíbrio e afetuosidade quando encontrar um ambiente parecido com seu lar. Poderá adaptar-se muito bem em atividades ligadas ao comércio exterior ou em empresas internacionais. Por sua eloquência, poderá ser um(a) grande orador(a), fazer sucesso na política ou como ator(atriz).

Relações esportivas ou de saúde: essas pessoas têm boa saúde em função da prática regulam mas não muito frequente, de esportes e isso acaba lhes proporcionando também uma razoável dose de paciência.

Relações sociais: não costumam se embaraçar diante de situações difíceis em suas relações sociais, mas quando isso acontece, reagem rapidamente, contornando a situação.

Anjo contrário: se você deixar o anjo contrário influenciar sua vida, poderá ter as seguintes características comportamentais negativas:

Dominará a chantagem, a angústia, as frustrações, as agressões físicas e verbais com os pais. Poderá criar entraves onde exerce sua profissão, como também ser hábil conselheiro para provocar intrigas. Quem sabe poderá ser traficante ou um vigarista que gostará de trabalhar e viver por meios ilícitos.

Precauções: no amor, lembre-se de que a inteligência precisa escutar a sensibilidade pelo menos de vez em quando.

Agradecendo a seu anjo:

Agradeça todos os dias ao seu anjo guardião protetor, das 16h21 às 16h40, fazendo as orações selecionadas neste livro e recitando o salmo nº 102/8, que diz o seguinte:

"Que minha alma bendiga ao Senhor, e tudo o que existe em mim bendiga ao Seu Santo Nome. O Senhor é bom, misericordioso e cheio de clemência."

Prece Especial: Daniel, beneficie-me com o dom de rejuvenescer. Faça que, com meu entusiasmo, eu revele aos outros seu potencial adormecido e lhes represente o nascer de novos sonhos e novas esperanças. Que por mim sejam descobertos a graça e o perfume da eternidade. Ajude-me, também, a mudar situações aparentemente insolúveis. Que eu possa, Daniel, tirar das pessoas suas dúvidas e hesitações, oferecendo-lhes novas perspectivas e fazendo-as confiar em sua justiça. Permita-me que todos encontrem em mim consolo e conforto, sobretudo aqueles que passaram por períodos difíceis.

51º ANJO – HAHASIAH

Protege e influencia as pessoas nascidas nos dias: 25/2 – 9/5 – 21/7 – 2/10 – 14/12

É um anjo da categoria PRINCIPADO e seu Príncipe é HANIEL
Peculiaridade das pessoas nascidas sob a influência deste Anjo:
A fragrância do incenso na hora da oração deve ser: CEDRO
Sua cor preferida: ROSA
Sua pedra preciosa: CORAL
Seu atributo: "DEUS OCULTO"
Seu mês de mudança: OUTUBRO
Seu número de sorte: 10
Hora de visita do anjo à Terra: das 16h41 às 17h

Características comportamentais das pessoas nascidas sob a influência de HAHASIAH

Gerais: as pessoas nascidas sob a influência deste anjo guardião protetor têm habilidades, potenciais ou manifestas, de expressarem-se diante do público, em palestras, cursos, seminários ou *workshops*. Não são dadas a grandes sofisticações, apreciam as coisas simples e despojadas, desgostando-se diante de excessivos rebuscamentos em ideias, roupas e arte.

Relações amorosas: mesmo que esteja apaixonado(a), você dificilmente toma a iniciativa se um amigo não lhe der uma pequena força. Isso acontece porque, antes de tudo, quer ter certeza de que é correspondido(a) por medo de se frustrar, mas lembre-se de que se abrir a pessoas exuberantes pode ser uma ótima oportunidade para novas experiências. Costuma viver amores misteriosos, discretos, mas nunca proibidos. Se estiver realizado(a), case-se logo.

Relações familiares: esses indivíduos têm um coração puro e um jeito muito simples de levar a vida, quase sem grandes ambições, isso acaba tornando-os muito caseiros e voltados para a vida e os problemas familiares.

Relações com terceiros: você trabalhará intensamente para encontrar e difundir a paz entre as pessoas.

Relações profissionais: você poderá distinguir-se na medicina, nas pesquisas e inventos maravilhosos para o benefício da sociedade. Terá aptidão para as ciências abstratas e para qualquer atividade relativa às ciências biológicas.

Relações esportivas ou de saúde: por não serem muito adeptos à prática de modalidades esportivas, esses indivíduos acabam contraindo mais doenças que o necessário. Cuidem-se melhor e vivam mais.

Relações sociais: por serem muito eloquentes e adorarem festas e comemorações, por necessidade social, essas pessoas gostam de usar roupas bem cortadas e na moda. Têm uma incrível facilidade para se locomover no meio social nos salões e nas festas.

Anjo contrário: se você deixar o anjo contrário influenciar sua vida, poderá ter as seguintes características comportamentais negativas:

Dominará o charlatanismo e crenças religiosas prejudiciais. Poderá abusar da boa-fé das pessoas, prometendo coisas extraordinárias que não poderá cumprir ou utilizando objetos para convencer os clientes de seus mentirosos poderes religiosos. Não conseguirá conter seus impulsos, nem satisfazer sua sexualidade. Poderá não ser asseado e gostar de viver como um mendigo.

Precauções: no amor, lembre-se de que se abrir a pessoas exuberantes pode ser uma ótima oportunidade para novas experiências.

Agradecendo a seu anjo:

Agradeça todos os dias ao seu anjo guardião protetor, das 16h41 às 17h, fazendo as orações selecionadas neste livro e recitando o salmo nº 103/732, que diz o seguinte:

"Que minha alma bendiga ao Senhor, Meu Deus, e à imensa grandeza majestosa que existe em toda a Sua criação. Bendigo ao Senhor, cuja glória pode-se ver no céu e na terra."

Prece especial: Hahasiah, aceito ser seu braço justiceiro e executante de sua providência. Ajude-me a suportar o peso de meus pecados. Instrua-me a respeito de seus desejos ocultos e não faça de mim um instrumento cego. Que minha consciência permaneça eternamente iluminada por sua graça infinita.

52º ANJO – IMAMAIAH

*Protege e influencia as pessoas nascidas
nos dias: 26/2 – 10/5 – 22/7 – 3/10 – 15/12*

É um anjo da categoria PRINCIPADO e seu Príncipe é HANIEL
Peculiaridade das pessoas nascidas sob a influência deste Anjo:
A fragrância do incenso na hora da oração deve ser: ALFAZEMA
Sua cor preferida: ROSA
Sua pedra preciosa: ESMERALDA
Seu atributo: "DEUS ACIMA DE TODAS AS COISAS"
Seu mês de mudança: DEZEMBRO
Seu número de sorte: 12
Hora de visita do anjo à Terra: das 17h01 às 17h20

*Características comportamentais das pessoas nascidas
sob a influência de IMAMAIAH*

Gerais: as pessoas nascidas sob a influência deste anjo guardião têm um temperamento forte e tendem a respeitar mais os indivíduos inteligentes e de conceitos morais semelhantes aos seus. Em geral, preferem pensar muito antes de tomar uma decisão e podem ser pessoas de muitos talentos e vocações.

Relações amorosas: você costuma se mostrar frágil e sensível, apaixona-se com facilidade e, muitas vezes, sofre decepções até infantis. Porém, tem muita força divina ao seu lado, para que não deixe sua autoestima cair nem se sentir derrotado(a). Com o tempo, o amor aparece e acaba sendo conquistado(a) pelo carinho que merece receber da pessoa amada.

Relações familiares: por valorizar mais os amigos que os familiares, você acaba vendo dificultadas suas relações e possibilidades de melhor relacionamento junto aos entes queridos. Valorize-os mais, afinal são carne de sua carne.

Relações com terceiros: você tem como característica peculiar e uma necessidade de liberdade, que o(a) faz se afastar de pessoas possessivas e prefere sempre estar em companhia de amigos a fazer as coisas sozinho(a), podendo valorizar mais os vínculos de amizade do que os familiares.

Relações profissionais: você tem tudo para se tornar um grande profissional e se realizar naquilo que desejar fazer, pois possui toda proteção divina, para que nenhuma força negativa atrapalhe seu caminho. Apesar de tanta sorte ao seu lado, você não espera nada cair do céu, batalha pelo que quer e, mesmo diante de uma situação desfavorável, se enche de coragem e vai à luta. Financeiramente é que costuma dar grandes escorregões, gasta mais do que pode e depois tem de trabalhar em dobro para pagar as contas.

Relações esportivas ou de saúde: sua indolência e preguiça são sempre mais fortes quando você tenta reiniciar uma atuação esportiva, mas chegará o momento em que não poderá mais se esquivar, é só esperar para ver.

Relações sociais: bastante evidente sua atuação na área social, desenvolvendo projetos audaciosos de cunho e alcance social de grande monta para as pessoas mais necessitadas, sua caridade e benevolência podem ajudar muita gente.

Anjo contrário: se você deixar o anjo contrário influenciar sua vida, poderá ter as seguintes características comportamentais negativas:

Dominará o orgulho, a blasfêmia, a crueldade, a grosseria e as brigas. Poderá ser impostor, provocador de brigas, extremamente nervoso e usar um linguajar grosseiro e vulgar.

Precauções: no amor, lembre-se de que as oportunidades são poucas e passam rápido, portanto, aproveite-as.

Agradecendo a seu anjo:

Agradeça todos os dias ao seu anjo guardião protetor, das 17h01 às 17h20, fazendo as orações selecionadas neste livro e recitando o salmo nº 07/18, que diz o seguinte:

"Senhor, em Ti eu confio e me entrego à Tua justiça. Eu Te glorificarei e entoarei cantos em nome do Senhor, o Altíssimo."

Prece especial: Imamaiah, faça com que meus inimigos compreendam que não pertenço ao mundo deles, pois fui tocado pela bênção divina. Liberte-me de meu passado profano e me ajude a retornar em pensamento às moradas celestiais para depois trazer a este mundo a magnífica graça angelical. Quero ser o operário consciente que atua na reconstrução do mundo.

53º ANJO – NANAEL

*Protege e influencia as pessoas nascidas
nos dias: 27/2 – 11/5 – 23/7 – 4/10 – 16/12*
É um anjo da categoria PRINCIPADO e seu Príncipe é HANIEL
Peculiaridade das pessoas nascidas sob a influência deste Anjo:
A fragrância do incenso na hora da oração deve ser o: NARCISO
Sua cor preferida: ROSA
Sua pedra preciosa: ESMERALDA
Seu atributo: "DEUS QUE ILUMINA OS ORGULHOSOS"
Seu mês de mudança: JUNHO
Seu número de sorte: 6
Hora de visita do anjo à Terra: 17h21 às 17h40

*Características comportamentais das pessoas nascidas
sob a influência de NANAEL*

Gerais: as vidas das pessoas nascidas sob a influência deste anjo se distinguirão por conhecerem as ciências abstratas, amarem a vida tranquila, a paz, a meditação e ouvir músicas clássicas e *new age*. Sua luz transcende e por meio dela veem-se sua inocência e sua verdade. Poderão ter vocação religiosa ou para conhecer assuntos metafísicos. Dignas de confiança, não cometem nunca uma ação imprudente ou impensada.

Relações amorosas: muito vaidosas e cuidadosas com a própria aparência, essas pessoas gostam de relacionamentos sólidos e são as amigas que todos querem ter. Dotadas de grande afetividade, vivem em função do amor e tudo que é belo as comove. Por serem tradicionalistas, dão muita importância ao casamento e aos filhos. Geralmente mais passionais que ativas, sabem controlar seus instintos sem reprimi-los. Espírito jovial e comportamento agradável tornam essas pessoas apreciadoras incondicionais do sexo por amor. Você, por ser uma pessoa amorosa, carinhosa, sensual e atraente, chama muito a atenção, não se apaixona com facilidade, porque está sempre à procura de um(a) companheiro(a) de personalidade forte, ambicioso(a) e que se derreta de amores por você.

Relações familiares: você tem um excelente convívio familiar, pois é carinhoso e terno com pais e irmãos. Todos da família fazem parte de um grande projeto seu. Para conquistar um lugar ao sol, não mede esforços.

Relações com terceiros: são pessoas extremamente amorosas, exaltam a verdade e o amor fraterno universal. Suas emoções são tão fortes que são vivenciadas em conjunto pelo anjo. São amigas devotadas, francas e leais.

Relações profissionais: você poderá obter sucesso em atividades voltadas para países estrangeiros, como importação e exportação, diplomacia, intercâmbio cultural e tecnológico. Sua inteligência se desenvolve mais por experiência do que por estudos. Gosta do sucesso e tende a construir coisas belas com fins altruístas. Poderá também ser líder religioso(a).

Relações esportivas ou de saúde: poderão ter ocorrido problemas de saúde na infância ou adolescência, mas, apesar da fragilidade física, você possui um espírito extremamente ágil e guerreiro.

Relações sociais: gosta de se embelezar, usar roupas sempre na moda e perfumes caros para agradar o outro. Por ser um tremendo *bon vivant*, saberá sempre desfrutar das coisas boas da vida.

Anjo contrário: se você deixar o anjo contrário influenciar sua vida, poderá ter as seguintes características comportamentais negativas:

Dominará a ignorância, a tristeza, a melancolia, a preguiça, o sentimento de culpa e a autopunição. A pessoa sob a influência deste anjo contrário não terá cuidado com sua aparência, será incapaz de trabalhar gratuitamente para qualquer causa nobre e é obcecado em usufruir de bens materiais.

Precauções: no amor, lembre-se de que é preciso ver o parceiro com poesia, mas sem esquecer a realidade.

Agradecendo a seu anjo:

Agradeça todos os dias ao seu anjo guardião protetor, das 17h21 às 17h40, fazendo as orações selecionadas neste livro e recitando o salmo nº 118/75, que diz o seguinte:

"Felizes aqueles que mantêm uma vida pura, dentro das leis do Senhor. Sei, Senhor, quanto são justas as suas leis e isto, a cada dia, em cada gesto, eu o comprovo."

Prece especial: Nanael, ensina-me a compreender e a seguir sua ordem divina. Mostre-me a engrenagem de sua justiça e revele-me as particularidades de suas leis. Assim, poderei ser o executante de seu sublime mandato sobre a Terra. Ajude-me a encontrar um local propício para que nos comuniquemos. Lá estabelecerei o santuário de nossa fé e honrarei a escada de 72 degraus, pelos quais as hierarquias divinas angelicais poderão subir e descer. Nanael, não permita que sua luz me cegue e faça de mim um ser orgulhoso e insolente. Quero simplesmente atuar como um humilde artesão das suas vontades.

54º ANJO – NITHAEL

Protege e influencia as pessoas nascidas nos dias:
28 e 29/2 – 12/5 – 24/7 –5/10 – 17/12
É um anjo da categoria PRINCIPADO e seu Príncipe é HANIEL

Peculiaridade das pessoas nascidas sob a influência deste Anjo:
A fragrância do incenso na hora da oração deve ser: CIPRESTE
Sua cor preferida: ROSA
Sua pedra preciosa: ESMERALDA
Seu atributo: "SENHOR REI DOS CÉUS"
Seu mês de mudança: MAIO
Seu número de sorte: 5
Hora de visita do anjo à Terra: das 17h41 às 18h

Características comportamentais das pessoas nascidas
sob a influência de NITHAEL

Gerais: as pessoas nascidas sob a influência deste anjo, apesar de sua timidez, costumam ter facilidade para expressar-se, tanto oralmente quanto por escrito. São legalistas e ordeiras, e têm uma visão organizada do mundo e dos fatos, vendo em tudo uma lógica contínua. Normalmente gostam de fantasiar ou devanear com coisas que consideram realizáveis e não perdem seu tempo com extravagâncias mentais. Têm pouca paciência, fazem as coisas depressa e de seu jeito. Sua intensa força de vontade faz com que raramente desistam de um objetivo. Têm dificuldade de lidar com detalhes práticos da vida, principalmente financeiros.

Relações amorosas: por serem muito ligadas ao lado profissional, essas pessoas sonham em encontrar alguém que possa fazê-las felizes. Não costumam ter muita experiência nas coisas do amor e, por isso, vivem alegrias e frustrações, ao mesmo tempo. Podem até casar e se separar, mas um dia acabam encontrando seu verdadeiro amor.

Relações familiares: sempre muito dedicados à família, esses indivíduos buscam atender prontamente a todos que os procuram pedindo ajuda de qualquer natureza. É um bom irmão e filho. Sua vida será surpreendente, conquistando sempre seu próprio espaço no lar, com os amigos e no trabalho.

Relações esportivas ou de saúde: tem muita vontade de ser um atleta mais completo, mas acaba dando mais atenção ao trabalho que à saúde. Muito ligado(a) à natureza, por isso gosta de caminhadas enquanto aprecia o mundo à sua volta.

Relações sociais: trata as pessoas com muito respeito e é frequente que tenha carreira na área de relações públicas e cerimoniais.

Relações com terceiros: ativo(a) e determinado(a) tem grande poder no ato de liderança, trabalha bem em grupo de forma a gerenciar as atividades dos outros para que produzam o máximo possível.

Relações profissionais: você terá tendência a se tornar um(a) alto(a) dignitário(a) religioso(a), advogado(a) ou um(a) grande médico(a). Seguindo a carreira política, prestará serviços na Assembleia Constituinte. Terá possibilidade de ser um(a) artista de renome que marcará época, seja na moda, na arte ou na pintura. Sua vida poderá ser marcada por muito trabalho, como patrão(patroa) ou empresário bem-sucedido(a), gerando emprego para muitas pessoas, inclusive seus familiares.

Anjo contrário: se você deixar o anjo contrário influenciar sua vida, poderá ter as seguintes características comportamentais negativas:

Dominará a conspiração, a traição e o acúmulo de raiva. Poderá ter a língua ferina, fazer escritos difamatórios, provocar a ruína de empresas, sacrifícios e humilhações dos menos favorecidos.

Precauções: no amor, lembre-se de que, se é bom conseguir o que se quer, alcançar o que não se imaginou pode ser ainda melhor.

Agradecendo a seu anjo:

Agradeça todos os dias ao seu anjo guardião protetor, das 17h41 às 18h, fazendo as orações selecionadas neste livro recitando o salmo nº 102/19, que diz o seguinte:

"Que a minha alma bendiga ao Senhor e tudo o que existe em mim bendiga ao Seu Santo Nome, ó Senhor, cujo trono está no céu e Seu império, por todo o universo."

Prece especial: Nithael, ajude-me a compreender a transitoriedade das coisas materiais desta vida. Não permita que eu considere como meus os poderes que me foram ofertados por sua misericórdia. Quero ser, Nithael, neste mundo, o ator de sua obra. Na opulência e no despojamento, na riqueza e na miséria, permita-me permanecer fiel ao caminho traçado por Deus. Ajude-me a desejar apenas o que é essencial para meu conforto e alegria.

55º ANJO – MEBAHIAH

*Protege e influencia as pessoas nascidas
nos dias: 1/3 – 13/5 – 25/7 – 6/10 – 18/12*

É um anjo da categoria PRINCIPADO e seu Príncipe é HANIEL
Peculiaridade das pessoas nascidas sob a influência deste Anjo:
A fragrância do incenso na hora da oração deve ser: ABSINTO
Sua cor preferida: ROSA
Sua pedra preciosa: CORAL
Seu atributo: "DEUS ETERNO"
Seu mês de mudança: AGOSTO
Seu número de sorte: 8
Hora de visita do anjo à Terra: das 18h01 às 18h20

*Características comportamentais das pessoas nascidas
sob a influência de MEBAHIAH*

Gerais: a vida das pessoas nascidas sob a influência deste anjo se distinguirá por sentirem-se em geral atraídas pelos mistérios da vida e apreciarem compartilhar com os outros suas descobertas nessa área. Podem ter grande êxito financeiro e acumular fortunas facilmente, mas sempre mediante muito esforço pessoal. Compreenderão os acontecimentos, principalmente os inesperados, resolvendo-os sempre com ideias novas e criativas. Não terão apego às coisas materiais, que consideram apenas consequência da dedicação e persistência no trabalho.

Relações amorosas: esses indivíduos sabem conquistar os corações como poucos, mas gostam e querem mesmo é que alguém lace o seu. Os relacionamentos são duradouros e não têm muitos amores até se casarem. A vida financeira têm uma ligação muito grande com a tranquilidade de sua relação amorosa, mas a confiança sempre está à frente de tudo. Têm dificuldade em seguir sua vida sem um parceiro e normalmente se casam logo.

Relações familiares: sua vida só terá encanto quando encontrar o parceiro certo, que seguirá sua jornada por toda a vida. Você sente a necessidade de que sua existência tenha continuidade por meio dos filhos, fazendo de tudo para mantê-los unidos e perto de si.

Relações com terceiros: sempre disponível, gosta de sentir-se útil trabalhando para o bem-estar da comunidade. Você é de constituição física robusta, que contrasta com seu temperamento pacífico e às vezes até bonachão; gosta de ser simpático e querido por qualquer pessoa.

Relações profissionais: você terá grande facilidade para qualquer atividade na área de recursos humanos ou cultura física. Poderá ser também um(a) mestre(a) na arte das letras e da matemática.

Relações esportivas ou de saúde: você gostará de cuidar do corpo, principalmente para o desenvolvimento muscular; por ser extremamente preocupado(a) com a saúde e o físico, cuidará bem da alimentação e fará exercícios frequentemente em academias para manter sempre a boa forma de seu corpo.

Relações sociais: essas pessoas gostam de convenções sociais e roupas tradicionais. Preferem ambientes agitados, atividades que se renovam a cada dia e que nunca são rotineiras.

Anjo contrário: se você deixar o anjo contrário influenciar sua vida, poderá ter as seguintes características comportamentais negativas:

Dominará a autodestruição e a autopiedade, será inimigo(a) da verdade, propagador(a) de falsas esperanças que acabam em frustração e poderá contribuir para difamação de missionários e religiosos que ajudam na regeneração humana.

Precauções: no amor, lembre-se de que não devemos esperar de uma relação a solução de problemas que cabe somente a nós mesmos resolver.

Agradecendo a seu anjo:

Agradeça todos os dias, ao seu anjo guardião protetor, das 18h às 18h20, fazendo as orações selecionadas neste livro e recitando o salmo nº 101/13, que diz o seguinte:

"Senhor, ouça a minha prece. Traga-me Sua luz antes que a minha se extinga, pois o Senhor é eterno e o Seu nome permanece em todas as gerações."

Prece especial: Mebahiah, dê-me a força física de Sansão, para que eu possa transportar sobre meus ombros a eterna verdade. Que minha força física seja comparável à sua força moral e que você encontre em mim um instrumento útil à sua obra. Quero ser o ferreiro, o carpinteiro, o pedreiro, o que elabora as pequenas coisas necessárias à construção de uma sociedade melhor e mais justa. Permita que eu o ajude a se estabelecer na morada dos homens.

56º ANJO – POIEL

Protege e influencia as pessoas nascidas
nos dias: 2/3 – 14/5 – 26/7 – 7/10 – 19/12

É um anjo da categoria PRINCIPADO e seu Príncipe é HANIEL
Peculiaridade das pessoas nascidas sob a influência deste Anjo:
A fragrância do incenso na hora da oração deve ser: ALMÍSCAR
Sua cor preferida: ROSA
Sua pedra preciosa: TOPÁZIO
Seu atributo: "DEUS QUE SUSTENTA O UNIVERSO"
Seu mês de mudança: OUTUBRO
Seu número de sorte: 10
Hora de visita do anjo à Terra: das 18h21 às 18h40

Características comportamentais das pessoas nascidas
sob a influência de POIEL

Gerais: a vida das pessoas nascidas sob a influência deste anjo se distinguirá por manifestar uma habilidade, nem sempre consciente, de deixar sempre muito claro seu lado positivo. Da mesma forma, percebem sempre mais claramente o que há de bom e elevado na vida, deixando de lado o que lhes parece mau e desprezível. Sua fortuna será obtida em virtude de seu talento e boa conduta. Conseguirão obter tudo que desejam e estarão sempre empenhadas em aprender e conhecer todas as coisas boas do mundo.

Relações amorosas: não costumam sair por aí em busca de aventuras amorosas, sabem que tipo de amor desejam para si. Por isso, em todo novo amor que vivem, essas pessoas se dedicam como se fosse o último e fazem o ser amado crescer ao seu lado. Procuram sempre ser felizes com quem estão e até onde forem, por isso, quando acabam a relação, nunca ficam muito tristes. Seus sonhos de casarem e formarem família costumam demorar um pouco para acontecer, mas quando sobem ao altar é porque seu anjo colocou na sua frente aquela pessoa que as fará feliz eternamente.

Relações familiares: você é otimista, você saberá enfatizar as qualidades positivas dos familiares, das pessoas e das situações. Com seu encanto, ilumina a vida de todos que o(a) cercam. Tem um excelente convívio familiar, pois é carinhoso(a) e terno(a) com pais e irmãos.

Relações com terceiros: aberto(a) a tudo que seja símbolo de vitalidade e generosidade, saberá contrabalançar a razão e a paixão. Acredita na salvação das pessoas pelo amor e estará sempre pronto para ajudar a todos.

Relações profissionais: você, mesmo tendo cargos importantes dentro de uma empresa, não deixa o orgulho tomar conta, pelo contrário, busca sempre estudar mais e se aperfeiçoar, para fazer justiça à confiança recebida. Terá facilidade para brilhar em terras estrangeiras, por sua facilidade na compreensão de diferentes idiomas e dos mais variados usos e costumes.

Relações esportivas ou de saúde: fisicamente esses indivíduos tendem a ser miúdos, mas resistentes, e essa combinação de características aparentemente tão opostas faz deles pessoas atraentes e cativantes. Sua resistência e agilidade manifestam-se em todas as suas áreas de atuação e podem ser de grande valia no mundo não só físico-corporal, mas também profissional.

Relações sociais: são pessoas queridas pelos colegas de trabalho, amigos e familiares, gostam de dar atenção a todos e sempre guardam um tempo para ajudar os mais necessitados. Apesar da aparência modesta e frágil, lutarão para colocar-se em uma posição socioeconômica favorável e, assim, obterem reconhecimento por seus extraordinários talentos, tornando-se conhecidas até mundialmente.

Anjo contrário: se você deixar o anjo contrário influenciar sua vida, poderá ter as seguintes características comportamentais negativas:

Dominará a ambição, o orgulho, a agressividade e a incoerência, poderá organizar contrabandos internacionais, elevar-se à custa do trabalho dos outros, falsificará assinaturas de documentos ou cheques, vestir-se-á de forma ridícula e considerar-se-á o maior de todos os mestres.

Precauções: no amor, lembre-se de que a experiência com a diversidade é uma das mais preciosas ferramentas para a vida em comum.

Agradecendo a seu anjo:

Agradeça todos os dias, ao seu anjo guardião protetor, das 18h21 às 18h40, fazendo as orações selecionadas neste livro e recitando o salmo nº 144/15, que diz o seguinte:

"Levantamos nossos olhos cheios de esperança até Vós, Senhor. Quando chegar o tempo, nos darás o Vosso alimento."

Prece especial: Poiel, quero que meus lábios exprimam apenas o que é digno. Quero que minha palavra mostre a profundidade da sua obra. Quero que todos encontrem em você a força que eu encontro. Faça, Poiel, com que minhas palavras eliminem as trevas. Que suas virtudes se exprimam por minha fala, e que eu seja, na Terra, o auxiliar do construtor da cidade eterna que já existe no céu.

57º ANJO – NEMAMIAH

Protege e influencia as pessoas nascidas
nos dias: 3/3 – 15/5 – 27/7 – 8/10 – 20/12

É um anjo da categoria ARCANJO e seu Príncipe é MIKAEL
Peculiaridade das pessoas nascidas sob a influência deste Anjo:
A fragrância do incenso na hora da oração deve ser: ROSAS
Sua cor preferida: AZUL
Sua pedra preciosa: AMETISTA
Seu atributo: "DEUS LOUVÁVEL"
Seu mês de mudança: OUTUBRO
Seu número de sorte: 10
Hora de visita do anjo à Terra: das 18h41 às 19h.

Características comportamentais das pessoas nascidas
sob a influência de NEMAMIAH

Gerais: a vida das pessoas nascidas sob a influência deste anjo traz consigo a força divina para realizar seus desejos de maneira simples e até fácil. Se souberem usar de inteligência e humildade, conseguem prosperar e fazer fortuna bem cedo na vida. Têm muita facilidade para lidar com números e planejamento, costumam se sentir à vontade com contabilidade, finanças, economia e bancos.

Relações amorosas: lembre-se de ver além das aparências físicas das pessoas. Você sabe conquistar os corações como poucos, mas gosta mesmo é de que alguém lace o seu. Os relacionamentos são duradouros, fiéis e estáveis e não têm muitos amores até se casar. A vida financeira tem uma ligação muito grande com a tranquilidade de sua relação amorosa, mas a confiança sempre estará à frente de tudo.

Relações familiares: normalmente encaram a vida com paixão e são bastante apegados à família e detentores de muita humildade, dedicando-se muito especialmente aos filhos.

Relações com terceiros: inspira-lhe apreço a justiça, o talento para prosperar e a solidariedade com as almas enfraquecidas, é líder potencial e costuma ser dotado de considerável magnetismo pessoal.

Relações profissionais: podem ter empregos que exigem muitas horas de trabalho diárias, ou turnos desgastantes, mas isso não os desanima, pois têm uma dedicação e força de vontade muito grande. Muito detalhistas, poderão ser bons chargistas, contadores de anedotas ou histórias infantis. Especialistas em conseguir colocação para pessoas que necessitam trabalhar.

Relações esportivas ou de saúde: essas pessoas gostam de esportes e particularmente são adeptos de esporte aquático, tendo em vista sua afinidade com o mar.

Relações sociais: sempre muito alegres ativos e simpáticos, costumam ser o centro das atenções em todas as situações de sua vida e, com isso, atraem o carinho de todos à sua volta.

Anjo contrário: se você deixar o anjo contrário influenciar sua vida, poderá ter as seguintes características comportamentais negativas:

Dominará a covardia, a traição, a fraude e a calúnia, estará sempre em desacordo com qualquer opinião, criando atritos e intrigas entre chefes e colegas. Usará sua inteligência para a maldade e será especialista em colocar defeitos nos outros.

Precauções: no amor, lembre-se de ver além das aparências da pessoa que o ama.

Agradecendo a seu anjo:

Agradeça todos os dias ao seu anjo guardião protetor, das 18h41 às 19h, fazendo as orações selecionadas neste livro e recitando o salmo nº 113/19, que diz o seguinte:

"Confiam no Senhor todos aqueles que seguem as suas leis, pois sabe que elas serão a sua proteção, o seu escudo contra todos os perigos."

Prece especial: Nemamiah, se devo dirigir a estratégia das batalhas desta vida, que o amor e a bondade sejam meus objetivos. Ajude-me a não desejar nada que não seja construir nesta terra, segundo o modelo que já existe no céu. Dê-me coragem para enfrentar responsabilidades e lucidez para fazer as coisas em tempo hábil. Quero lutar pela Terra Prometida. Mas não me deixe cair na tentação de chegar lá antes de meus irmãos.

58º ANJO – IEIALEL

Protege e influencia as pessoas nascidas
nos dias: 4/3 – 16/5 – 28/7 – 9/10 – 21/12

É um anjo da categoria ARCANJO e seu Príncipe é MIKAEL
Peculiaridade das pessoas nascidas sob a influência deste Anjo:
A fragrância do incenso na hora da oração deve ser: CEDRO
Sua cor preferida: AZUL
Sua pedra preciosa: TOPÁZIO
Seu atributo: "DEUS QUE ACOLHE AS GERAÇÕES"
Seu mês de mudança: SETEMBRO
Seu número de sorte: 9
Hora de visita do anjo à Terra: das 19h01 às 19h20

Características comportamentais das pessoas nascidas
sob a influência de IEIALEL

Gerais: a vida das pessoas nascidas sob a influência deste anjo se distinguirá por serem ligadas às coisas espirituais e demonstrar uma fé muito grande em anjos, em Deus e na vida. Por causa disso, não têm medo do que o destino lhes impõe e enfrentam as dificuldades com a certeza da vitória. Otimistas, amam a verdade e a defendem para que tudo se realize na mais perfeita ordem.

Relações amorosas: é uma pessoa muito doce e que esbanja afeto por onde passa. Vive intensamente sua paixão, apesar de ser um pouco tímida na intimidade. Seu sonho é encontrar um(a) companheiro(a) que o(a) complete e se casar cedo, pois acredita que no casamento encontrará a força de que precisa para batalhar por seus sonhos na vida. Espírito combativo, encontrará neste casamento a solução, o esteio para quase todos os seus problemas. Seu(sua) parceiro(a) deverá completá-lo(a), para que se sinta forte nas lutas que deverão empreender juntos.

Relações familiares: essas pessoas vivem com muita paz e harmonia no ambiente familiar, sua natureza conciliadora as leva a ser um ponto de equilíbrio entre os familiares que sempre as buscam para trocar ideias e buscarem opiniões das mais diversas.

Relações com terceiros: seu jeito amoroso aproxima as pessoas e sua alegria interior está em se envolver com as mais necessitadas e ajudá-las, pois essa é sua missão. Você é franco(a) e honesto(a), ajuda pelo simples gesto de fazer o bem, e quer que as pessoas sejam muito felizes.

Relações profissionais: você terá facilidade para trabalhar com decoração, artesanatos e ornamentos em geral, principalmente comercializando ou fabricando produtos de ferro. Poderá ter uma participação militante a favor do desarmamento de toda espécie e se utilizará de todos os argumentos para defender essas ideias pacifistas.

Relações esportivas ou de saúde: esses indivíduos gostam de viajar e, por isso, gostam muito de praticar longas e saudáveis caminhadas, enquanto meditam e planejam seu dia a dia contemplando a beleza da natureza. Têm muita vontade de ser um atleta mais completo, mas acabam se envolvendo mais com seu trabalho.

Relações sociais: normalmente são pessoas bastante extrovertidas e se dão muito bem em qualquer ambiente social. Vivem em paz com sua própria imagem e quase sempre sabem aproveitar bem as oportunidades de relacionamentos que surgem.

Anjo contrário: se você deixar o anjo contrário influenciar sua vida, poderá ter as seguintes características comportamentais negativas:

Dominará a mentira fácil e a dissimulação. Poderá organizar crimes premeditados, poderá ser uma pessoa perigosa, traficar armas, depredar bens públicos e planejar vinganças sofisticadas.

Precauções: no amor, lembre-se de que entender o outro e fazer-se compreender sempre é o melhor caminho.

Agradeça a seu anjo:

Agradeça todos os dias ao seu anjo guardião protetor, das 19h01 às 19h20, fazendo as orações selecionadas neste livro e recitando o salmo nº 6/3, que diz o seguinte:

"Senhor, humildemente imploro pela Vossa misericórdia. Tende piedade de mim, pois me sinto fraco. Curai-me, pois sinto todo o meu corpo abalado."

Prece especial: Ieialel dê-me forças para construir hoje o que ficará para além da eternidade. Que minhas edificações abriguem a felicidade dos homens. Coloque minha inteligência a serviço das pessoas. Que meu combate sempre tenha um objetivo útil à comunidade a que pertenço. Guarde-me da violência e que eu seja capaz de ceder sempre, nunca de destruir.

59º ANJO – HARAHEL

Protege e influencia as pessoas nascidas
nos dias: 5/3 – 17/5 – 29/7 – 10/10 – 22/12

É um anjo da categoria ARCANJO e seu Príncipe é MIKAEL
Peculiaridade das pessoas nascidas sob a influência deste Anjo:
A fragrância do incenso na hora da oração deve ser: OLÍBANO
Sua cor preferida: AZUL
Sua pedra preciosa: AMETISTA
Seu atributo: "DEUS CONHECEDOR DE TODAS AS COISAS"
Seu mês de mudança: JULHO
Seu número de sorte: 7
Hora de visita do anjo à Terra: das 19h21 às 19h40

Características comportamentais das pessoas nascidas
sob a influência de HARAHEL

Gerais: a vida das pessoas nascidas sob a influência deste anjo se distinguirá por serem respeitosas em relação às normas sociais e familiares. Normalmente bem-humoradas, podem desenvolver dons de cura por meio de métodos espirituais ou psíquicos. Sua espiritualidade será tão rica que transmitirá seus ensinamentos com paciência e dedicação, sem visar a lucros. Possuem mente inquiridora e em geral apreciam modos refinados, independentemente de sua posição social. Possuidoras de enorme carisma, se distinguirão por suas virtudes: nobreza de espírito, humor agradável e valentia.

Relações amorosas: no amor, quando você deseja conquistar o coração de alguém não tem dificuldades, mas não costuma fazer isso com tanta simplicidade, pois é desconfiado(a), muito sincero(a) e tem medo de se envolver com a pessoa errada. Prefere mesmo é dar tempo ao tempo, para que sua alma gêmea apareça. Afinal, amor sem sinceridade e entrega, para você, não é amor.

Relações familiares: terá bom relacionamento familiar, vivendo em harmonia com os filhos, pais e irmãos. Sua vida conjugal será de confiança recíproca e verdadeira.

Relações com terceiros: grande estrategista da vida, estará sempre pronto(a) a regenerar as personalidades desajustadas da sociedade.

Relações profissionais: costuma alcançar a estabilidade financeira rápido na vida, pois tem uma inteligência especial para fazer negócios e ver seu dinheiro dar bons frutos. Fará operações comerciais bem-sucedidas. Será um(a) ótimo(a) profissional na área de finanças e administração, podendo, por meio do estudo, tornar-se respeitado. Seu poder de comunicação é grande e isso faz de você uma pessoa bem-sucedida em qualquer profissão que lide com o público, principalmente nas áreas de agronomia, ecologia, biologia, administração, pesquisa e ensino.

Relações esportivas ou de saúde: as pessoas sobre a influência deste anjo possuem o temperamento sereno e calmo, e isso acaba levando-as a não gostar muito da prática de esportes. Preferem cuidar da saúde de outra forma, ou seja, alimentando-se bem.

Relações sociais: seu caráter é nobre e com seu bom humor, conseguem cativar a todos. Não temem as batalhas do dia a dia, principalmente porque sabem que possuem amigos que estarão ao seu lado para o que der e vier.

Anjo contrário: se você deixar o anjo contrário influenciar sua vida, poderá ter as seguintes características comportamentais negativas:

Dominará a ruína, a fraude, a destruição, a falsificação, poderá ser inimigo(a) da luz, destruir com fogo ou causar incêndio, dilapidar bens que não lhe pertencem (da família, da indústria ou do governo). Falsificar métodos para infiltrar-se na memória de computadores e ter ciúme doentio de seus bens materiais.

Precauções: no amor, lembre-se de que cada união é uma nova realidade. Não dá para ficar comparando pessoas e relacionamentos.

Agradecendo a seu anjo:
Agradeça todos os dias ao seu anjo guardião protetor, das 19h21 às 19h40, fazendo as orações selecionadas neste livro e recitando o salmo nº 112/3, que diz o seguinte:

"Louvemos o nome do Senhor. Durante todo o correr de um dia e durante todos os dias, louvado seja o nome do Senhor."

Prece especial: Harahel, se eu mereço receber os tesouros terrenos e celestiais, ajude-me a investi-los em seu reino. Dê-me sabedoria para utilizar esse ouro de modo que a vida na Terra se torne cada vez mais fácil. Dê-me o prazer e o entusiasmo de servir e a vontade firme de ser o supridor das necessidades dos homens.

60º ANJO – MITZRAEL

*Protege e influencia as pessoas nascidas
nos dias: 6/3 – 18/5 – 30/7 – 11/10 – 23/12*

É um anjo da categoria ARCANJO e seu Príncipe é MIKAEL
Peculiaridade das pessoas nascidas sob a influência deste Anjo:
A fragrância do incenso na hora da oração deve ser: ABSINTO
Sua cor preferida: AZUL
Sua pedra preciosa: ÁGATA
Seu atributo: "DEUS QUE CONFORTA OS OPRIMIDOS"
Seu mês de mudança: OUTUBRO
Seu número de sorte: 10
Hora de visita do anjo à Terra: das 19h41 às 20h.

*Características comportamentais das pessoas nascidas
sob a influência de MITZRAEL*

Gerais: a vida das pessoas nascidas sob a influência deste anjo se distinguirá por elas serem geralmente bastante atentas ao seu comportamento e altamente dotadas de autocrítica. Enquanto crianças, costumam apresentar traços de maturidade precoce, e na juventude e idade adulta apresentam particular resistência para o trabalho contínuo. São dotadas de raro talento para empreendimentos difíceis. Sua principal referência é o presente, e veem o futuro como simples consequência. São capazes de retirar ensinamentos de todas as experiências pelas quais passam, mesmo as mais desagradáveis.

Relações amorosas: não costumam confiar muito em seu taco, por isso, mesmo que estejam apaixonadas, essas pessoas esperam que alguém as ajude a fazer o ser amado se aproximar e se declarar. Quando o amor floresce, se entregam de corpo e alma e vivem tudo intensamente, mas exigem respeito, fidelidade e não perdoam certos escorregões da pessoa amada.

Relações familiares: tem um excelente convívio familiar, pois é carinhoso e terno com pais, irmãos e parentes. Por causa de sua maturidade em não julgar as pessoas, pode ter bom relacionamento na família, para fazer o papel de conciliador e apaziguador das possíveis tempestades familiares.

Relações com terceiros: seu coração generoso o(a) faz realizar muitos de seus sonhos, porém, você corre o risco de ser envolvido(a) por pessoas que querem apenas se aproveitar de sua vontade de ajudar.

Relações profissionais: no trabalho, costuma acumular funções e só em contato com a natureza consegue relaxar; poderá trabalhar em qualquer área relacionada à natureza, tais como: botânica, jardinagem, bioquímica, farmácia, floricultura, ecologia. Ficará muito conhecido(a) por suas aptidões literárias e por sua grande inteligência. Entretanto, não é orgulhoso(a) e sabe reconhecer seus erros quando eles aparecem. Por ter como qualidades a paciência, a perseverança, a dedicação e a humildade, poderá se fazer um(a) trabalhador(a) dedicado(a) e empenhado(a) em obter o melhor para o grupo, ou empresa onde trabalha.

Relações esportivas ou de saúde: por serem muito ligados à natureza, esses indivíduos gostam de esportes relacionados a ela, ou seja: caminhadas, maratonas, canoagem, rapel, surf e arvorismo.

Relações sociais: adoram atividades sociais, banquetes e celebrações, frequentarão a melhor das sociedades e terão uma vida social intensa.

Anjo contrário: se você deixar o anjo contrário influenciar sua vida, poderá ter as seguintes características comportamentais negativas:

Dominará a insubordinação, a desobediência, a infidelidade, a boemia, o alcoolismo, as drogas e os vícios em geral, poderá ser uma carola que reza e depois pratica maldades aos outros. Terá tendência a romper relacionamentos impulsivamente e de forma bastante escandalosa.

Precauções: no amor, lembre-se de que mesmo as pessoas mais simples podem deter uma parcela da verdade.

Agradecendo a seu anjo:
Agradeça todos os dias ao seu anjo guardião protetor, entre 19h41 e 20h, fazendo as orações selecionadas neste livro e recitando o salmo nº 144/18, que diz o seguinte:
"A justiça de Deus vem a todos que a invocam, se o fazem plenos de sinceridade."

Prece especial: Mitzrael, limpe meu corpo para que minha energia circule livremente. Faça-me viver em um nível elevado, com a divina harmonia que vem de você. Não permita que meu talento esteja acima das minhas virtudes, para que eu sirva de exemplo. Que eu permaneça fiel aos seus princípios e que meus gestos reflitam a ordem universal.

61º ANJO – UMABEL

Protege e influencia as pessoas nascidas
nos dias: 7/3 – 19/5 – 31/7 – 12/10 – 24/12

É um anjo da categoria ARCANJOS e seu Príncipe é MIKAEL
Peculiaridades das pessoas nascidas sob a influência deste Anjo:
A fragrância do incenso na hora da oração deve ser o: BENJOIM
Sua cor preferida: AZUL
Sua pedra preciosa: AMETISTA
Seu atributo: "DEUS ACIMA DE TODAS AS COISAS"
Seu mês de mudança: JULHO
Seu número de sorte: 7
Hora de visita do anjo à Terra: das 20h01 às 20h20

Características comportamentais das pessoas nascidas
sob a influência de UMABEL

Gerais: a vida das pessoas nascidas sob a influência deste anjo se distinguirá por sua inteligência e equilíbrio interior. No dia a dia, deixam bem claro a todos o que querem da vida e têm firmeza ao tomar suas decisões, sem medo de errar, por isso acabam ocupando cargos importantes no trabalho e sendo respeitadas por todos à sua volta. Têm consciência da forma correta de agir e, mesmo sendo introvertidas e afetuosas, não se adaptam a mudanças repentinas. Tradicionalistas, mantêm-se fiéis e apegadas aos valores transmitidos e ensinados pelos pais.

Relações amorosas: no amor, espera viver uma grande paixão e conquistá-la não é difícil, mas como é muito emocional, entra de cabeça nas relações sem pensar nas consequências, e isso pode levá-lo(a) a passar por momentos muito difíceis. Se souber ter calma, acabará encontrando a pessoa certa, que saberá retribuir tanta dedicação à altura; normalmente possui alto grau de fertilidade e considerável apetite sexual.

Relações familiares: você será muito estimado(a) por seu equilíbrio, doçura, amabilidade e afetuosidade com pais, irmãos e parentes. Será muito amoroso(a), sensível e paciente ao extremo, é capaz de suportar tudo pela pessoa amada ou algum familiar. Será pai ou mãe muito atuante e presente na vida de seus filhos.

Relações com terceiros: você não está interessado(a) em modificar a situação de um grupo ou classe social, investindo todas as suas energias em pessoas mais próximas ou em um caso específico. Organizará sua vida de acordo com sua consciência, manifestada livremente através de bons atos e companheirismo.

Relações profissionais: por você tratar todos com sensibilidade e honestidade, por isso, conquista a confiança de colegas e subordinados. Desperta admiração por trabalhar muitas horas mantendo o mesmo pique, mas precisa cuidar do estresse. Poderá ser ótimo(a) psicólogo(a), adaptando-se bem com crianças. Fará sucesso também se conseguir canalizar suas emoções para romances e poesias, as profissões que lhe interessam sempre envolvem administração, gerência, cargos de autoridade, cargos públicos, liderança sindical.

Relações esportivas ou de saúde: você terá longa vida e saúde por saber se cuidar com exercícios diários, seja em academias ou em pistas de corrida. Sabe também se alimentar com cuidado e atenção, consome com frequência muitos produtos naturais.

Relações sociais: para sentir-se bem em uma posição social ou de trabalho, precisa acreditar como se fosse uma religião; necessita suporte ideológico. Não gosta de pessoas agressivas ou indecisas.

Anjo contrário: se você deixar o anjo contrário influenciar sua vida, poderá ter as seguintes características comportamentais negativas:

Dominará a libertinagem, a indiferença, a infidelidade, poderá adquirir vícios contrários e desarmônicos com a natureza, isolar-se ao extremo, autodestruir-se, mentir para si mesma por não ser capaz de enfrentar a realidade, ter dependência maternal ou paternal doentia.

Precauções: no amor, lembre-se de que as melhores uniões são as que satisfazem os vários aspectos do relacionamento humano.

Agradecendo a seu anjo:

Agradeça todos os dias ao seu anjo guardião protetor, das 20h01 às 20h20, fazendo as orações selecionadas neste livro e recitando o salmo nº 112/2, que diz o seguinte:

"Louvemos o nome do Senhor. Bendito seja o seu nome, agora e para todo o sempre."

Prece especial: Umabel, permita que eu possa sempre amá-lo e bendizê-lo. Que meu desejo maior seja edificar seu reino, e, principalmente, que eu sempre encontre sua luz em meu coração. Você é meu passado e meu futuro, e a perda de seu amor seria meu único sofrimento. Não se afaste de mim. Seja meu eterno amigo. Que toda a minha vida seja devotada ao serviço de Deus.

62º ANJO – IAH-HEL

*Protege e influencia as pessoas nascidas
nos dias: 8/3 – 20/5 – 1/8 – 13/10 – 25/12*

É um anjo da categoria ARCANJOS e seu Príncipe é MIKAEL

Peculiaridade das pessoas nascidas sob a influência deste Anjo:
A fragrância do incenso na hora da oração deve ser: CIPRESTE
Sua cor preferida: AZUL
Sua pedra preciosa: TOPÁZIO
Seu atributo: "SER SUPREMO"
Seu mês de mudança: JUNHO
Seu número de sorte: 6
Hora de visita do anjo à Terra: 20h21 às 20h40

*Características comportamentais das pessoas nascidas
sob a influência de IAH-HEL*

Gerais: a vida das pessoas nascidas sob a influência deste anjo se distinguirá por serem curiosas e procurarem estar sempre bem informadas sobre tudo o que acontece no mundo e tudo o que há de novo em sua profissão. Nasceram para ser vencedoras e, apesar de se destacarem nos estudos e mais tarde em sua profissão, não costumam aceitar qualquer coisa em nome do dinheiro, pois sentem que sua prosperidade deve ser uma bênção divina e que devem fazer sempre aquilo de que gostam.

Relações amorosas: no amor se mostra sempre apaixonado(a), faz de tudo para ser correspondido(a) e normalmente costuma ganhar o coração da pessoa amada. Mas esta sempre sai ganhando, porque você é uma pessoa com características de amante inesquecível e dedicada, apenas precisa controlar seu gênio explosivo, pois qualquer briga acaba virando uma tempestade e pode acabar em separação.

Relações familiares: tendem a ser pessoas rigorosas na observância das regras da sociedade e da família, e desde crianças demonstram segurança nas atitudes e em seus desejos.

Relações com terceiros: com sua sabedoria, conseguem manter a harmonia onde quer que estejam e sempre têm uma ideia iluminada para melhorar a vida de todos. São pessoas que gostam de ser admiradas e respeitadas pelos outros e em geral são, particularmente, diretas e muito francas.

Relações profissionais: líder nato(a), você aceita os convites de comando que recebe por seu jeito forte, capacidade de improvisação e apreço aos desafios tático(a), busca sempre uma vitória imediata; ganha todas as batalhas. Será forte para suportar todas as situações que são adversas à sua estrutura emocional e sabe que o único meio para atingir seus objetivos é a insistência. Poderá ser um(a) atleta, professor(a) de ginástica ou de qualquer outro esporte, dono(a) de academia. Por sua facilidade para o comando, se entrar para a política, provavelmente será líder de partido ou de governo, podendo ainda ser um administrador de empresas, empresário ou economista.

Relações esportivas ou de saúde: praticará vários esportes de todas as modalidades, mas, por ser um pouco impaciente, poderá largar tudo no meio do caminho, caso comece a aborrecer-se.

Relações sociais: cumprirá fielmente todos os deveres e obrigações para consigo, sua família e comunidade.

Anjo contrário: se você deixar o anjo contrário influenciar sua vida, poderá ter as seguintes características comportamentais negativas:

Dominará as condutas escandalosas, a depravação, a futilidade, o luxo, incluindo gastos imensos com joias, roupas e viagens muitas vezes sem condições financeiras. Terá inconstância nos relacionamentos, interessando-se somente pelo dinheiro. Provocará intrigas entre casais, induzindo-os a brigas com maus conselhos e traições.

Precauções: no amor, lembre-se de que para tudo na vida há seu momento certo de acontecer, não atropele nem precipite as coisas do coração.

Agradecendo a seu anjo:

Agradeça todos os dias ao seu anjo guardião protetor, das 20h21 às 20h40, fazendo orações selecionadas neste livro e recitando o salmo nº 118/159, que diz o seguinte:

"Veja, Senhor, o quanto amo os Seus preceitos. Vivifica-me na Sua misericórdia."

Prece especial: Iah-hel, dê-me vida. Faça que a corrente de seu pensamento sagrado circule em minha mente e a regenere. Que meu coração entre em sintonia com o seu. Que meu gesto seja seu gesto e minha palavra, sua palavra. Não permita que minha imaginação se exalte e me leve a desejar qualquer coisa que não seja a compreensão da maravilhosa máquina do mundo. Aponte-me um lugar onde eu possa celebrar sua grandeza.

63º ANJO – ANAUEL

*Protege e influencia as pessoas nascidas
nos dias: 9/3 – 21/5 – 2/08 – 14/10 – 26/12*

É um anjo da categoria ARCANJOS e seu Príncipe é MIKAEL

Peculiaridade das pessoas nascidas sob a influência deste Anjo:
A fragrância do incenso na hora da oração deve ser: BENJOIM
Sua cor preferida: AZUL
Sua pedra preciosa: ÁGATA
Seu atributo: "DEUS INFINITAMENTE BOM"
Seu mês de mudança: ABRIL
Seu número de sorte: 4
Hora de visita do anjo à Terra: das 20h41 às 21h

*Características comportamentais das pessoas nascidas
sob a influência de ANAUEL*

Gerais: a vida das pessoas nascidas sob a influência deste anjo se destacará por sua criatividade e ideias inteligentes. Apesar disso, não mergulham de cabeça em qualquer coisa, sabem que, para atingir seus sonhos, é preciso paciência e prudência ao tomar certas decisões. Dedicadas em tudo o que fazem, levam uma vida tranquila e enfrentam os problemas com muita força divina. Seu prazer é viajar e podem chegar a viver a experiência de morar fora do país, pois recebem forte influência angelical e conseguem se adaptar de forma rápida e fácil em qualquer ambiente. O excesso de bondade é uma de suas grandes qualidades.

Relações amorosas: essas pessoas são muito vaidosas e cuidadosas com a própria aparência, para conquistá-las é preciso apresentar uma certa beleza física e elegância. Até se apaixonam facilmente, mas como se prendem demais aos defeitos da pessoa amada, acabam deixando de curtir seu lado bom. Até se amarrarem de verdade demoram, pois precisam amadurecer e ser menos exigentes. Não gostam de relacionamentos sólidos, mas é o amigo que todos querem ter. São dotadas de grande afetividade, vivem em função do amor e tudo que é belo as comove. Espírito jovial e comportamento agradável tornam essas pessoas apreciadoras incondicionais do sexo por amor e/ou por prazer. Amorosas, carinhosas, sensuais e atraentes, não chamam muito a atenção, mas marcam presença por onde passam. Procuram um(a) companheiro(a) de personalidade forte, ambicioso(a) e que se derreta de amores por você. Não obstante sua inteligência crítica, simbólica e ordenada, terão dificuldades na escolha do parceiro ideal.

Relações familiares: por sempre ter sido, digamos, o predileto da família, você acaba tendo facilidades para conviver e conciliar conflitos familiares, mas cuidado com os ciúmes que possa vir a despertar nos outros. Mesmo assim tem um excelente convívio familiar, pois é carinhoso e terno com pais, irmãos, filhos e esposa.

Relações com terceiros: será nobre, sincero(a), altruísta e autoconfiante em seus relacionamentos, iluminando todos com sua energia. Extremamente amoroso(a), você exalta a verdade e o amor fraterno universal. Suas emoções são tão fortes que são vivenciadas em conjunto pelo anjo. É amigo(a) devotado(a), franco(a) e leal.

Relações profissionais: poderá destacar-se pelo estudo das filosofias esotéricas e escritos sobre a vida de Cristo, ou sobre os anjos. Por sua sagacidade, versatilidade, dedicação e facilidade de adaptação, poderá ter sucesso em qualquer carreira que abraçar, muito mais em atividades relacionadas com pessoas.

Relações esportivas ou de saúde: como tem excelente saúde, você pode abusar do próprio físico, alimentando-se mal ou exagerando nos exercícios; gosta de correr riscos, de esportes violentos, radicais ou aventuras; não se preocupa com doenças, pois acredita na máxima: "corpo são em mente sã"; quando eventualmente elas acontecem, acabam curando-se sozinhas. Pratica constantemente um ou mais tipos de esporte.

Relações sociais: gosta de se embelezar, usar roupas sempre na moda e perfumes caros para agradar o outro. Por ser um(a) tremendo(a) aproveitador(a), saberá desfrutar das coisas boas da vida.

Anjo contrário: se você deixar o anjo contrário influenciar sua vida, poderá ter as seguintes características comportamentais negativas:

Dominará a irresponsabilidade, a maldade e o rancor, poderá ser um gênio do mal, fazendo mau uso de textos sagrados, interpretando erradamente as leis para se aproveitar disso. Poderá arruinar-se por causa de sua má conduta, tornar-se corrupto(a), descobrindo por meio de suas faculdades sensitivas o ponto fraco das pessoas, para explorá-las com certo ar de arrogância.

Precauções: no amor, lembre-se de que tanto quanto uma vida em comum, cada parceiro deve ter também sua própria vida. "Viveis juntos, mas não se aproximeis em demasia" (Gibran Khalil Gibran).

Agradecendo a seu anjo:

Agradeça todos os dias ao seu anjo guardião protetor, das 20h41 às 21h, fazendo as orações selecionadas neste livro e recitando o salmo nº 2/11, que diz o seguinte:

"Dedique seu respeito às leis do Senhor e glorifique a Sua presença. Sirva ao Senhor com respeito e exulte-O com sinceridade."

Prece especial: Amado Anauel, meu Anjo Guardião Protetor, permita-me executar meus objetivos, projetos materiais e espirituais de acordo com a vontade de Deus. Desejo trabalhar por uma sociedade mais humana espiritualizada e fraterna. Que tudo funcione comigo como funciona no céu, para que minha harmonia estimule os outros. Torne-me sensato, para que eu não perca minhas economias em coisas inúteis. Quero ser o enviado, Anauel, à execução de projetos importantes. Quero fazer o ouro se transformar em luz. Permita.

64º ANJO – MEHIEL

Protege e influencia as pessoas nascidas
nos dias: 10/3 – 22/5 – 3/8 – 15/10 – 27/12
É um anjo da categoria ARCANJOS e seu Príncipe é MIKAEL

Peculiaridade das pessoas nascidas sob a influência deste Anjo:
A fragrância do incenso na hora da oração deve ser: CEDRO
Sua cor preferida: AZUL
Sua pedra preciosa: AMETISTA
Seu atributo: "DEUS VIVIFICADOR"
Seu mês de mudança: MAIO
Seu número de sorte: 5
Hora de visita do anjo à Terra: das 21h01 às 21h20

Características comportamentais das pessoas nascidas sob a influência de MEHIEL

Gerais: a vida das pessoas nascidas sob a influência deste anjo se distinguirá por ter a necessidade de fazer tudo de maneira perfeita e, quando sentem que têm espaço, promovem mudanças interessantes para o bem comum. Em tudo o que fazem se dedicam de coração e, por isso, acabam conquistando a confiança e o respeito de todos. Gostam também de dar espaço para ouvir novas ideias e de trabalhar em equipe. Seu sucesso pode vir em profissões em que trabalhem direta ou indiretamente com o público, pois têm grande poder de expressão e persuasão.

Relações amorosas: você desperta paixões por onde passa, principalmente por seu bom humor e simpatia, por isso tem o prazer de escolher com quem quer viver um grande amor. Apenas exige que a pessoa amada se entregue sem barreiras, pois não ama cegamente e sabe equilibrar amor e razão. Poderá ter várias paixões na vida, que podem aparecer por impulso e não resistir a um relacionamento prolongado. Costuma se magoar com facilidade.

Relações familiares: muito carinhoso(a) e cuidadoso(a) com os familiares, protege sempre a todos da família com a enorme força espiritual que possui.

Relações com terceiros: você poderá algumas vezes parecer um pouco ingênuo, porque ao considerar todos como amigos, não perceberá a existência em alguns de possíveis traições.

Relações profissionais: poderá obter êxito trabalhando como jornalista, redator(a), escritor(a) e relações públicas. Terá facilidade para trabalhar em divulgação ou comercialização de livros.

Relações esportivas ou de saúde: por praticarem esporte com frequência, esses indivíduos são normalmente dotados de um corpo físico harmonioso e intelecto afiado.

Relações sociais: será sempre o centro das atenções, pois, além de vestir-se de forma esplêndida, faz coisas grandiosas como viagens, reuniões ou festas.

Anjo contrário: se você deixar o anjo contrário influenciar sua vida, poderá ter as seguintes características comportamentais negativas:

Dominará o convencimento exagerado, a controvérsia, as disputas literárias, as críticas e a megalomania, poderá buscar a glória custe o que custar, mesmo sacrificando outras indivíduos e desperdiçando sua generosidade com pessoas que não merecem.

Precauções: no amor, lembre-se de que, como tudo, os sentimentos precisam amadurecer.

Agradecendo a seu anjo:

Agradeça todos os dias ao seu anjo guardião protetor das 21h01 às 21h20, fazendo as orações selecionadas neste livro e recitando o salmo nº 31/18, que diz o seguinte:

"Louvemos a Deus, criador e protetor dos fiéis. Os olhos do Senhor estão pousados sobre os que O respeitam e sobre os que sabem esperar na sua misericórdia."

Prece especial: Mehiel, espero que utilize meus talentos na instrução dos homens sobre as verdades eternas. Tudo que adquiri na vida coloco à sua disposição para despertar aqueles que se encontram com a fé adormecida. Minha única ambição é transmitir aos meus irmãos a beleza do universo da fé. Não é uma tarefa fácil e eu só posso desempenhá-la bem com seu apoio. Abro meu coração e minha mente para receber sua semente divina.

65º ANJO – DAMABIAH

*Protege e influencia as pessoas nascidas
nos dias: 11/3 – 23/5 – 4/8 – 16/10 – 28/12*

É um anjo da categoria ANJOS e seu Príncipe é GABRIEL
Peculiaridade das pessoas nascidas sob a influência deste Anjo:
A fragrância do incenso na hora da oração deve ser: ALMÍSCAR
Sua cor preferida: AMARELA

Sua pedra preciosa: OPALA
Seu atributo: "DEUS, FONTE DE SABEDORIA"
Seu mês de mudança: JULHO
Seu número de sorte: 7
Hora de visita do anjo à Terra: das 21h21 às 21h40.

Características comportamentais das pessoas nascidas sob a influência de DAMABIAH

Gerais: a vida das pessoas nascidas sob a influência deste anjo se distinguirá por seu espírito jovem e alegre que contagia a todos sempre. Levam a vida de forma leve e curtem brincar até mesmo nos momentos de dificuldade, para que o fardo fique menos pesado. Suas atitudes passam, para muitos, a impressão de que não querem nada com a vida, porém, normalmente acumulam fortuna rápido em virtude às suas boas ideias e dosbons empreendimentos que fazem.

Relações amorosas: você solta sua imaginação e faz de tudo para cercar e seduzir quem ama, porém seus relacionamentos são passageiros e conflituosos. Apenas quando encontra sua alma gêmea consegue a harmonia interior que procura. Não falta paixão e faz de tudo para mantê-lo(a) ao seu lado, também está sempre satisfeito(a) e feliz. Aos poucos, deixa o ciúme e a possessividade de lado e faz com que a pessoa amada crie total confiança em você e, aí, momentos íntimos, apimentados e cheios de paixão não vão faltar nunca. Estará sempre embaraçado(a) com casos sentimentais. Aprecia a liberdade, as mudanças e o que para outros pode ser seguro nos relacionamentos, para você poderá parecer uma "prisão".

Relações familiares: você é uma pessoa bastante carinhosa e paciente com todos que a cercam. É muito amada e respeitada entre seus familiares por sua nobreza de caráter, mas por estar mudando sempre de cidade, sem mesmo programar com antecedência, deixando que as coisas aconteçam meio de surpresa, acabará desagradando seus familiares, que gostam de raízes fincadas na terra natal.

Relações com terceiros: sempre respeitado(a), você possui uma legião de fãs, aos quais influencia positivamente com sua experiência, narrando sua trajetória de vida, que geralmente é bem-sucedida. Fiel aos seus ideais, jamais fará alguém sofrer por egoísmo ou tentará tirar vantagem de uma pessoa indefesa.

Relações profissionais: terá possibilidade de trabalhar vinculado à política ou à justiça, quando poderá exercitar seu poder de liderança. Onde existe um serviço, para cuja realização seja necessário alguém especial, você será sempre lembrado e lá estará para abrir nova frente de trabalho. Aprenderá facilmente qualquer idioma e terá oportunidade de conhecer vários países.

Relações esportivas ou de saúde: as pessoas nascidas sob a influência deste anjo gostam de praticar algum tipo de esporte, mas longe de serem obcecadas ou apaixonadas. São ativas nessas práticas, desde que essas atividades não interfiram nem atrapalhem sua vida pessoal, profissional e de andarilho.

Relações sociais: pessoas muito queridas pelos colegas de trabalho, amigos e familiares, gostam de se embelezar, usar roupas sempre na moda e perfumes caros para agradar ao outro. Por serem *bon vivants*, saberão desfrutar das coisas boas da vida.

Anjo contrário: se você deixar o anjo contrário influenciar sua vida, poderá ter as seguintes características comportamentais negativas:

Dominará o sadismo, a perversão, a ingratidão, o egoísmo, a grosseria, a pobreza de espírito e o descontrole emocional. Não faz qualquer doação, mesmo que tenha de sobra, e quando vê alguém em apuros, mesmo tendo a ajuda a seu alcance, nunca socorre ninguém. Poderá ser escritor(a) de histórias cruéis.

Precauções: no amor, lembre-se de doar-se equilibradamente.

Agradecendo a seu anjo:

Agradeça todos os dias ao seu anjo guardião protetor, das 21h21 às 21h40, fazendo as orações selecionadas neste livro e recitando o salmo nº 32/18, que diz o seguinte:

"Louvemos a Deus, criador e protetor dos fiéis. Os olhos do Senhor estão pousados sobre os que O respeitam e sobre os que sabem esperar na sua misericórdia."

Prece especial: Damabiah, quero conhecer o segredo da mistura entre o fogo e a água. Quero ter acesso ao grande saber do rei Salomão. Quero que esses conhecimentos me preencham completamente, para que no meu íntimo brote um mar tranquilo. Senhor, proteja-me das paixões desmedidas e faça de mim um cidadão de seu universo de harmonia.

66º ANJO – MANAKEL

*Protege e influencia as pessoas nascidas
nos dias: 12/3 – 24/5 – 5/8 – 17/10 – 29/12*

É um anjo da categoria ANJOS e seu Príncipe é GABRIEL
Peculiaridade das pessoas nascidas sob a influência deste Anjo:
A fragrância do incenso na hora da oração deve ser: JASMIM
Sua cor preferida: AMARELA
Sua pedra preciosa: CALCEDÔNIA
Seu atributo: "DEUS QUE SECUNDA TODAS AS COISAS"
Seu mês de mudança: JULHO
Seu número de sorte: 7
Hora de visita do anjo à Terra: das 21h41 às 22h

*Características comportamentais das pessoas nascidas
sob a influência de MANAKEL*

Gerais: a vida das pessoas nascidas sob a influência deste anjo se distinguirá por serem normalmente amáveis e saberem lidar com o medo daquilo que não conhecem, exceção feita, talvez, ao receio pela morte. Costumam temê-la não por si mesma, mas por considerarem-na uma interrupção inoportuna de sua vida, com a qual normalmente nunca estão satisfeitas e para a qual buscam mudar constantemente. Uma de suas características mais notáveis é a sinceridade. Destacam-se, mesmo, por sua capacidade de resolver qualquer problema de maneira rápida e prática e de não se deixarem abater diante das dificuldades.

Relações amorosas: você é muito sedutor(a) e entende bastante da arte da conquista, mas sua aventura com amores passageiros acaba rápido em sua vida. Muito cedo acaba encontrando a pessoa que sempre desejou para viver ao seu lado. Confiança, respeito e fidelidade sempre farão parte de sua relação, e todo carinho que der receberá em dobro.

Relações familiares: está sempre bem com todos os familiares à sua volta e jamais toma uma decisão ou dá um conselho a eles sem pensar muito bem antes.

Relações com terceiros: será conhecido por seu ótimo caráter, pela amabilidade e por sua bondade para com todas as pessoas. Eterno lutador, será um estímulo positivo para cada um e para a coletividade. Seu lema é "vencer"!

Relações profissionais: sua inteligência abre portas importantes profissionalmente e você alcança rápido o sucesso. Estará sempre "inspirado" para qualquer trabalho, pois acredita em seu potencial e não perde nenhuma oportunidade que surge em sua vida. Ao longo de sua existência, poderão aparecer projetos envolvendo atividades que deverão ser realizadas em outros estados e países estrangeiros. Poderá ter inspiração para música e poesia. Trabalhará com atividades voltadas para natureza e com animais.

Relações esportivas ou de saúde: por não gostar muito de multidão, seus esportes favoritos são as caminhadas ou as maratonas, enquanto aprecia a natureza, onde pode também aproveitar para cuidar de sua saúde e refletir sobre sua vida.

Relações sociais: anfitrião(ã) delicado(a) e habilidoso(a), está sempre de bem com todos, em razão de sua maneira simples e gentil de ouvir com ternura. Não consegue esconder de ninguém seus sentimentos.

Anjo contrário: se você deixar o anjo contrário influenciar sua vida, poderá ter as seguintes características comportamentais negativas:

Dominará e influenciará as más qualidades psíquicas e morais, as inspirações satânicas, a dissimulação, a angústia, a acomodação, a sensualidade pervertida, o desânimo, o escândalo e a ingratidão, será portador(a) somente de más notícias, poluidor(a) das águas e sacrificador(a) de animais.

Precauções: no amor, lembre-se de fazer-se respeitar com cortesia.

Agradecendo a seu anjo:

Agradeça todos os dias ao seu anjo guardião protetor, das 21h41 às 22h, fazendo as orações selecionadas neste livro e recitando o salmo nº 37/22, que diz o seguinte:

"Senhor, peço-Vos perdão pelas minhas faltas e aceito tudo que decorre da desobediência às Vossas leis. Entretanto não me abandoneis, Senhor, não fiqueis longe de mim."

Prece especial: Manakel, você que tem o poder de transformar as trevas em luz, ajude-me a sair da escuridão. Liberte-me dos laços materiais e ajude-me a descobrir o caminho da transcendência. Que Deus seja benevolente com seus servos e os livre das enfermidades. Ilumine minha intuição para que eu entenda as mensagens que me são enviadas em sonhos. E não me deixe ser afetado pelas más qualidades físicas e morais.

67º ANJO – AYEL

*Protege e influencia as pessoas nascidas
nos dias: 13/3 – 25/5 – 06/8 – 18/10 – 30/12*

É um anjo da categoria ANJOS e seu Príncipe é GABRIEL

Peculiaridade das pessoas nascidas sob a influência deste Anjo:
A fragrância do incenso na hora da oração deve ser: JASMIN
Sua cor preferida: AMARELA
Sua pedra preciosa: PÉROLA
Seu atributo: "DEUS, DELÍCIA DAS CRIANÇAS"
Seu mês de mudança: ABRIL
Seu número de sorte: 4
Hora de visita do anjo à Terra: das 22h01 às 22h20

*Características comportamentais das pessoas nascidas
sob a influência de AYEL*

Gerais: a vida das pessoas nascidas sob a influência deste anjo se distinguirá por procurarem estabelecer bases bastante sólidas para seus empreendimentos e por serem muito exigentes quanto a isso. Tendem a se recuperar rapidamente das perdas e a preparar pacientemente para novas conquistas. Dão uma importância muito grande à lealdade e, em geral, assumem uma conduta sempre muito bem-humorada. Trazem consigo a sorte para brilhar e prosperar em tudo o que resolverem fazer. Têm muito jogo de cintura para driblar os períodos de dificuldade que possam aparecer em sua vida e ensinam isso às pessoas. Seu espírito iluminado acaba atraindo para si muita fortuna, de uma maneira tranquila e justa, e quem está ao seu lado também é abençoado.

Relações amorosas: quando está apaixonado(a), gosta de valorizar a pessoa amada, mostrando para ela o quanto é importante em sua vida, não poupa esforços para fazê-la feliz. É claro que, às vezes, acaba valorizando quem não a merece, mas, de forma geral, seus amores são gostosos e cheios de demonstrações de afeto dos dois lados. Seus romances serão muito afetuosos, pois se desenvolverão sem problemas ou pressões.

Relações familiares: você dedica grande atenção à família, faz tudo para que ela permaneça unida e se ajudando mutuamente para manter a paz no lar e entre os membros.

Relações com terceiros: nunca deixa para outra pessoa uma tarefa inacabada, atingindo assim todos os seus objetivos, com merecido sucesso. Não é interesseiro e só gosta de demonstrações de afeição de outras pessoas quando percebe que são absolutamente sinceras.

Relações profissionais: estará sempre assumindo novos cargos e recebendo cada vez mais tarefas, que sempre o(a) tornarão mais feliz, pois assim obterá o reconhecimento dos superiores e remuneração à altura. Estará sempre empenhando-se para atingir postos mais altos dentro da empresa, ou assumir cargos públicos e de autoridade, busca acima de tudo o reconhecimento de sua capacidade profissional, a reputação profissional é extremamente importante para você. Procura profissões da área de administração, organização, projetos, logística e finanças. Promessa de sucesso, principalmente no comércio.

Relações esportivas ou de saúde: sua saúde será bastante favorecida, pois nunca cometerá excessos, entendendo que seu corpo físico é o templo de sua alma, pelo qual mantém um respeito sagrado, apreciador da prática de esportes, você tem por meta na vida manter o corpo sempre saudável.

Relações sociais: relaciona-se muito bem com as pessoas sob sua coordenação "social". Por ter a personalidade forte e marcante, sempre está na organização e na liderança de festas e comemorações.

Anjo contrário: se você deixar o anjo contrário influenciar sua vida, poderá ter as seguintes características comportamentais negativas:

Dominará a inveja, a amargura, a gula, o erro e o preconceito, poderá prejudicar o próximo, ser autor(a) de livros pornográficos ou escritora de sistemas de informática prejudiciais aos outros (*hacker*), charlatão (tona), gostar de sedução barata mesmo no convívio profissional ou familiar e viver de frustração e nostalgia do passado.

Precauções: no amor, lembre-se de aceitar as críticas construtivas do outro, aproveitando-as para seu crescimento pessoal.

Agradecendo a seu anjo:

Agradeça todos os dias ao seu anjo guardião protetor, das 22h01 às 22h20, fazendo as orações selecionadas neste livro e recitando o salmo nº 36/4, que diz o seguinte:

"Não se irrite com quem age mal e nem inveje os que não seguem as leis de Deus, julgando-os mais felizes. Concentre suas alegrias no Senhor, mostra-Lhe os desejos do seu coração que Ele lhe atenderá."

Prece especial: Ayel, espírito da verdade, ajude-me a distinguir o falso do verdadeiro. Que no meu trabalho diário e com minha família eu dê testemunho da verdade, da beleza e da sabedoria. Tome-me pela mão e conduza-me ao trono de deus. Liberte-me da escravidão material, para que eu encontre na reflexão espiritual tudo aquilo de que necessito para realizar a obra divina. Faça-me amar a Deus com maior intensidade a cada dia. Que eu leve a todas as pessoas o bem e a harmonia. Instrua-me sempre, Ayel, e derrame sobre mim o conhecimento das leis eternas; quero ser um instrumento eficaz de Deus na melhoria contínua de nosso mundo.

68º ANJO – HABUHIAH

*Protege e influencia as pessoas nascidas
nos dias: 14/3 – 26/5 – 7/8 – 19/10 – 31/12*

É um anjo da categoria ANJOS e seu Príncipe é GABRIEL

Peculiaridade das pessoas nascidas sob a influência deste Anjo:
A fragrância do incenso na hora da oração deve ser: BENJOIM
Sua cor preferida: AMARELA
Sua pedra preciosa: PÉROLA
Seu atributo: "DEUS GENEROSO"
Seu mês de mudança: OUTUBRO
Seu número de sorte: 10
Hora de visita do anjo à Terra: das 22h21 às 22h40

*Características comportamentais das pessoas nascidas
sob a influência de HABUHIAH*

Gerais: a vida das pessoas nascidas sob a influência deste anjo se distinguirá por terem mais possibilidades de êxito com a aplicação de sua inteligência aos resultados práticos, menos abstratos ou especulativos. A cura é um de seus mais importantes interesses e o tempo excessivo vivido nas grandes cidades pode obscurecer-lhes temporariamente as ideias. Necessitam dos ambientes naturais ou campestres para refletir com mais clareza.

Relações amorosas: são pessoas dedicadas, sensuais e não têm medo de demonstrar seus sentimentos, porque têm a certeza de que serão retribuídos. Quando assumem compromisso sério, procuram manter o companheirismo como forma de união máxima. Nunca deixam de fazer uma surpresa para expressar seu carinho e de serem honestas em tudo o que fazem. Quando sentem que existe algum problema na relação, buscam de várias maneiras solucionar a situação sem maiores conflitos.

Relações familiares: por ser humilde e muito compreensivo, acaba tornando-se o confidente dos familiares que aprendem a respeitar e gostar de você, e isso acaba sendo também um fator preponderante para a manutenção e preservação de um bom relacionamento familiar.

Relações com terceiros: seu jeito terno e simpático faz com que as pessoas confiem em você, e assim, fiquem mais tempo ao seu lado. Doa-se às pessoas carentes, sem pedir nada em troca.

Relações profissionais: você possui o dom da cura e traz dentro de si uma tendência natural para se dedicar a uma profissão na área de saúde, podendo se tornar um(a) médico(a) tradicional ou até de uma linha mais alternativa, podendo trabalhar em qualquer atividade relativa à natureza. Terá destaque e habilidade com as mãos, principalmente no plantio de jardins ou de produtos agrícolas. Estudará os aromas, plantas e ervas medicinais, inclusive no âmbito histórico. Poderão ser grandes médicos(as), fitoterapeutas, agrônomos(as), jardineiros, botânicos(as) e trabalhar com essências e florais.

Relações esportivas ou de saúde: infelizmente suas intensas atividades profissionais serão sempre as boas desculpas para você não se dedicar ao esporte com a frequência de que gostaria, mas a natureza de suas atividades em campo vai acabar vencendo suas resistências e você se tornará um esportista praticante.

Relações sociais: relaciona-se muito bem com as pessoas, agindo de forma natural e casual; prefere roupas simples e confortáveis, e gosta de pessoas simples também. Como é perfeccionista, você às vezes tem fases de decepção, quando as coisas não caminham de acordo com seus planos, mas em geral se recupera sozinho e continua em frente.

Anjo contrário: se você deixar o anjo contrário influenciar sua vida, poderá ter as seguintes características comportamentais negativas:

Dominará a esterilidade, a presunção e a fome, facilitará a propagação de doenças infectocontagiosas como a Aids, sífilis e outras doenças venéreas. Terá uma atitude crítica contra os que têm habilidade para ensinar e desejará má sorte para os familiares.

Precauções: no amor, lembre-se de encarar os fatos com mais realismo, sonhar é muito bom, mas com os pés no chão.

Agradecendo a seu anjo:

Agradeça todos os dias ao seu anjo guardião protetor, das 22h21 às 22h40, fazendo as orações selecionadas neste livro e recitando o salmo nº 105/5, que diz o seguinte:

"Louvemos ao Senhor porque Ele é bom e Sua misericórdia é eterna. Bendito seja o Senhor por todos os séculos dos séculos."

Prece especial: Habuhiah, faça com que sua luz, acumulada em meu íntimo, seja tão intensa e forte para que com ela eu possa restabelecer a saúde dos doentes em quem tocar. Faça com que as tentações que a vida nos oferece sirvam para reerguer minha fé e me ajudem a adquirir uma consciência maior. Senhor Habuhiah, dê-me ousadia e coragem para enfrentar o perigo. Conduza-me com segurança nos caminhos da verdade e da transcendência. Faça de mim um cidadão de seu mundo, no qual não existem dúvidas. Permita que eu seja para todos fonte de saúde e alegria.

69º ANJO – ROCHEL

Protege e influencia as pessoas nascidas
nos dias: 15/3 – 27/5 – 8/8 – 20/10 – 1/1

É um anjo da categoria ANJOS e seu Príncipe é GABRIEL

Peculiaridade das pessoas nascidas sob a influência deste Anjo:
A fragrância do incenso na hora da oração deve ser: ALMÍSCAR
Sua cor preferida: AMARELA
Sua pedra preciosa: OPALA
Seu atributo: "DEUS QUE TUDO VÊ"
Seu mês de mudança: DEZEMBRO
Seu número de sorte: 12
Hora de visita do anjo à Terra: das 22h41 às 23h

Características comportamentais das pessoas nascidas
sob a influência de ROCHEL

Gerais: a vida das pessoas nascidas sob a influência deste anjo se distinguirá por serem determinadas e autoconfiantes, podem tender a se atirar sem pensar em aventuras, situações e projetos, mas a presença constante de seu anjo da guarda e sua intuição as protegem de coisas que podem dar errado. Costumam ser possuidoras de uma mente ao mesmo tempo criativa e racional. Sua intuição as faz trilhar os caminhos menos espinhosos na vida e se destacam no trabalho, por causa de sua criatividade. Porém, o reconhecimento não costuma vir rápido, é preciso se adaptar às mais diversas situações e amadurecerem muito, para que o melhor delas desponte aos olhos de todos.

Relações amorosas: com seu carinho e atenção é capaz de conquistar o coração de quem desejar e com muita facilidade, mas demora um pouco a assumir um compromisso mais sério de casamento. Porém, quando você sente que encontrou a pessoa certa, faz de tudo para participar de sua vida, principalmente da profissional. Usa sua forte intuição para curtir os bons momentos da relação e afastar os ruins.

Relações familiares: você possui um magnífico gênio inventivo e tem uma forte missão de cuidado, zelo, amor e ajuda que cumprirá com sua família.

Relações com terceiros: sua capacidade de compreender e solidarizar-se com o sofrimento alheio é frequente, costuma ter também a habilidade de extrair um saldo positivo de quase tudo, mesmo quando aparentemente sai perdendo. Não aceita ver ninguém sendo humilhado ou desprezado e, desde criança, é sempre visto defendendo os mais fracos, por isso acaba fazendo grandes e valorosos amigos ao longo de sua vida.

Relações profissionais: você poderá ser um grande economista, advogado(a), juiz(a), político(a) ou trabalhar com comércio exterior. Grande orador(a), seu talento estará a serviço das boas causas.

Relações esportivas ou de saúde: essas pessoas gostam muito da prática de esportes, mas suas intensas atividades profissionais serão sempre as boas desculpas para não se dedicarem com mais afinco e determinação.

Relações sociais: você é um diplomata nato, possuidor de grande simpatia, educação e gentileza para com as outras pessoas, certamente são exigências de suas profissões.

Anjo contrário: se você deixar o anjo contrário influenciar negativamente sua vida, poderá ter as seguintes características comportamentais negativas:

Dominará as despesas inúteis, os processos intermináveis, a legislatura perversa, a teimosia e os impulsos egoístas, poderá causar ruína às famílias, manipular leis em seu próprio benefício, fabricar falsas previsões e organizar fraudes internacionais.

Precauções: no amor, lembre-se de abrir-se ao aprendizado com o outro, relacionar-se é conhecer e deixar-se conhecer com sinceridade.

Agradecendo a seu anjo:

Agradeça todos os dias ao seu anjo guardião protetor, das 22h41 às 23h00, fazendo orações selecionadas neste livro e recitando o salmo nº 15/5, que diz o seguinte:

"Guarda-me, Senhor, pois em Ti, e somente em Ti, eu confio. Tu tens em Tuas mãos o meu destino e em Ti está parte da minha herança e do meu cálice."

Prece especial: Rochel, dê-me a força necessária para apagar algum mal que eu tenha feito e me ajude a transformar o ódio em amor. Tire da minha alma tudo o que não é correto, para que sua luz possa penetrar nela. Depois que eu beber até a última gota do cálice de amarguras, permita-me testemunhar sua divina sabedoria. Permita também que eu seja um exemplo vivo de bondade para todos e um canal real para a realização dos grandes anseios do Senhor Meu Deus.

70º ANJO – YABAMIAH

Protege e influencia as pessoas nascidas
nos dias: 16/3 – 28/5 – 9/8 – 21/10 – 2/1

É um anjo da categoria ANJOS e seu Príncipe é GABRIEL

Peculiaridade das pessoas nascidas sob a influência deste Anjo:
A fragrância do incenso na hora da oração deve ser: ABSINTO
Sua cor preferida: AMARELA
Sua pedra preciosa: CALCEDÔNIA
Seu atributo: "DEUS – VERBO QUE PRODUZ TODAS AS COISAS"
Seu mês de mudança: ABRIL
Seu número de sorte: 4
Hora de visita do anjo à Terra: das 23h01 às 23h20

Características comportamentais das pessoas nascidas
sob a influência de YABAMIAH

Gerais: a vida das pessoas nascidas sob a influência deste anjo se distinguirá por sua determinação e perseverança, para vocês a palavra derrota não existe, estão sempre lutando pelo que querem, principalmente porque acreditam em seu valor e em seu talento. Sua inabalável força de caráter e grande supremacia serão mantidas a qualquer custo. Fazem tudo de forma clara e transparente aos olhos dos outros e, por isso, nunca devem nada a ninguém. Sentem-se verdadeiramente donas de seu destino e acreditam que a providência divina lhes abrirá as portas na hora certa.

Relações amorosas: é uma pessoa alegre e contagiante, seu bom humor é marcante. Gosta muito de agradar a pessoa que ama. Acredita na fidelidade e a exige a todo instante, mesmo assim, consegue ser bastante liberal e não sufocar a pessoa amada com brigas de ciúmes. Costuma se casar cedo, pois acredita na existência de uma alma gêmea.

Relações familiares: orientador(a) dos familiares para resolver os próprios problemas, e também por ser carinhoso(a) e terno com pais e irmãos, tem um excelente convívio familiar.

Relações com terceiros: por ter a imagem íntegra e nunca ter nada a esconder, consegue formar grandes e sinceros amigos. Muito tímido(a) e desconfiado(a), demora a se entrosar em grupos e a estabelecer relacionamentos íntimos. Espiritualizado(a), desprendido(a) de tudo que não seja essencial, consegue regenerar as pessoas, plantas ou animais.

Relações profissionais: poderá obter sucesso em atividades relacionadas às ciências humanas, magistério e esoterismo. Poderá ser premiado na literatura ou filosofia. Pode desenvolver consideráveis talentos na literatura ou nas ciências filosóficas. Prefere sempre se dedicar ou se esforçar para fazer coisas realmente importantes, não gosta de perder tempo com conversas inúteis ou atividades improdutivas; em geral gosta de ensinar, principalmente os jovens, como professor(a), orientador(a) e treinador(a).

Relações esportivas ou de saúde: não obstante terem conhecimento da importância de atividades esportivas para se manterem em forma e saudáveis, só mesmo com muita insistência ou grande necessidade essas pessoas conseguem praticar algum tipo de esporte.

Relações sociais: você passará sempre uma ideia contagiante de confiança e otimismo, em todos os setores de sua vida: sentimental, social e profissional. Gosta de se embelezar, usar roupas sempre na moda e perfumes caros para agradar os outros.

Anjo contrário: se você deixar o anjo contrário influenciar sua vida, poderá ter as seguintes características comportamentais negativas:

Dominará o ateísmo, os escritos perigosos, a crítica, a disputa, literária, a controvérsia, a criação artificial, a especulação, a autodestruição, a imaturidade, a incompetência, a futilidade e a limitação.

Precauções: no amor, lembre-se de aliar paixão e amizade, faça de seu parceiro, além de melhor amante, seu melhor amigo.

Agradecendo a seu anjo:

Agradeça todos os dias ao seu anjo guardião protetor, das 23h01 às 23h20, fazendo as orações selecionadas neste livro e recitando Gênesis/1, que diz o seguinte: "No início Deus, criou o céu e a terra."

Prece especial: Yabamiah, produtor de todas as coisas, faça de mim o receptáculo vivo e consciente de sua palavra. Que eu esteja sempre repleto de sua luz, de modo que, quando o mundo me chamar para trabalhar, sua força possa agir em mim e sua voz possa ordenar-me. Assim, seu gênio divino fará grandes obras por meio de mim. Regenere em meu interior, Senhor Yabamiah, tudo o que não estiver de acordo com a lei divina. Não permita que a vaidade me leve a pensar que as obras são minhas, pois na realidade elas pertencem a você e ao Senhor Meu Deus. Permita que haja ocasiões propícias para pregar sua palavra. E, se meu trabalho for de seu agrado, conduza-me aos pés do trono luminoso de Deus.

71º ANJO – HAIAEL

Protege e influencia as pessoas nascidas
nos dias: 17/3 – 29/5 – 10/8 – 22/10 – 3/1

É um anjo da categoria ANJOS e seu Príncipe é GABRIEL

Peculiaridade das pessoas nascidas sob a influência deste Anjo: A fragrância do incenso na hora da oração deve ser: CANELA

Sua cor preferida: AMARELA
Sua pedra preciosa: OPALA
Seu atributo: "SENHOR DEUS DO UNIVERSO"
Seu mês de mudança: NOVEMBRO
Seu número de sorte: 11
Hora de visita do anjo à Terra: das 23h21 às 23h40

Características comportamentais das pessoas nascidas
sob a influência de HAIAIEL

Gerais: a vida das pessoas nascidas sob a influência deste anjo se distinguirá por influenciarem positivamente as outras pessoas. Outra de suas características mais marcantes é a capacidade de discernir, com grande clareza, aquilo que lhes fará bem daquilo que poderá lhes prejudicar, nos vários níveis de sua vida. Costumam perturbar-se com o dia a dia turbulento e com as aglomerações humanas, necessitando, por isso, de eventuais períodos de isolamento, dos quais normalmente sairão revigoradas e energizadas para grandes lances de criatividade. São normalmente ágeis, diretas e rápidas em tudo o que fazem, seja em sua atividade profissional ou em seus relacionamentos interpessoais.

Relações amorosas: você não deixa a timidez passar perto, se está interessada em alguém vai à luta e normalmente se sai bem. Costuma viver amores fortes e intensos, com pessoas muito diferentes. Demora a se amarrar, mas quando isso acontece faz o possível para ser companheiro(a) e, às vezes, até sufoca com tanta atenção.

Relações familiares: sente-se seguro quando tem o apoio do cônjuge e da família, que jamais, para você, serão fonte de problemas.

Relações com terceiros: bastante preocupado com sua vida particular, necessitará de momentos de isolamento e quietude, embora não goste de viver sozinho e tenha bons e muitos amigos. Pessoas invejosas sempre estão por perto para prejudicá-lo(a), por isso é preciso não confiar demais em todos os amigos.

Relações profissionais: poderá ter sucesso quando envolvido em processos judiciais, transações financeiras ou imobiliárias. Qualquer tipo de especulação financeira lhe trará vantagens. Facilidade para trabalhar em atividades manuais, por exemplo: a marcenaria, a escultura e o artesanato, que poderá fazer também como *hobby*.

Relações esportivas ou de saúde: por serem muito ligados à natureza, esses indivíduos adoram as caminhadas, enquanto apreciam o mundo à sua volta, em geral são fisicamente esbeltos e elegantes em função dessa prática constante de esportes e de uma alimentação bastante equilibrada.

Relações sociais: você não tolera injustiça de forma alguma e não aceita justificativa para isso. Traz dentro de si a certeza de que sua missão é proteger as pessoas à sua volta, desde os familiares até colegas de trabalho.

Anjo contrário: se você deixar o anjo contrário influenciar sua vida, poderá ter as seguintes características comportamentais negativas:

Dominará a discórdia, a trapaça, a corrupção, a avareza, o casamento infeliz, as dívidas desnecessárias, o desperdício, a inveja e a preguiça, poderá ser um(a) péssimo(a) conselheiro(a) para investimentos e tornar-se célebre por seus crimes.

Precauções: no amor, lembre-se de estar atento às necessidades do outro. Amar é doar-se por inteiro.

Agradecendo a seu anjo:

Agradeça todos os dias ao seu anjo guardião protetor, das 23h21 às 23h40, fazendo orações selecionadas neste livro e recitando o salmo nº 108/29 que diz o seguinte:

"Senhor meu Deus, não fiques insensível à minha sede de justiça e de combate aos que não seguem a Tua lei. Que a vergonha os cubra como um manto."

Prece especial: Haiael, faça com que minhas emoções se integrem harmoniosamente ao corpo divino. Se o sangue inocente de Abel clama em mim por vingança, arrefeça meus ânimos e permita que meu coração entenda as razões, de modo que eu nunca faça mal aos seres humanos, nem aos nossos irmãos inferiores, animais e vegetais e muito menos às coisas deste mundo. Quando os poderes de Deus me forem dados, ajude-me a desempenhar minhas tarefas de modo equilibrado e útil. Que eu seja o intermediário entre ti, Haiael, o Senhor do céu e os homens da Terra.

72º ANJO – MUMIAH

Protege e influencia as pessoas nascidas
nos dias: 18/3 – 30/5 – 11/8 – 23/10 – 4/1

É um anjo da categoria ANJOS e seu Príncipe é GABRIEL

Peculiaridade das pessoas nascidas sob a influência deste Anjo:

A fragrância do incenso na hora da oração deve ser: ALECRIM

Sua cor preferida: AMARELA

Sua pedra preciosa: OPALA

Seu atributo: "SENHOR – O INÍCIO E O FIM DE TODAS AS COISAS"

Seu mês de mudança: DEZEMBRO

Seu número de sorte: 12

Hora de visita do anjo à Terra: das 23h41 às 24h

Características comportamentais das pessoas nascidas sob a influência de MUMIAH

Gerais: a vida das pessoas nascidas sob a influência deste anjo se distinguirá por aliarem, sem restrições, a ciência de seu tempo às tradições espirituais de todas as épocas. Costumam ser bastante hábeis em ver além das aparências e gostam de compartilhar com os outros, o que percebem e recebem, principalmente se isso ajudar as pessoas a superarem dificuldades. Apreciam o conhecimento das leis, sejam elas científicas, humanas ou divinas, e geralmente têm vida longa. São pessoas que têm bom senso e diplomacia para lidar com os outros. Sabem usar o diálogo para atingir seus objetivos e, diante de alguma dificuldade, usam de argumentos fortes para convencer sob seu ponto de vista. Porém, não têm vergonha de mudar sua maneira de pensar se entenderem que estavam erradas.

Relações amorosas: você costuma ser muito diferente da maioria das pessoas com quem convive e está sempre surpreendendo seu(ua) amado(a) com alguma loucura. Quer ser marcante e ficar no coração de quem ama, mesmo se a paixão acabar. Sabe dar seu ombro amigo e levantar seu(ua) amado(a) nos momentos de dificuldades, é assim que conquista a confiança de seu(ua) parceiro(a), que normalmente lhe retribui à altura.

Relações familiares: essas pessoas terão proteção contra qualquer tipo de força negativa e seu poder de ação é invencível. Têm um coração puro e um jeito muito simples de levarem a vida, quase sempre sem grandes ambições, isso acaba tornando-as muito caseiras e voltadas para a vida e para os problemas familiares.

Relações com terceiros: você pode mudar de profissão, de cidade, de relacionamento ou de amigos durante esses períodos de transição; este constante recomeçar faz com que as pessoas aproveitem seu otimismo e adaptabilidade e mudem com você.

Relações profissionais: você cresce rápido profissionalmente, porque com sua honestidade desperta a confiança de seus superiores. Poderá ser um(a) magistrado(a) de renome ou um(a) grande advogado(a). Estudioso da natureza, poderá trabalhar com medicina alternativa ou oriental. Será célebre por seu conhecimento e divulgação da metafísica.

Relações esportivas ou de saúde: por ser extremamente preocupado(a) com a saúde e o físico, gostará de cuidar do corpo, principalmente para o desenvolvimento muscular, cuidará bem da alimentação e fará exercícios, frequentemente, em academias para manter sempre a forma desejada.

Relações sociais: esses indivíduos detestam as coisas ilusórias e estarão sempre ajudando as pessoas a saírem dos estados opressivos ou deprimentes em que se encontrem.

Anjo contrário: se você deixar o anjo contrário influenciar sua vida, poderá ter as seguintes características comportamentais negativas:

Dominará o desespero, a esterilidade, a tristeza, a agressividade, o egoísmo e a rebelião com os pais e parentes. Influenciará todos os seres que detestam a própria existência e que não queriam ter nascido, se tornando um organizador de grupos de descontentamento e revolta com familiares, colegas de trabalho. Poderá ter uma visão pessimista do mundo, criticar e zombar daqueles que não conseguem estabilizar-se na vida.

Precauções: no amor, lembre-se de que sempre é necessário fazer uma escolha.

Agradecendo a seu anjo:

Agradeça todos os dias ao seu anjo guardião protetor, das 23h41 às 24h, fazendo orações selecionados neste livro e recitando o salmo nº 114/7, que diz o seguinte:

"Amo ao Senhor, pois a Ele eu pedi que me livrasse do maior dos perigos e Ele ouviu a minha prece. Portanto, minha alma torna-se novamente tranquila, pois o Senhor foi bom para mim."

Prece especial: Mumiah, Senhor do renascimento, faça com que minha fome de luz e de pureza se condense em minha estrutura psíquica. Transforme minha alma na mãe fecunda de uma verdade que seja maior que o meu ser. Faça renascer em mim todos os princípios que levaram o mundo à plenitude. Que este seu humilde servo seja o portador de suas mudanças nos átomos, nas células e nas gerações, portador de grande saúde e de longa vida, mensageiro de suas virtudes.

ANJOS DA HUMANIDADE

Protege e influencia as pessoas nascidas
nos dias: 5/1 – 19/3 – 31/5 – 12/8 – 24/10

Peculiaridade das pessoas nascidas sob a influência destes Anjos:
A fragrância do incenso na hora da oração deve ser: OLÍBANO
Sua cor preferida: VERMELHA
Sua pedra preciosa: DIAMANTE

Seu atributo: "DEUS QUE SUSTENTA O UNIVERSO"
Seu mês de mudança: JANEIRO
Seu número de sorte: 1
Hora de visita do anjo à Terra: seu anjo visita a terra no horário de seu nascimento.

Características comportamentais das pessoas nascidas sob a influência dos ANJOS DA HUMANIDADE

Gerais: para a vida das pessoas nascidas sob a influência destes Gênios da Humanidade existem costumes e leis admiráveis. Portanto, não há um anjo específico para cada data de nascimento dos Gênios da Humanidade, pois todos os nascidos nessas datas são protegidos por todos os Anjos de qualquer categoria.

Se você faz parte dessa categoria, deve estar se perguntando: "Então eu não tenho anjo guardião protetor?". A princípio não, pois você já tem uma essência angelical muito forte, em decorrência de atos humanitários já praticados, pelos quais sua própria vida foi doada em benefício de um grupo. Contudo, na hora em que você nasceu, havia um anjo presente para ajudá-lo nessa nova vida. Verifique neste livro qual **anjo guardião protetor estava mais próximo da Terra na hora de seu nascimento, então o adote porque ele foi, é e sempre será seu anjo guardião protetor.** Se você não sabe a hora exata de seu nascimento, então, após estudar as características de cada anjo, poderá escolher aquele com o qual melhor se identificar para ser seu Anjo Guardião Protetor, para você e sua alma.

As pessoas nascidas sob a influência dessa categoria deverão ser inimigas da impureza, da ignorância e da libertinagem.

Terão muito respeito pela divindade e serão sublimes em suas orações. Suas almas imortais, já viveram muitos séculos seguidos na Terra. Nunca estarão sujeitos à corrupção.

Se essa pessoa transgredir essas leis, sua missão na Terra não se cumprirá e tudo se voltará contra ela.

A simples presença física das pessoas nascidas em 5/1, 19/3, 31/5, 12/8 e 24/10 consegue afastar o anjo contrário de uma pessoa, família ou de um grupo.

A seguir, daremos informações mais personalizadas de cada anjo e por dia de nascimento.

Para os nascidos no dia 5/1

Personalidade: são pessoas pacientes, com inteligência aguda, têm facilidade em expor suas ideias, tornando-os assim indivíduos de sucesso. Além disso, quem nasce nesse dia é fiel, está sempre presente quando os amigos precisam, é protegido dos deuses, é perseverante e exerce o poder com exato senso de justiça. É um(a) excelente conselheiro(a). Tem muita coragem para enfrentar a vida.

Anjo contrário: se você deixar o anjo contrário influenciar sua vida, poderá ter as seguintes características comportamentais negativas:

Dominará a impaciência, o orgulho exagerado, o egocentrismo e a falta de modéstia.

Para os nascidos no dia 19/3

Personalidade: são pessoas corajosas e inteligentes. Contagiam a todos com seu espírito de liderança e grande amor pela vida. Muito exigentes com as pessoas ao seu redor. Têm grande consciência da própria força e magnetismo. Exercem domínio sobre todos com grande facilidade. Organizadas, com forte senso do dever, despendem muita energia nos negócios novos ou desafiadores. Provavelmente obtêm muito equilíbrio quando trabalham em equipe. Constroem seu próprio bem sem nunca se esquecer dos outros.

Anjo contrário: se você deixar o anjo contrário influenciar sua vida, poderá ter as seguintes características comportamentais negativas:

Dominará a impulsividade, as aventuras amorosas, o egoísmo e a violência.

Para os nascidos no dia 31/5

Personalidade: tudo o que é novo e desafiante exerce um enorme fascínio sobre você, que gosta de fortes emoções, por isso está sempre experimentando e conhecendo coisas novas. Assim como um pássaro, está sempre voando alto e de galho em galho. Adora a adaptação de coisas que instigam e desafiam sua inteligência. É um(a) pesquisador extremamente curioso(a) e individualista(a). Tem forte capacidade de comunicação, uma grande alegria interior e uma praticidade enorme em expor suas ideias e metas. Superativo(a), estará sempre "inventando" alguma coisa nova.

Anjo contrário: se você deixar o anjo contrário influenciar sua vida, poderá ter as seguintes características comportamentais negativas:

Dominará a dupla personalidade, o nervosismo, a preguiça e a falta de fixação a um amor de verdade.

Para os nascidos no dia 12/8

Personalidade: você enfrenta os trabalhos e os obstáculos do caminho com bravura, pois gosta de viver cada minuto como se fosse o último. Verdadeiro(a) em suas emoções, ama e odeia com a mesma intensidade, o que resulta em despertar nos outros raiva ou paixão. Bastante extrovertido(a), dotado(a) de grande energia e poder, adora enfrentar situações difíceis e está sempre as superando. A energia é a mesma do sol, nasceu para brilhar, é orgulhoso(a) e trabalhador(a).

Anjo contrário: se você deixar o anjo contrário influenciar sua vida, poderá ter as seguintes características comportamentais negativas:

Dominará a depressão, a estagnação e o abuso de poder. Não sabe perder nem aceitar a derrota.

Para os nascidos no dia 24/10

Personalidade: você é pura intuição e emoção. Uma pessoa que enfrenta qualquer caminho para alcançar seus objetivos. Sua intuição e trabalhos aliados tornam-no(a) uma pessoa vencedora e muito admirado(a). É carinhoso(a) e está sempre em busca do grande amor de sua vida. Possui intenso sentimento de emoção, persistência imensa, intuição fortíssima, que, se bem canalizado(a), fará trabalhar diretamente com os poderes paranormais. Resiste a todas as adversidades, e está sempre disposto a defender o que almeja, em todas as áreas.

Anjo contrário: se você deixar o anjo contrário influenciar sua vida, poderá ter as seguintes características comportamentais negativas:

Dominará o ciúme excessivo, a desconfiança e o uso da potencialidade intuitiva, para praticar religiões negativas.

I – Coletânea de Orações para Todas as Ocasiões

(PRECES POR AQUELE MESMO QUE ORA E OUTROS)

Aos Anjos Guardiões Protetores

Esclarecimentos preliminares

Todos temos, ligado a nós e desde nosso nascimento, um Anjo Guardião Protetor, que nos tomou sob sua proteção. ***"Deus nos deu nosso Anjo Guardião Protetor, nosso guia principal e superior."***

Desempenha, junto de nós, a missão de um pai para com seu filho: a de nos conduzir pelo caminho do bem, do progresso e da prosperidade. Sente-se feliz, quando correspondemos à sua solicitação; sofre quando nos vê fraquejar e errar.

O nome de seu Anjo depende do dia e mês de seu nascimento. Invocamo-lo, então, como nosso Anjo Guardião Protetor, nosso companheiro e amigo fiel de todas as horas. Ele nos assiste com seus conselhos e, em muitas vezes, se permitirmos, ele nos ajuda em atos de nossa vida e nos caminhos que iremos seguir por meio de inspirações, sugestões, intuições (sopro em nosso ouvido).

Os Anjos Contrários e sedutores se esforçam para nos seduzir e nos afastar dos caminhos do bem, sugerindo-nos maus pensamentos, comportamentos, atitudes e ações. Aproveitam-se de todas as nossas fraquezas, como de outras tantas portas abertas, que lhes facultam acesso à nossa alma e pensamentos.

Há alguns que se apossam de nós como a uma presa, mas que também se afastam imediatamente, *quando se reconhecem impotentes para lutar contra nossa força e vontade de continuarmos sendo bons e seguidores dos conselhos de nosso Anjo Guardião Protetor para trilhar os caminhos do Senhor.*

Quando você consegue eliminar seus vícios e defeitos e começa a vibrar em elevadas sintonias de paz, harmonia, serenidade, amor e caridade, começa a ficar uma pessoa sem graça para eles e que acabam se afastando de você, mas se você descuidar e voltar a cultivar os vícios e defeitos, sua companhia volta a ser interessante e eles voltam a acompanhá-lo, e seu Anjo Protetor se afasta.

É um erro acreditarmos que, *forçosamente,* temos um Anjo Contrário ou Anjo Mau ao nosso lado, somente para contrabalançar as boas influências que os Anjos Guardiões Protetores exercem sobre nós.

Os Maus Gênios ou Anjos Contrários se aproximam *voluntariamente,* desde que achem meios de assumir predomínio sobre nós, por nossa fraqueza, pela invigilância ou negligência que tenhamos em seguir e praticar os ensinamentos de Cristo constantes no evangelho e as inspirações de nosso Anjo Guardião Protetor. Somos nós, portanto, que os atraímos com nossos pensamentos, ações, atitudes e comportamentos negativos. Nunca nos encontramos privados da assistência de nosso Anjo Guardião Protetor, e de nós depende o afastamento dos Anjos Maus e Contrários.

O homem sempre é seu próprio mau gênio, por suas imperfeições, que é a principal causa das misérias que o afligem. Nossos atos, ações, comportamentos e pensamentos nos aproximam ou nos afastam dos Anjos do Senhor. Por isso a importância de nos mantermos sempre vigilantes em nossas atitudes, comportamentos e pensamentos bons e sempre positivos. A prece aos Anjos Guardiões Protetores deve ter por objetivo *solicitar-lhes a intercessão junto de Jesus e de Deus,* pedir-lhes a força de resistir às más sugestões e que nos assistam nas dificuldades e problemas de nossa vida. Lembre-se de que os Anjos do Senhor respeitam nosso livre-arbítrio de não querer algo, eles só fazem o que lhes é solicitado.

USE O PODER DA ORAÇÃO PARA ALCANÇAR TUD EM SUA VIDA

Rezar, orar, é o caminho mais eficaz, eficiente e efetivo para conversar com nosso Anjo Guardião Protetor, com Jesus Cristo e/ou com Deus, nosso PAI MAIOR. E essa prática, desde tempos remotos, requer alguns cuidados especiais. Não se pode entrar em contato com o alto de qualquer maneira, de qualquer jeito e sob qualquer circunstância, a não ser quando se tratar de emergências. Nos momentos em que escolheu para orar, você tem de seguir alguns preceitos básicos para ter mais sucesso em seu contato e ser atendido em suas expectativas e pedidos. Chamaremos essa forma correta de:

Plano de dez etapas para conversar com seu Anjo Guardião Protetor

1. **Abra espaço para os Anjos em sua vida:** os anjos vivem no mundo espiritual, celestial, e nós vivemos no mundo material, da matéria. Os Anjos gravitam e levitam invisível e naturalmente em torno do planeta, de nós, de nosso lar, de nosso trabalho e de nosso mundo. Para que os Anjos se sintam à vontade junto de você é preciso que seu mundo, comportamentos, ações, pensamentos, sentimentos, atitudes e ambientes tornem-se o mais semelhante possível com o deles. Os Anjos sentem-se muito confortáveis, com pensamentos de amor, ternura, caridade e muita paz, e nunca com ódio, desamor, irritação e agressão. Talvez não seja tão fácil deixar de pensar, por exemplo, na falta de educação daquela atendente de telemarketing, daquela cortada que você recebeu do outro motorista no trânsito ou do insulto do vizinho, da humilhação do colega ou do patrão. Mas você pode libertar-se das irritações, comungando diariamente e por alguns minutos com seu Anjo Guardião Protetor.

2. **Visualize aquilo que você deseja:** você pode aumentar e muito o poder de sua oração para o atendimento de seu pedido, visualizando e mantendo um "quadro de visões mentais do futuro", as imagens mentais nítidas das coisas imateriais e bens materiais que você deseja obter. Visualize uma luz brilhante e forte envolvendo seu pedido. Isso significa que tudo

já está colocado nas mãos de seu Anjo Guardião Protetor. Por exemplo: em seu "quadro de visões mentais do futuro" o pedido deve ser bastante explícito, de preferência escrito e com fotos coladas neste quadro, indicando claramente tudo o que você deseja: carro, casa, trabalho, emprego, saldo bem positivo de conta bancária, estado de saúde excelente, características do(a) parceiro(a), filhos, família, etc. E se possível for, com data prevista para sua completa efetivação e realização. Assim, sua comunhão e sincronia com o UNIVERSO e com seu Anjo Guardião Protetor será completa.

3. **Comungando com o Anjo Guardião Protetor:** uma das maneiras mais práticas para fazer isso é afastando-se de todas as distrações mundanas, desligando o som, a TV, o celular e procurar um lugar isolado e sossegado para se recolher em profunda meditação. Na hora de conversar com seu Anjo Guardião Protetor, abra o coração a ele como a um amigo devotado e especial que ele é para você. Conte-lhe seus segredos, seus planos de vida definidos no "quadro de visões mentais do futuro" como contaria a um amigo íntimo, prepare-se e espere para ouvir as respostas dele de como fazer para atingir cada uma das metas de seu "quadro de visões mentais do futuro".

4. **Entregue-se totalmente à oração:** na hora de visita de seu Anjo Guardião Protetor à Terra, ou em outro horário mais adequado para você, recolha-se ao seu oratório em sua casa, ou se puder em sua Igreja, templo, em um local adequado em seu trabalho, fique em absoluto silêncio e concentre-se totalmente em pensamentos positivos, procurando ver suas qualidades e bondades com otimismo. Invoque seu Anjo Guardião Protetor pelo nome (saiba qual é o seu consultando neste livro). Escolha a(s) oração(ões) a seguir que melhor lhe convier para o dia e o momento que você está passando e ore, reze com toda fé. Nunca se esqueça de agradecer quando receber sua graça. Você agradeceria a um favor recebido de qualquer pessoa, certo? Então, por que não agradecer a Deus e ao seu Anjo Guardião Protetor? Nossa sugestão de agradecimento é muito simples: "Obrigado(a), muito obrigado(a) Meu Senhor

e Meu Anjo Guardião protetor, Bendito é o meu desejo porque ele é realizado para o bem de todos os envolvidos. Amém".

5. **Crie o hábito de orar todos os dias e se possível sempre na mesma hora:** fazendo da oração um hábito diário e com hora marcada, você criará um vínculo de responsabilidade e compromisso para com seu Anjo Guardião Protetor, que sempre estará presente naquele horário para atendê-la, ouvir e levar seus pedidos a Deus. Lembre-se, você não está fazendo compromissos com seres humanos, que falham e às vezes nem sempre têm responsabilidades com horários. Eles têm, cumprem os horários e são extremamente rigorosos, pois têm outros compromissos a realizar com outras pessoas que protegem, portanto, seja pontual.

6. **Acredite em Deus e tenha fé** – *"Pois em verdade vos digo que, se tiverdes fé do tamanho de um grão de mostarda, diríeis a este monte: Passa daqui para acolá, e ele passará. Nada vos será impossível"* (Mt 17.20). Você, tendo fé e confiando nos planos que preparou e que Deus confirmou para si, terá dado o primeiro passo para alcançar os milagres que a oração pode proporcionar em sua vida. De nada lhe adianta fazer todas as orações deste livro que foram coletadas e preparadas especialmente para você, se não acreditar de corpo, alma, vida e essência de seu ser em seus resultados positivos.

7. **Seja determinado e perseverante em sua fé:** Conheço muita gente que nada, nada e morre na praia; às vezes seu pedido relacionado com seu "quadro de visões mentais do futuro" pode demorar a ser atendido. Ocorre que lá no alto o tempo corre de forma diferente daqui da Terra, mas tenha sempre em mente que Deus é quem sabe o momento certo de se fazer presente em sua vida. Por isso **NÃO DESISTA NUNCA,** continue orando e agradecendo pelas graças que vem recebendo diariamente e tendo fé e esperança de que, mais cedo ou mais tarde, o Senhor irá atendâ-la e seus desejos serão realizados.

8. **Agradeça a tudo e a todos os dias:** rezar, orar, nunca foi sinônimo de pedir algo a Deus, mas de entrar em sintonia com o alto. Tenha o bom hábito de orar e de agradecer a seu Anjo Guardião Protetor e a Deus pelo dia que pode estar começando; por sua saúde, por sua realização profissional e financeira, pela família e amigos que você tem, por seu emprego, dentre outras coisas importantes que já existem em sua vida.

9. **Seja específico, claro e objetivo em seus pedidos:** o Anjo Guardião Protetor atende ao seu chamado com precisão. Quanto mais claro, específico e objetivo for seu pedido, mais específica também será a resposta. Enquanto você estiver em harmonia com o universo e dedicando sua energia a ajudar as outras pessoas, "tudo neste universo irá conspirar a seu favor", as hostes angelicais também o ajudarão nos menores detalhes de sua vida. Portanto, quanto mais detalhado for seu pedido, mais satisfeito você ficará com os resultados.

10. **Espere surpresas de seu pedido:** estas perguntas todos fazem: por que os Anjos atendem a algumas orações e pedidos de algumas pessoas e de outras não? Por que uma pessoa ora, reza, durante anos seguidos pedindo alguma coisa que nunca acontece, enquanto outros **conseguem** imediatamente o que pedem? A resposta é a seguinte: a eficiência com que os Anjos respondem às nossas orações está diretamente relacionada com os efeitos cumulativos de nossos débitos e de nossas ações passadas nesta vida ou em outras. Os Anjos vão sim responder às suas orações e pedidos, desde que eles se enquadrem em três requisitos básicos de sua vida:

- não podem interferir com o plano de Deus para com sua alma;
- não podem causar prejuízo ou mal a você ou qualquer outra pessoa;
- o momento deve ser apropriado.

Você poderá orar e rezar anos seguidos para ganhar na loteria, na mega-sena, na esportiva ou para comprar uma casa, um carro sem nunca obter resultado. Mas poderá receber uma proposta de emprego muito bem-remunerado, ou uma empresa próspera que lhe abra novos horizontes e ganhos iguais ou maiores e muito mais gratificantes que prêmios de loterias. Talvez seu Anjo Guardião Protetor não pudesse atender à sua prece, fazendo-o ganhar na loteria, porque sua alma precisava aprender a lição de ganhar seu sustento com o próprio suor. Mas respondeu da forma que era melhor para você e sua alma.

PREPARAÇÃO PARA A ORAÇÃO

Em qualquer momento de oração, a preparação espiritual é absolutamente necessária, não só para que se consiga uma sintonia vibratória mais perfeita com o alto, como também para oferecer um ambiente mais adequado para a ancoragem dos Anjos Guardiões. Essa preparação sempre exige um esforço e concentração maiores para se poder ascender, degrau por degrau, na conquista de uma sintonização harmoniosa e pura, que possa nos oferecer um ambientação adequada e de vibrações fluídicas de boa energia.

Damos um esquema de preparação esboçado em quatro estágios complementares e sequenciais, conforme segue:

1. Em primeiro lugar, nos concentramos firmemente em nosso Anjo Guardião Protetor que sempre e muito particularmente se interessa por nosso bem-estar e do qual devemos sempre nos lembrar.
2. Em segundo lugar, quando já atingimos por nossa vibração e sintonia intensas muitas esferas acima da atmosfera terrestre, concentramos nossa fé e pensamentos na mãe de Jesus Cristo, também nossa Mãe Espiritual, Maria de Nazaré, de quem recebemos os eflúvios de sua ternura maternal.
3. Atingimos por fim a esfera crística, onde o Divino Mestre Jesus, nosso amigo e irmão, habita e de onde orienta e protege nosso planeta. Dali extraímos forças redobradas e luzes para continuarmos nossa caminhada aqui na Terra, como seus humildes seguidores e discípulos.
4. Finalmente agora, já com o coração vibrando intensamente amor, respeito e gratidão, nossa alma, saturada de luz e de esperança,

prosterna-se diante de Deus, o Supremo Criador Incriado, nosso PAI MAIOR a quem tudo devemos; nossa vida, o passado, o presente e o futuro, nas glórias da eternidade. Neste momento já estamos preparados para proferir a prece: "Pai-Nosso que estais no céu...", que pode ser lida em alta concentração e vibração nas palavras adiante descritas.

Os Anjos Guardiões Protetores recomendaram que, encabeçando esta coletânea de orações, puséssemos a *Oração do Pai-Nosso*, não somente como prece, mas também como símbolo. De todas as preces, é a que eles colocam em primeiro lugar, seja porque procede do próprio Jesus Cristo por meio do Evangelho segundo São Mateus, 6:9 a 13, seja porque pode suprir a todas as nossas necessidades de orações, conforme os pensamentos que tivermos de cada uma de suas mensagens e palavras.

É o mais perfeito modelo de concisão, verdadeira obra-prima de sublimidade na simplicidade. Com efeito, sob a mais singela forma, ela resume todos os deveres do homem para com Deus, para consigo mesmo e para com o próximo. Encerra uma profissão de fé, um ato de adoração e de submissão perfeitos; o pedido das coisas necessárias à vida e o princípio da caridade.

Quem fizer essa oração em intenção de alguém pede para este o que pediria para si. Contudo, em virtude mesmo de sua brevidade, o sentido profundo que as poucas palavras encerram, das quais ela se compõe, escapa à maioria das pessoas. Daí vem a leitura ou oração, geralmente, sem que os pensamentos se detenham sobre as aplicações de cada uma de suas palavras. Para preencher o que de vago a concisão dessa prece deixa na mente, a cada uma de suas proposições acrescentamos, inspirados pelos Anjos Guardiões Protetores e com a assistência deles, um comentário que lhes desenvolve melhor o sentido e mostra melhor suas aplicações. Conforme, pois, as circunstâncias e o tempo de que disponha, você poderá fazer a *Oração do Pai-Nosso,* aquela que o Senhor Jesus nos ensinou, em sua forma mais *simples*, ou em sua forma *desenvolvida*, conforme segue:

I. Pai-Nosso, que estais no céu, santificado seja o vosso nome!
Cremos em Ti, Senhor, porque tudo revela o Teu poder, a Tua glória e a Tua bondade. A harmonia do Universo dá testemunho de uma sabedoria, de uma prudência e de uma previdência que ultrapassam

todas as faculdades humanas. Em todas as obras da Criação, desde o raminho de uma erva minúscula e o pequenino inseto, até os astros que se movem no espaço, o nome que se acha inscrito é de um ser soberanamente grande e sábio. Por toda a parte nos deparamos com a prova paternal de Tua existência. Cego, portanto, é aquele que não Te reconhece em Tuas obras grandiosas, orgulhoso aquele que não Te glorifica e ingrato aquele que não Te rende graças.

II. Venha a nós o vosso reino!

Senhor, deste aos homens leis plenas de sabedoria e que lhes dariam a felicidade, se eles as cumprissem. Com essas leis, fariam reinar entre si a paz e a justiça social e mutuamente se auxiliariam, em vez de se maltratarem, como o fazem. Os fortes sustentariam os fracos, em vez de os esmagarem. Evitados seriam todos os males, que se originam dos excessos e dos abusos. Todas as misérias deste mundo são as consequências do descumprimento e desobediência de Tuas leis e mandamentos, porque nenhuma dessas infrações a Tuas leis deixa de ocasionar fatais consequências.

Deste aos animais o instinto, que lhes traça o limite do necessário, e eles maquinalmente se conformam com isso; ao homem, entretanto, além desse instinto, deste a inteligência e a razão; também lhe deste a liberdade e o livre-arbítrio de cumprir ou infringir qualquer uma das Tuas leis; isto é, a liberdade de escolher entre o bem e o mal, a fim de que tenha o mérito, mas também a responsabilidade de suas ações.

Ninguém pode alegar ignorância de Tuas leis e mandamentos, pois, com paternal cuidado, quiseste que elas se gravassem na consciência de cada um, sem distinção de raças, credos, nem de nações. Se as violam e as descumprem é porque as desprezam. Chegará um dia em que, segundo Tua promessa, todos praticarão Tuas leis. Desaparecerá então da face da Terra toda a incredulidade, reinando somente a fé, o amor e a paz universal. Todas as pessoas, de todas as crenças religiosas, te reconhecerão por Soberano e Senhor absoluto de todas as coisas, e o reinado de Tuas leis será de Teu reino na Terra, onde todos poderão viver em paz, irmandade e harmonia absoluta.

Assim, Senhor, digna de apressar este momento, trazendo aos homens de boa vontade e aos de não tão boa vontade a luz necessária que os conduza ao caminho da verdade do evangelho do PAI MAIOR, vivido por Jesus, bem como da luz e da paz universal tão desejada por todos.

III. Seja feita a vossa vontade, assim na Terra como no Céu.

A submissão e obediência são nosso dever de filho para com nosso pai e do subordinado para com seu superior ou patrão. Quanto maior não deve ser essa submissão, para com nosso Pai Celestial e Criador de todas as coisas! Fazer Tua vontade, Senhor, é observar tuas leis e submeter-se, sem reclamações, aos Teus mandamentos. Nós, seres humanos, nos submeteremos totalmente a essas leis, quando compreendermos que Tu Senhor é a verdadeira fonte de toda a nossa sabedoria e que sem Ti nada podemos. Aí sim será feita então Tua vontade na Terra, como os eleitos a fazem no Céu.

IV. O pão nosso de cada dia nos dai hoje.

Conceda-nos o alimento indispensável à sustentação das forças de nosso corpo; mas conceda-nos também o alimento espiritual para o desenvolvimento de nossa alma. Os animais encontram seu alimento na natureza, o homem, porém, retira seu sustento de sua própria atividade e dos recursos de sua inteligência, porque Tu Senhor o criaste livre. Deixaste escrito: "Tirarás da terra o alimento com o suor da tua fronte".

Desse modo, fizeste do trabalho, para ele, o homem, uma obrigação, a fim de que exercitasse sua inteligência na procura dos meios de prover às suas necessidades e ao seu bem-estar e de seus familiares, alguns mediante o trabalho manual, outros pelo trabalho intelectual. Sem o trabalho, ele se conservaria estacionado, sem evolução e não poderia aspirar à felicidade completa das almas superiores e iluminadas por Deus. Tu, Senhor Jesus, sempre ajudas os homens de boa vontade que em Ti confiam, e a quem concedes o necessário. Entretanto, aquele que é ocioso, não trabalha e que deseja obter tudo na vida, principalmente os supérfluos, sem o menor esforço pessoal, já terá recebido sua recompensa aqui na terra. Quantas pessoas fraquejam e sucumbem por culpa própria, por sua negligência, por sua imprevidência, ou por sua ambição e também por não se contentarem e se resignarem com o que lhes foi concedido! Esses são os resultados de seus erros e pecados e sem direito a reclamar, porque estão colhendo o que plantaram, naquilo em que pecaram. Mas, nem mesmo a esses abandonas, porque és infinitamente misericordioso.

As mãos lhes estendes para socorrê-los, desde que, como o filho pródigo, se volte sinceramente para Ti. Antes de nos queixarmos da sorte, façamos profunda reflexão sobre nossos atos e comportamentos passados, e certamente chegaremos à conclusão de que a culpa é toda nossa. A cada problema, dificuldade ou desgraça que nos acontece, reflitamos se não esteve em nossas mãos os meios de como evitá-las.

Consideremos também que Deus nos outorgou a inteligência para tirar-nos do lameiro dos erros, faltas e pecados por atos e omissões, e que só depende de nós o modo como utilizaremos essa inteligência. Pois que à lei do trabalho se acha submetido o homem na Terra, dá-nos coragem e forças para obedecer a essa lei. Dá-nos também a prudência, a previdência e a moderação, a fim de não perdermos o respectivo fruto.

Dá-nos, pois, Senhor, o pão nosso de cada dia, isto é, os meios de adquirirmos, pelo trabalho, as coisas necessárias à nossa sobrevivência, porque ninguém tem o direito de reclamar o supérfluo. Se não podemos trabalhar, à Tua divina providência entregamos nosso destino e em Ti confiamos. Se estiver em Tua vontade experimentar nossa fé pelas mais duras provações, não obstante nos esforçarmos, aceitamos essas dificuldades como justa expiação das faltas e erros que tenhamos cometido nessa existência, ou em outra anterior, mas temos consciência de que estás sendo justo.

Sabemos que não há penas injustas ou não merecidas, estamos pagando e pagaremos sempre pelo mal que causarmos aos outros.

Preserva-nos, ó meu Deus, de invejar os que possuem o que não temos, nem mesmo os que dispõem do supérfluo, ao passo que a nós nos falta, às vezes, o necessário. Perdoa-lhes se esquecem a lei de caridade e de amor do próximo, que lhes ensinaste. Afasta, igualmente, de nosso espírito a ideia de negar Tua justiça, ao notarmos a prosperidade do homem mau e a desgraça que cai por vezes sobre o homem de bem.

Já sabemos, graças às novas luzes que nos concedeste, que Tua justiça se cumpre sempre e com todos. Sabemos que a prosperidade de bens materiais é tão efêmera quanto sua existência corpórea, e seu possuidor, sem bondade nem caridade, experimentará terríveis reveses, ao passo que eterno será o júbilo daquele que sofre resignado.

V. *Perdoai-nos as nossas ofensas, assim como nós perdoamos a quem nos tem ofendido.*

Cada uma de nossas desobediências às Tuas leis, Senhor, é uma ofensa que Te fazemos e uma dívida que contraímos e que, cedo ou tarde, teremos de saldar. Rogamos-te que perdoe nossas ofensas pela Tua infinita misericórdia, sob a promessa, que Te fazemos, de empregarmos os maiores esforços para não mais ofender.

Tu nos impuseste por lei expressa a caridade, mas, a caridade não consiste apenas em assistirmos nossos semelhantes em suas necessidades básicas (alimento, vestimenta, moradia, etc.); também consiste no esquecimento e no perdão das ofensas que nos causaram. Com que direito poderemos pedir Teu perdão se não perdoarmos a quem nos ofendeu? Assim, concede-nos, ó meu Deus, forças para apagar de nossa alma todo ressentimento, todo ódio e todo rancor aos nossos irmãos.

Livra-nos da morte enquanto tivermos no coração ódio e desejos de vingança. Se a morte nos levar hoje deste mundo, fazei que possamos nos apresentar, diante de Ti, puros e livres de todo o pecado, a exemplo de Jesus Cristo, cujos últimos pensamentos foram em prol de seus carrascos.

Constitui parte de nosso crescimento espiritual passar por todas essas dificuldades, as perseguições que os maus nos infligem. Devemos, então, recebê-las sem nos queixarmos, como todas as outras provas, e não maldizer dos que, por suas maldades, nos rasgam o caminho da felicidade eterna, visto que nos disseste, por intermédio de Jesus Cristo: **"Bem-aventurados os que sofrem pela justiça!"**. Bendigamos, portanto, a mão daqueles que nos ferem e humilham, uma vez que as mortificações de nosso corpo nos fortificam e enobrecem nossa alma, e que seremos muito melhores em razão da prática constante de nossa humildade, do amor e da caridade para com nossos irmãos.

Bendito seja Teu nome, Senhor, por nos teres ensinado que nossa sorte não está irrevogavelmente fixada depois da morte. Encontraremos, sim, outras oportunidades e meios de resgatar e reparar nossas culpas passadas e de cumprir em nova vida o que não podemos fazer nesta, para nosso progresso. Assim se explicam, afinal, todas as anomalias aparentes desta vida. É a luz que se projeta sobre nosso passado e nosso futuro, sinal evidente de Tua justiça soberana e de Tua infinita bondade.

VI. Não nos deixeis cair em tentação, mas livrai-nos do mal.

Dai-nos, Senhor, a força de resistir às sugestões dos anjos contrários, que tentam desviar-nos do caminho do bem, inspirando-nos maus pensamentos. Sabemos que somos imperfeitos e sabemos também que estamos em fase de crescimento e evolução espiritual aqui na Terra.

Em nós mesmos está a causa primária do mal, e os anjos contrários apenas se aproveitam dessas nossas tendências e vícios para nos tentarem. Cada imperfeição que temos é uma porta aberta à influência dos anjos contrários, por outro lado, eles se tornam impotentes e renunciam a toda tentativa contra nós, se nos acercarmos e solicitarmos a constante e permanente proteção de nosso Anjo Guardião Protetor.

É inútil, entretanto, fazermos tudo o que for possível para afastá-los, se não lhes declararmos nossa completa, decidida e inabalável vontade e nossa fé em Deus de permanecermos no bem, e decretarmos nossa absoluta renúncia ao mal. Precisamos dirigir nossos esforços para o fortalecimento de nossa fé em nosso Anjo Guardião Protetor e em Deus, nosso Pai Maior que está nos céus, se assim o fizermos os anjos contrários naturalmente se afastarão, porque nossa maldade e invigilância os atraem, ao passo que nossa bondade, caridade e amor ao próximo os repelem completamente.

Senhor, ampara-nos em nossa fraqueza; inspira-nos, por nossos Anjos Guardiões Protetores, a vontade de nos corrigirmos de todas as imperfeições a fim de impedirmos ao anjo contrário o acesso aos nossos pensamentos (alma, espírito) e uma influência às nossas atitudes. O mal não é obra Tua, Senhor, porque o santo manancial de todo o bem que nos inspira nada de mal pode gerar. Somos nós mesmos que criamos o mal, infringindo Tuas leis, mandamentos e fazendo mau uso da liberdade que nos outorgaste, permitindo, às vezes, o acesso ao anjo contrário.

Quando os homens na Terra cumprirem suas leis, o mal desaparecerá totalmente, como já desapareceu de outros mundos mais adiantados e evoluídos espiritualmente que o nosso. O mal não constitui para ninguém uma necessidade fatal e só parece irresistível aos que gostam da maldade. Desde que tenhamos vontade, poderemos sempre praticar o bem e a caridade em nossas vidas e em nossas relações pessoais, profissionais, sociais, enfim, onde estivermos convivendo.

Por isso pedimos a Ti, Meu Deus, Tua infinita e bondosa assistência e a dos Anjos Guardiões Protetores, a fim de resistirmos a toda e qualquer tentação.

VII. *Assim seja. Amém.*

Senhor, que nossos desejos se realizem. Mas, nos submetemos perante a Tua sabedoria infinita. Em todas as coisas que não somos ainda capazes de entender, seja feita tua santa vontade e não a nossa, pois somente queres nosso bem e, melhor do que nós, Tu sabes o que nos convém e o que merecemos.

Dirigimos-Te esta prece, ó Deus, por nós mesmos e também por todas as almas sofredoras, vivas e mortas, pelos familiares, nossos amigos e, principalmente, por aqueles que não nos querem bem, por todos os que solicitem nossa assistência e, em particular, por (diga o nome de alguém ou algumas pessoas em especial..........................).

Para todos suplicamos Tua misericórdia e Tua bênção.

Nota: aqui, podem ser formulados os agradecimentos que se queiram dirigir a Deus e o que se deseje pedir para si mesmo ou para outrem.

Prece suplicando contato direto com seu Anjo Guardião Protetor.

Escreva para seu Anjo Guardião Protetor. Por que não? Ele vai gostar muito de receber sua mensagem, fará tudo o que estiver ao seu alcance para atender ao seu pedido. Há uma "fórmula" especial para escrever e enviar este recado; veja a seguir algumas orientações básicas.

- Escreva tudo com letra maiúscula. O tipo de papel é você quem escolhe.

- Comece a carta com o nome de seu Anjo Guardião Protetor (se você ainda não sabe o nome de seu Anjo, pode consultar neste livro), caso contrário, com toda certeza, ele sabe o seu, então o invoque assim: "Eu chamo o Anjo da Guarda de (..........................

............) e diga seu próprio nome completo, neste caso escreva a mensagem.
- Escreva dez pedidos, relatando seus desejos e planos, tudo no tempo presente, senão o Anjo pega o bilhete e guarda na gaveta do futuro. Como ele não tem a mesma noção de tempo que você, será bem capaz de providenciar seu desejo e pedido para daqui a 50 anos.
- Evite usar as palavras não, nunca, jamais, mágoa, sonho (no sentido de desejo) e dívidas. Veja a seguir os termos inadequados para usar com eles.

Em vez de escrever pedidos do tipo:	Escreva pedidos assim:
Quero emagrecer.	Obrigado(a) pelo meu peso ideal.
Quero um(a) namorado(a) (cônjuge).	Obrigado(a) pelo namorado(a) (cônjuge).
Quero me curar da minha doença.	Obrigado(a) pela minha saúde perfeita.
Quero passar de ano na escola.	Obrigado(a) pela aprovação na escola.
Quero pagar minhas dívidas.	Obrigado(a) pelas minhas despesas em dia.

- No final da "carta mágica", termine com a frase: "Bendito é o meu desejo porque ele é realizado, para o meu bem e o bem de todos os envolvidos. Amém".
- Coloque-a em um envelope e enderece-a em nome de seu Anjo Guardião Protetor. Guarde a carta dentro deste livro ou da Bíblia.
- Depois de sete dias, queime-a junto com a queima do incenso de seu Anjo Guardião Protetor. A fumaça do papel e do perfume do incenso levará seu pedido para seu Anjo.

Fatos e Narrativas Históricas

Importantes personagens históricos nos levam a crer que eles detinham conhecimentos especiais sobre esse poder memorável de conversar com seus Anjos Guardiões Protetores e obter os resultados esperados, cada um à sua maneira, como veremos a seguir:

1. "Dê o primeiro passo com fé, não é necessário que veja todo o caminho completo, só dê o primeiro passo." (**Martin Luther King**)
2. "Você cria seu próprio universo durante o caminho" (**Winston Churchill**)
3. "Qualquer coisa que a mente do homem puder conceber, também poderá alcançar." (**W. Clement Stone**)
4. "Não saberia dizer qual é esse poder, tudo o que sei é que ele existe." (**Graham Bell**)
5. "Tudo o que somos é resultado de nossos pensamentos." (**Buda**)

"A forma nada vale, o pensamento é tudo. Ore, pois, cada um segundo suas convicções e da maneira que mais o toque. Um bom pensamento vale mais que um grande número de palavras com as quais nada tenha o coração."

É importante salientar que a oração nos permite alcançar tudo que desejarmos: felicidade, amor, saúde, abundância, paz espiritual, prosperidade, desde que utilizemos e enderecemos corretamente os pedidos, os pensamentos e os sentimentos calcados na oração de forma correta.

A visualização adquire, nesse processo, um papel de grande relevância. Por isso, escrever o que desejamos e juntar fotografias do que queremos contribuem para estimular as imagens mentais, as quais fazem acontecer, como tão bem nos disse Albert Einstein: **"A imaginação é tudo, é uma visão antecipada das atrações da vida que virá"**.

Afinal, qual é esse segredo de poder se comunicar com nossos Anjos Guardiões Protetores e obter tão impressionantes resultados em nossas vidas com relação a nossos pedidos e desejos? O segredo é a força de nossa própria fé. Nossos pensamentos precisam ser sempre positivos para gerarem sentimentos otimistas, felizes e de confiança. É necessário manter-se na frequência de nosso Anjo Guardião Protetor e da fé de que precisamos para alcançar o que queremos, pois o resultado almejado vai depender da intensidade e perseverança de nossa fé em vibração energética positiva e resultante de nossos sentimentos sinceros e constantes. E lembre-se, devem ser sempre positivos.

Caso a frequência e a intensidade de nossa fé e de nossas vibrações com nosso Anjo Guardião Protetor não estejam corretas, como fazer para permutá-las? Pelo pensamento, podemos rapidamente alterar nossa frequência, controlando e selecionando nossos pensamentos para somente se manifestarem sobre questões positivas. Com essa atitude, os sentimentos irão transmutar, e, consequentemente, a frequência para orar, atraindo somente coisas boas para nossa vida, como: realização profissional, emocional, amorosa, financeira e de saúde.

Considerando que nossos pensamentos motivam os sentimentos e os sentimentos geram as frequências que irão ditar tudo o que virá até nós por nossa fé, devemos manter constante e rígido controle sobre nossos pensamentos, não devemos deixá-los desviar um só segundo para nenhum outro lugar ou motivo negativo.

Há de se considerar que, controlando o que de fato iremos orar e pedindo em oração, passaremos a ver o que queremos para nós e consequentemente atrairemos exatamente isso, e não o que rejeitamos, como, de forma lamentável, tem acontecido na maioria das vezes com quase todas as pessoas.

Quando uma pessoa está com muitas dívidas ou doença, pensa, ora e deseja acabar com as dívidas ou acabar com a doença. Essa atitude é errada, pois com isso está atraindo mais dívidas ou mais doenças. Na verdade, devemos deixar de pensar em dívida e em doença, seja qual for o enfoque. O correto é orar e pensar em abundância, orar e pensar em saúde, orar e pensar em prosperidade para atraí-las na totalidade para nossas vidas e, é claro, com a ajuda de nosso Anjo Guardião Protetor.

Coletânea de Orações

Nas páginas a seguir, você encontrará poderosas orações para fazer ao seu Anjo Guardião Protetor e, com certeza, você sempre será atendido em todos os seus pedidos. Eles também gostam de compartilhar conosco de nossa felicidade e de nosso sucesso. Ore e reze com toda fé do mundo essas orações e mude totalmente todos os rumos de sua vida, como já aconteceu com vários leitores.

Orações para Todas as Ocasiões

Prece – Solicitando Indulgência e Reconhecendo Faltas

Perdoai-me, meu bom Deus, pelas vezes que errei e pequei, nesta vida ou em outras passadas, por ter feito mal uso de Vossa Energia Divina que existe em mim, por meio de pensamentos, palavras, atos ou omissões. Motivado ou induzido por razões diversas ou até mesmo por falta da prática da compaixão, amor, piedade e caridade para com meus irmãos. Dai-me (**Nome do seu anjo.....................**), meu Anjo Guardião Protetor, forças, iluminação e inspiração para o refazimento de minhas faltas, culpas, vícios e defeitos. Dai-me a lucidez necessária para continuar vigiando meus pensamentos e minhas ações, e orando sempre em agradecimento. Quero continuar acertando em minha vida moral, íntima, pessoal, espiritual, financeira e profissional, quero a humildade para o reconhecimento de minhas forças, de meus acertos, bem como, se necessário, a coragem para o recomeço e a reparação de minhas faltas cometidas. Assim seja. Amém.

Prece – Profissão Positiva de Fé

Eu tenho fé em (**Nome de seu anjo.....................**), meu Anjo Guardião Protetor, em Jesus Cristo e em Deus, Pai Maior, sou feito de puro amor porque sou feito à sua imagem e semelhança. Por isso tenho a centelha de Luz do **PODER DIVINO DA ATRAÇÃO UNIVERSAL,** eu posso e estou atraindo excelentes pessoas para meu convívio espiritual, pessoal, emocional, comercial e profissional. No campo material, eu posso e estou atraindo bens em abundância e prosperidade, para realizar todos os meus sonhos e necessidades materiais e ainda compartilhar. No campo emocional, eu posso e estou atraindo pessoas que me trazem harmonia, amor, ternura, paz, serenidade, equilíbrio, muita luz e poderei ainda compartilhar. No campo físico, eu posso e estou atraindo muita saúde, resistência e imunidade para o meu corpo. E no âmbito espiritual, eu posso e estou atraindo e mantendo espíritos de **LUZ** e meu **ANJO GUARDIÃO PROTETOR** ao meu lado permanentemente, em função de minhas boas vibrações e ações de reforma moral e íntima praticadas a cada pensamento, comportamento, palavra ou atitude por mim tomada. Sua inspiração constante e flamejante de paz, bondade, caridade e amor ao próximo amplia minha aura de luz interior e por isso eu posso transmitir harmonia, serenidade, paz e equilíbrio espiritual para qualquer emanação de vida que cruzar meu caminho. Esses meus desejos e essas minhas vontades são ordens e aspirações emitidas para o **UNIVERSO QUE SE ARTICULA INTEIRO PARA CONSPIRAR EM MEU FAVOR. ASSIM SEJA.**

Orações ao divino Mestre Jesus e ao Nosso Pai Maior

JESUS, DIVINO MESTRE, AMIGO E IRMÃO, DEUS, NOSSO PAI MAIOR DE BENEVOLÊNCIA SUPREMA, vós que estais no céu, no Universo Cósmico da Perfeição, nas Vossas múltiplas formas e divinos nomes. Em nós está Vosso Reino Perfeito de Luz e de Amor para que seja concretizada Vossa Vontade aqui na Terra, assim como é eterna já no **REINO DOS CÉUS.**

Bem-amado Mestre Jesus que um dia disse: **"TUDO O QUE PEDIRES EM MEU NOME, AO MEU PAI, TE SERÁ DADO; PORQUE TODOS AQUELES QUE PEDEM, RECEBEM; AQUELES QUE PROCURAM, ACHAM; E A PORTA SERÁ ABERTA PARA QUEM BATE"** (Lucas, 1).

Pedi, e dar-se-vos-á, buscai, e achareis; batei, e abrir-se-vos-á. Por que todo o que pede, recebe; o que busca, acha; e a quem bate, abrir-se-á. Ou qual de vós, porventura, é o homem que, se seu filho lhe pedir pão, lhe dará uma pedra? Ou, porventura, se lhe pedir um peixe, lhe dará uma serpente? Pois se vós outros, sendo maus, sabeis dar boas dádivas a vossos filhos, quanto mais vosso Pai, que está nos Céus, dará boas dádivas aos que lhas pedirem (Mateus, VII: 7-11).

Para que eu possa Te falar **E OUVIR-TE ATENCIOSAMENTE, SENHOR, FECHO MEUS OLHOS** E entro agora no quarto de meu templo interno, **TRANCO A PORTA DE MEU EU EXTERIOR** e Te confesso em segredo minhas anomalias, angústias, depressões, erros, vícios, defeitos, aflições e imperfeições:

Pai, ensina-me a **PEDIR PERDÃO** para cada erro, falta ou ofensa por mim cometida.

Pai, ensina-me a **PERDOAR** sinceramente cada ofensa recebida.

Pai, ensina-me a dizer aos meus irmãos somente palavras que abençoem e consolem.

Pai, ensina-me a ouvir apenas a Verdade sem ilusões nem máscaras.

Pai, clareia minha visão para que meus olhos só vejam o bem e a bondade nas pessoas.

Pai, mostra-me caminhos para que meus pés trilhem somente a fé, a esperança e a caridade,

Pai, abençoa minhas mãos para que cada gesto meu seja somente de consolo, amor e cura, nunca de agressão.

Senhor, ensina-me, neste momento, a calar o meu desvairado pensamento para que eu possa ouvir-Te silenciosamente.

(pausa para profunda reflexão e pedido de **PERDÃO**)

Pai, eu pedi e recebi. Procurei e achei. Bati à porta e ela se abriu.

Agora meu Universo é repleto de alegrias e paz, porque acordei para tudo o que a vida pode me ofertar de bom. Dessa forma, reparto com todos os irmãos meu amor e caridade, que são abundantes e eternos.

Ao meu Irmão, Meu Amigo **E BEM-AMADO MESTRE, JESUS CRISTO,** dedico-lhe minha eterna gratidão por Teus ensinamentos, e por Teus serviços prestados a mim a nós e a toda a humanidade, bem como por todas as Tuas curas aqui realizadas. Agradeço igualmente pela confiança depositada em mim para também ser uma Luz neste Mundo.

Amado Jesus, **DIVINO AMIGO,** agora "**EU SOU**" porque és Tu que vives e habitas em mim!

Preces – Solicitando Proteção Pessoal

Anjos Bons, esclarecidos e benevolentes, mensageiros de Deus, que tendes por missão assistir-nos e orientar-nos para o melhor caminho; dai-me a força para caminhar sempre em frente, que eu só pense positivo em minha vida, mesmo de forma inconsciente, e fazei que sempre dê oportunidade de entrada em meus pensamentos ou interferência em minhas ações aos Anjos de Luz que querem induzir-me a pensar e praticar bondades. Esclarecerei minha consciência com relação às minhas qualidades para continuar a desenvolvê-las positivamente.

A ti, sobretudo (**Nome do seu anjo**.....................), meu Anjo Guardião Protetor, que mais particularmente velas por mim, e a todos vós, Anjos Guardiões Protetores, que por mim vos interesseis, peço-vos que me orientem e me tornem digno de vossas proteções. Conheceis todas as minhas necessidades, então, que elas possam ser atendidas, segundo meu merecimento e a vontade de Deus Nosso PAI MAIOR. Assim Seja. Amém.

Ó (**Nome de seu anjo**........................), meu Anjo Guardião Protetor, meu amigo, meu irmão, meu verdadeiro e especial aliado em todas as horas. Ó meu Anjo Guardião Protetor radiante de luz, tu que abres meus caminhos desde sempre à minha direita e à minha esquerda, que vais à minha frente e guardas minhas costas. Ó anjo glorioso, eu te reconheço e o reverencio, aqui e agora. Muito obrigado por tua existência em minha vida, desde meu nascimento, obrigado por nossa constante parceria, por tudo e cada coisa boa e agradável que me acontece todos os dias, a maioria delas por tua causa.

Muito obrigado, **MEU DEUS,** por Tua proteção e dos Anjos Amigos, pelos constantes pensamentos positivos que me inspira, obrigado por Tua luz e pela orientação divina, sábia e precisa. Dedico a Ti todas as minhas conquistas e vitórias. Que a Tua luz esteja sempre comigo e o meu amor e gratidão estejam sempre Contigo. Assim seja para sempre. Amém.

"**LOUVADO SEJA MEU ANJO DO SENHOR, PORQUE MEU DESEJO JÁ ESTÁ SENDO ATENDIDO.**"

Reconhecimento da amizade e amor de seu Anjo Guardião Protetor

Ó Celeste amigo (**Nome de seu anjo........................**), meu Anjo Guardião Protetor, eu o saúdo! Você que me acompanha desde o dia de meu nascimento, ou talvez desde antes mesmo de eu ter essa forma física. Eu o amo, por sua constância perseverante e pelo tempo que dedica a mim. Eu lhe agradeço, porque sua vida só tem uma meta: Servir. Eu o abençoo, porque é parte do poder de Deus, expressão de Seu infinito amor. Divino aliado, faça com que eu possa compreender que nunca estou sozinho e me traga somente os bons e melhores pensamentos, também sabendo que você sempre está ao meu lado para apoiar-me e incentivar-me quando desperto meu desejo para o bem. Permita que ao olhar sua face e sentir sua presença, eu possa confiar no futuro e, por um momento, viver meu dia de hoje, meu presente, esse eterno "agora", dádiva divina que é a forma humana de abordar o infinito.

Invisível companheiro, que eu seja capaz de sentir sempre sua presença amiga em minha vida para compreendê-lo melhor e amá-lo cada dia mais. Assim seja.

Afirmações positivas para serem proferidas diariamente

- Vejo a prosperidade na simplicidade.
- O universo é rico e eu posso desfrutar de toda sua riqueza.
- A prosperidade é um estado natural do meu ser, por isso aceito a prosperidade em minha vida, em todos os meios.
- Estou em processo de ficar cada dia mais feliz, saudável, abundante e próspero.
- Aceito toda felicidade e prosperidade que o UNIVERSO está me oferecendo agora e ainda vai me oferecer.
- Sou eternamente grato(a) por tudo que tenho e terei e por tudo que sou e ainda serei.
- Atraio do universo somente pessoas verdadeiras e com sabedoria, que me ensinam algo de valor e que me façam evoluir.
- Sou sábio(a) e tudo posso naquele que me fortalece.

- Estou sempre protegido(a) por meu Anjo Guardião Protetor, meus caminhos se abrem e minha vida flui com tranquilidade, cheia de luz, amor puro e verdadeiro e muita paz.
- Eu me amo por tudo que sou e por tudo o que tenho.
- Onde quer que eu esteja há sempre um bem infinito, uma sabedoria infinita, uma harmonia infinita e um amor infinito.
- Eu estou e sou sempre feliz e grato a DEUS porque a prosperidade e a riqueza material, espiritual e intelectual sempre vêm até a mim de diversas fontes, formas e contínuas bases de rendimento e informação.
- GRAÇAS AOS ANJOS GUARDIÕES PROTETORES, A JESUS E A DEUS, NOSSO PAI MAIOR.

Oração para se CURAR E MANTER o corpo saudável

Meu Anjo é Guardião e Protetor, Jesus é Meu Divino Mestre e Deus é Meu Senhor e Meu PAI MAIOR

Meu Anjo é Guardião e Protetor, Jesus é Meu Divino Mestre e Deus é Meu Senhor e Meu PAI MAIOR

Meu Anjo é Guardião e Protetor, Jesus é Meu Divino Mestre e Deus é Meu Senhor e Meu PAI MAIOR

Eu estou em paz, saudável, motivado e otimista porque, ao pronunciar e clamar por teu nome, **Meu Anjo Guardião Protetor**, o nome de Nosso Senhor Jesus Cristo e o Santo nome do **Senhor Meu Deus**, todas as **FORÇAS POSITIVAS E CURATIVAS DO UNIVERSO** estão em **TORNO DE MIM**.

Entoar cantando em voz alta: (senão mentalmente)

IESUS CHRISTOS SOU VOSSO, PURIFICAI MEU SISTEMA CIRCULATÓRIO E REPRODUTOR
IESUS CHRISTOS SOU VOSSO, REGULAI MEU SISTEMA ENDÓCRINO E DIGESTIVO
IESUS CHRISTOS SOU VOSSO, FORTALECEI MEU SISTEMA MUSCULAR

Eu estou em paz, saudável, motivado e otimista porque ao pronunciar e clamar por teu nome, **Meu Anjo Guardião Protetor,** o nome de Nosso Senhor **Jesus Cristo** e o Santo nome do **Senhor Meu**

Deus, todas as **FORÇAS POSITIVAS E CURATIVAS DO UNIVERSO estão EM MIM.**

Entoar cantando em voz alta (senão mentalmente):
**IESUS CHRISTOS SOU VOSSO, DESENVOLVEI MEU SISTEMA NERVOSO E LINFÁTICO
IESUS CHRISTOS SOU VOSSO, PURIFICAI MEU SISTEMA RESPIRATÓRIO
IESUS CHRISTOS SOU VOSSO, SENSIBILIZAI MEU SISTEMA SENSORIAL**

Eu estou em paz, saudável, motivado e otimista porque ao pronunciar e clamar por teu nome, **Meu Anjo Guardião Protetor**, o nome de Nosso Senhor **Jesus Cristo** e o Santo nome do **Senhor Meu Deus,** todas as **FORÇAS POSITIVAS E CURATIVAS DO UNIVERSO estão DENTRO DE MIM.**

Entoar cantando em voz alta (senão mentalmente):
**IESUS CHRISTOS SOU VOSSO, FORTIFICAI MEU SISTEMA ÓSSEO
IESUS CHRISTOS SOU VOSSO, FORTALECEI MEU SISTEMA IMUNOLÓGICO
IESUS CHRISTOS SOU VOSSO, NORMALIZAI FINALMENTE, SENHOR, TODOS OS ÓRGÃOS DE MEU CORPO, ENVOLTÓRIO PRECIOSO DE MINHA ALMA**

Reverentemente saúdo a toda a Sagrada Família: José, Maria e Jesus, a Maria Madalena e a todos os "Mestres Ascensionados", Adeptos e Instrutores do conhecimento total de todos os tempos e lugares.

Também saúdo a todos os Anjos do Senhor. Ao Anjo Custódio e a todos os meus Protetores e Amigos do Mundo Invisível.

E neste dia de hoje (dia da semana, mês e ano) saúdo a (**Nome do seu Anjo**....................), meu anjo Guardião Protetor, aos Príncipes Superiores que regem e protegem este dia, para que possam ouvir minhas preces, minhas súplicas, minhas necessidades, levando-as a todas as dimensões divinas do UNIVERSO e ao muito amado Senhor Jesus Cristo, a fim de que meus caminhos a serem trilhados hoje e sempre possam ser abertos e eu possa realizar tudo o que desejo, necessito e mereço no plano material e espiritual da vida, segundo os princípios de Direito, da Justiça, da Razão, do Equilíbrio, da Equidade e do merecimento.

Fazer o sinal da cruz antes de cada frase a seguir.
+ Glória ao Poder do Pai para nos fortificar
+ Glória à benevolência e ao conforto da Mãe para nos abençoar
+ Glória à Sabedoria e ao exemplo do Filho para nos elucidar
+ A Consolação e luz do Espírito Santo para nos consolar e iluminar
Assim Seja. Amém.

Orações para TODOS OS DIAS DA SEMANA

Domingo
Oração para receber a sabedoria divina

Deus é a Luz da verdade que ilumina o mundo. Quando fecho os olhos e penso em Deus, a Luz da sabedoria divina me cerca. Iluminado(a) por essa Luz Divina, vivo sempre corretamente e nunca cometo erros. A Luz da sabedoria divina flui para minha cabeça, por meio de **(Nome do seu Anjo_)**, meu Anjo Guardião Protetor, e preenche todo o meu corpo. Tudo que faço alcança bons resultados. Muito obrigado.

Segunda-feira
Oração da força infinita do(a) filho(a) de Deus

Sou filho(a) de Deus, herdeiro(a) da grandiosa força que criou o universo. Sendo esse filho com a grandiosa força de Deus, tudo que as outras pessoas fazem e podem fazer, em todos os sentidos, eu também posso e consigo fazer com excelentes resultados. Aonde quer que eu vá, e com o pensamento concentrado na fé que tenho em **(Nome do seu Anjo.......................)**, meu Anjo Guardião Protetor, não há nada que eu não possa ou não consiga fazer, pois sou filho(a) de Deus.

Terça-feira
Oração para viver o Amor de Deus

Sou filho(a) de Deus. Deus é Amor. Por isso, sou preenchido(a) pelo amor de Deus. O amor de Deus é atencioso e gentil com todas as coisas. Assim, nada faço com desleixo nem recorro a subterfúgios. Graças a **(Nome do seu Anjo.......................)**, meu Anjo

Guardião Protetor, aprendi que amar é ser cuidadoso(a) e sincero(a), e tudo fazer pensando em ser útil aos outros.

Quarta-feira
Oração para agradecer as dádivas de Deus

Agradeço a Deus que criou o céu e a terra. Os raios solares que são irradiados sobre nossas cabeças, o ar que respiramos, a água que bebemos e sacia nossa sede, as plantas que nascem no solo, os cereais, as verduras, as frutas para o nosso alimento diário; tudo que nos é necessário são abundantes dádivas de Deus. Somos vivificados por essa abundante provisão. Graças a Deus e a (**Nome do seu Anjo**___), meu Anjo Guardião Protetor. Agradeço de coração. Muito obrigado(a).

Quinta-feira
Oração do(a) filho(a) de Deus saudável

Eu sou filho(a) de Deus. A vida de Deus me preenche e vivifica. A vida de Deus jamais adoece. Eu conheci essa verdade e, por isso, vivo sempre saudável. As pessoas adoecem porque desconhecem essa verdade e estão sempre manifestando a superstição de que "o homem adoece". Precisam sim se conscientizar de que são filhos de Deus e que se manterão imunizados completamente e se curarão rapidamente. Graças a (**Nome do seu Anjo**_), meu Anjo Guardião Protetor, que me protege de todos os males físicos e espirituais. Agradeço de coração. Muito obrigado(a).

Sexta-feira
Oração para aumentar a memória

Centralizando minha mente em Deus, desejo receber a orientação da sabedoria divina. Ó (**Nome do seu Anjo**......................), meu Anjo Guardião Protetor, permita que a sabedoria de Deus venha a mim! Ó sabedoria de Deus, venha a mim! A sabedoria de Deus vem a mim e me orienta. Em virtude disso, não me esqueço jamais daquilo de bem que li, ouvi ou aprendi uma vez, e consigo disso me lembrar sempre e rapidamente, conforme minhas necessidades.

Sábado
Oração para centuplicar a coragem

Deus possui força infinita. Para Deus, não existe erro, e Ele é a própria coragem. Sou filho(a) de Deus, Dele herdei essa coragem. Eu sou a própria coragem. Nunca sou covarde. Sou corajoso(a) e com certeza, Graças a Deus e a (**Nome do seu Anjo**......................), meu Anjo

Guardião Protetor, serei bem-sucedido(a) em todos os aspectos da minha vida, pois avanço em direção ao objetivo traçado por mim, e que o Universo articula e conspira a meu favor. Muito obrigado(a).

Oração pela paz mundial

O infinito Amor de Deus flui para o meu interior e em mim resplandece a Luz espiritual de paz e bondade. Essa Luz se intensifica em mim, se expande, cobre toda a face da Terra e preenche o coração de todas as pessoas do planeta com o espírito de amor, paz e ordem. Que os Anjos do Senhor acampem ao redor dos habitantes e governantes do planeta Terra e aqui permaneçam para todo o sempre. Assim Seja. Amém.

**OBRIGADO(A), MEU DEUS
OBRIGADO(A), SENHOR
OBRIGADO(A), MEU ANJO GUARDIÃO PROTETOR**

**OBRIGADO(A), MEU DEUS
OBRIGADO(A), JESUS
OBRIGADO(A), MEU ANJO RADIANTE DE LUZ**

**OBRIGADO(A), MEU DEUS
OBRIGADO(A), MARIA
OBRIGADO(A), MEU ANJO TODOS OS DIAS**

Pedindo perdão com a ajuda de seu Anjo Guardião Protetor

Perdão para com as ofensas

Divino amigo (**Nome do seu anjo**............................), meu Anjo Guardião Protetor, eu o saúdo! Quero confessar e dizer-lhe que meu irmão (**Nome de quem o ofendeu**......................) me ofendeu, me magoou e em mim ficou uma ferida. Peço-lhe que me ajude a fechar essa ferida para que não se converta em rancor. Que do sangue que dela jorrou possam crescer as flores do perdão. E que eu venha a compreender que ganho muito mais perdoando que odiando. Porque o perdão cura, purifica e eleva. Eu perdoo de coração as atitudes do meu irmão (....................) em nome de Jesus. Assim Seja.

Perdão para com os inimigos

Amigos espirituais, Divino amigo (**Nome do seu anjo**..................), meu Anjo Guardião Protetor, Mãe santíssima, Mestre Jesus, Pai Amado de Benevolência Suprema. Se qualquer emanação de vida encarnada ou desencarnada se aproximar de mim intencionando me prejudicar, atrapalhar, obsediar e influenciar negativamente, meus pensamentos, minhas atitudes, ações e comportamentos, **peço ao meu Anjo Guardião Protetor que interfira em concordância de amor e paz, com o Anjo Guardião Protetor dessa(s) emanação(ões) de vida e possam juntos transmutarem esses sentimentos negativos de amargura, inveja, raiva, ódio e desejo de vingança, em paz, perdão, amor e conciliação.** Perdoai-os, Senhor. Eu também imploro a eles Seu perdão. Ampare-me e me ajude (**Nome do seu anjo**...........................), meu Anjo Guardião Protetor e meu Divino Mestre Jesus, porque hoje tenho a consciência plena das maldades que a eles pratiquei e/ou proporcionei, por isso imploro deles seu PERDÃO. Divinos Anjos, peço-lhes que guiem os passos desse(s) meu(s) irmão(s) para a luz do perdão, da sabedoria, do amor, da serenidade, da harmonia e da paz para o seu e o meu crescimento espiritual. Assim Seja.

Perdoando a si mesmo

Ó (**Nome do seu anjo**.........................), meu Anjo Guardião Protetor, meu coração está inteiramente mergulhado no sentimento de amor, mantenha-o sempre assim. Estou entrando e permanecendo na paz do Divino Mestre Jesus e do Senhor Meu Deus. Perdoo a mim mesmo por qualquer erro que eu tenha cometido, seja em pensamentos, palavras ou ações, de agora ou de meu passado. Liberto-me do sentimento de culpa. O perdão de Deus chega até mim por seu intermédio, meu **Anjo Guardião Protetor,** e por isso estou feliz com minha vida, com o que possuo e possuirei de bens materiais e espirituais, com o que sou hoje e com o que serei no futuro; com as pessoas que me rodeiam, com meus familiares e entes queridos e com os acontecimentos de meu dia a dia. Peço-lhe que esse sentimento de mudança positiva que minha alma experimenta agora permaneça dentro de mim como um fogo invisível da Chama Violeta de Saint Germain, e por isso estou e serei sempre feliz. Muitíssimo feliz. Assim seja. Amém.

Pedindo perdão com a ajuda de seu Anjo Guardião Protetor

Ó (Nome do seu anjo.........................), meu Anjo Guardião Protetor, interceda junto ao Senhor Jesus e a Deus, nosso PAI MAIOR, para dar-me forças para afastar e evitar os maus pensamentos, os maus sentimentos, os maus comportamentos, as más atitudes, os vícios e defeitos morais que porventura ainda teimam em existir em minha vida, que sejam direcionados para mim somente bons pensamentos, bons sentimentos, boas atitudes. Dê-me coragem, obstinação, determinação e perseverança para fazer uma melhoria contínua, uma reforma moral, íntima e espiritual no SER HUMANO que eu ainda sou. Que eu possa ser, Senhor, um lutador constante contra todos os vícios que me impedem de ter o Reino de Deus dentro de meu coração. Dê-me luz e sabedoria todos os dias. Assim seja.

Abrindo caminhos para a prosperidade

"EU SOU" a presença governante, que me antecede aonde quer que eu vá durante o dia de hoje e outros que virão, ordenando perfeita paz, luz, harmonia e prosperidade em todas as minhas atividades.
 Assim seja. Amém.

Para orar pela cura de nossos irmãos enfermos

"EU SOU o que o Criador é. Logo:

EU SOU para este irmão com enfermidades e distúrbios a completa cura destes seus quatro corpos: físico, emocional, mental e etérico, bem como a inspiração para a necessária reforma íntima, moral e o consequente reequilíbrio espiritual para a permanência dessa presença divina em si."

Deus, Suprema Inteligência, que nos fez a todos e a todas as coisas que existem! Nós Te agradecemos do fundo do coração por esses meios, que qualificamos de recursos naturais e tanto nos ajudam a servir, que nunca nos faltam no momento em que precisamos.

Senhor! Sabemos de Tua paternidade absoluta e do Teu amor sem limites, bastando que entremos pelas portas que Tua sabedoria nos abre por misericórdia. É o que Te pedimos neste momento de trabalho: que nos ajudes a compreender melhor nossos deveres e Tua vontade, nos caminhos que, por vezes, haveremos de percorrer.

Pedimos-Te nesta hora, Senhor, para esses nossos irmãos em decadência física, por essa família que tanto sofre com o derrame cármico na esponja da carne. Pedimos-Te, em nome de Jesus, o alívio para esses sofredores, o ânimo a esses corações, no sentido de que eles tenham mais Paz e um pouco mais de esperança. Que a alegria não esteja esquecida nesses corações em provas e que Tua paz seja com todos nós.

EU SOU O QUE O CRIADO É, LOGO, EU SOU O CORAÇÃO E A MENTE DO ABSOLUTO, EU E DEUS SOMOS UM, POR ISSO EU SOU AQUELE QUE TUDO PODE, TUDO CONSTRÓI, TUDO REALIZA. EU SOU, EU SOU, EU SOU.

Invocando as Falanges do Bem, os Anjos Guardiões, a Mãe Maria e o Divino Mestre Jesus

Nossos Anjos Guardiões,
Faróis de nosso Dever!
Libertai-nos do mau carma,
Ensinai-nos a viver!

Doce nome de Maria,
Doce nome de Jesus,
Enviai-nos Vossa luz
Vossa paz e harmonia!

Ante o símbolo amado,
Do Triângulo e da Cruz,
Vê-se o servo renovado
Por Ti, ó Mestre Jesus!

Com nossos irmãos de Luz
Façamos uma oração.
Que nos ensinem a arte
Da Grande Harmonização!
Amor, paz e caridade para todos os irmãos!!

A Grande Invocação

Do ponto de Luz na mente de Deus,
Que flua luz às mentes dos homens,
E que essa Luz desça sobre a Terra.

Do ponto de Amor no Coração de Deus,
Que flua amor aos corações dos homens,
Que Cristo volte à Terra.

Do centro onde a Vontade de Deus é conhecida,
Que o propósito guie as pequenas vontades dos homens,
O propósito que os Mestres conhecem e servem.
No centro a que chamamos a raça dos homens,
Que se realize o plano de Amor e Luz,
E feche a porta onde se encontra o mal.
Que a Luz, o Amor e o Poder restabeleçam o Plano Divino de Deus sobre a Terra. Hoje e por toda a Eternidade.
Amém! Amém! Amém!

Orações para antes de iniciar e/ou terminar um trabalho espiritual

1. Deus, de ternura imensurável e carinho sem medidas, Deus de amor sem limites e de estuante caridade sem barreiras, Deus de paz amor e de trabalho!

Aqui, Senhor, se reúnem Teus filhos ansiosos por trabalho, aqueles que querem cooperar com o progresso; que não se esquecem da cultura; que não ambicionam o que não é justo e procuram aproveitar todos os recursos que lhes vêm às mãos.

Nós Te pedimos orientação e amparo:
para fazermos o que deve ser feito,
para esquecermos hoje o que pertence ao amanhã,
para ajudarmos dentro dos limites que traçaste,
para incentivarmos o amor e o perdão em todos os nossos gestos,
para compreendermos nossos deveres,
para analisarmos com proveito,
para discernirmos com segurança,
para orientarmos com sabedoria,
para compreendermos com humildade,
para nos esquecermos do inconveniente,
para nos lembrarmos sempre do Amor.

E nesse empenho grandioso, que Jesus possa nos aparecer como um sol dentro de nós, como vida em nossos corações, como paz e trabalho em nossas consciências, e que jamais nossas mãos parem, Senhor, por duvidar de Tuas sábias lições, no que concerne ao amor e à caridade.

Jesus, contemplamos neste momento as belezas na natureza em profusão, visão que tanto nos agrada, que tanto nos convida à realização espiritual!

Que os Anjos do Senhor desse reino divino venham, Senhor Jesus, por misericórdia Divina, nos ajudar a servir, sem que a exigência nos tome como instrumento. Nossa visão alcança mais além e podemos como que tocar os oceanos e sentir o cheiro desse berço fecundo por onde passamos.

Pedimos em Teu nome, Jesus, e em nome de Deus, que as estrelas inteligentes que vigiam os mares nos favoreçam em nossos humildes serviços em favor dos que sofrem e choram.

Nós pedimos às inteligências que trabalham nessa ordem da criação nos servir, quando a necessidade nos levar a gritar por socorro. Que tudo o mais nos venha às mãos, Pai, para que essas mãos operem no bem, em todas as diretrizes da vida. Assim seja.

2. Senhor de todos os mundos! Deus de Bondade e de Amor! Tu, Senhor, que nos cercas de todo o carinho, com o conforto providencial da natureza, em todos os momentos; que nunca Te esqueces de alimentar, desde os seres unicelulares até os grandes animais marinhos, do inseto que manifesta os primeiros voos às grandes aves que planam nas alturas; que não Te esqueces de cuidar, desde a mônada até os anjos; dos mundos aos sóis; das constelações às galáxias, nós Te pedimos nesta hora em que estamos em preparo para o trabalho, que nos revistas, Senhor, de ânimo, no sentido de ajudar com mais eficiência aqueles filhos que se dispuseram a compreender a Verdade em uma dimensão maior.

Estamos aqui como alunos incipientes, procurando no labor do bem ensinamentos que outrora nos esquecemos de registrar.

Abençoa, Senhor, todos eles, e dá-nos o discernimento necessário para somente acertarmos nos trabalhos que escolhemos.

"Rogamos a Jesus, em Teu nome, para que nos oriente nos caminhos que nos propomos a seguir."

3. Senhor! De novo estamos a pedir trabalho. Ainda achamos pouco, muito pouco, o que realizamos. Nossa consciência pede serviço, porque acreditamos no labor constante, como ponte para a sabedoria e como

ambiente para o amor. Dá-nos esta graça; a graça do serviço sob Tuas bênçãos. Em nome de Jesus Cristo, pedimos que nos ajudes a compreender os que sofrem e a amar aos que nos odeiam, refreando em nossa mente o desejo de reclamar, quando de nossas obrigações.

Indica-nos, Senhor, para onde devemos seguir em Teu nome e d'Aquele que sempre nos tem segurado em nossas mãos, indica-nos o melhor. Não nos deixes cair em tentações, para que nosso tempo não seja desperdiçado e nossa assistência aos que mais sofrem não fique esquecida. Nós agradecemos pela oportunidade de trabalho que tivemos e pelas lições aqui recebidas, confirmando assim a necessidade urgente de nossas reformas internas, ampliando nossa capacidade de amar. Esperamos, Pai, Tuas diretrizes. Assim seja!

4. Senhor do Universo! Não podemos esquecer a gratidão pelo que temos recebido por misericórdia em todos os lances de nossas vidas. Essas gratidões, meu Deus, somente podem expressar com o que temos, e quase nada podemos ofertar, porque ainda estamos endividados com a Lei. Mas, permite que possamos ouvir e obedecer à Tua vontade, como sempre o fazemos, sem que a invigilância nos leve a descuidar de nossos valores a cultivar.

5. Abençoa nosso coração, para que ele pulse no mesmo ritmo do amor universal. Não nos deixes, Senhor, cair em novas tentações. Abre nossos olhos e alerta nossa inteligência, no sentido de discernirmos o que seja melhor para nós.

(**Nome do seu anjo**.......................), meu Anjo Guardião Protetor, que o Divino Mestre Jesus seja, em teu nome, a Luz em nosso caminho e a Verdade em nossa vida.

Que Maria de Nazaré nos empreste, Senhor, seu amor mais puro, da fonte de seu coração maternal generoso e santo, porque sabemos que sem amor nada poderemos fazer em favor dos que sofrem e choram.

"Que a Tua paz seja a nossa paz." Assim seja.

6. Senhor Todo-Poderoso! Conversamos aqui acerca dos interesses coletivos, e pedimos ajuda para que sejamos mais atentos em nossos deveres diante dos outros, principalmente dos que sofrem.

Permite, Senhor, que tenhamos forças para o bom desempenho de nossa missão, sem alardear a ninguém o que for feito por nós, em todas as direções da assistência. Rogamos Tuas bênçãos, Pai de bondade, para que possamos encontrar mais recursos em nós mesmos para o perdão das ofensas, de maneira que o amor circule em nosso coração, livre das conveniências. Na escola da vida, por todos os lados a que endereçamos nosso olhar, encontramos mãos amigas a nos ajudar, estimulando-nos para servir melhor. Pedimos que nos ajude a aproveitar todas as oportunidades de trabalho que se nos apresentem, como sendo o pão do céu descendo à Terra.

Jesus! Guia-nos em todos os roteiros que a vida nos apresentar, e nunca, Senhor, deixe que nos enfademos onde existe carência de amor, caridade, fraternidade e fome de compaixão. Pedimos à nossa mãe, Maria Santíssima, que vele por nós dos altiplanos onde reside, e que suas mãos, que se acham em Deus e trabalham em Cristo, possam nos proteger sempre. Vamos sair para o trabalho e para nós não existe noite, pois estamos vivendo em pleno dia eterno! Que a eternidade do Bem seja nossa meta, hoje e sempre. Assim seja.

Prece – Solicitando Auxílio, Proteção e Indulgência

Meu bom Deus, permite que os Anjos bons que me cercam e especialmente (**Nome do seu anjo....................**), meu Anjo Guardião Protetor, venham em meu auxílio, quando me achar em sofrimento, e que me sustentem se eu desfalecer. Faz, Senhor, que eles me incutam novamente muita fé, esperança e caridade; que sejam para mim amparo, inspiração e um testemunho de Tua misericórdia. Faz, enfim, Senhor, que neles eu encontre a força para continuar vencendo sempre em meus projetos e em minha vida, moral e espiritual, e para resistir às possíveis e não imaginadas inspirações do mal, a fé que salva e o amor que consola. Assim seja. Amém.

Prece – Solicitando Força e Coragem Diante de uma Dificuldade

Anjos Guardiões Protetores, que com a permissão de Deus e por sua infinita misericórdia, velai sobre os homens, sede nossos protetores para sempre nesta vida terrena. Dai-nos força, coragem, determinação, perseverança e resignação. Inspirai-nos tudo o que é bom, que vossa bondosa influência nos penetre a alma. Fazei que sintamos que um amigo devotado está ao nosso lado, que compartilha de nossas alegrias e de nossas vitórias e nos conforta nas nossas tristezas.

E particularmente tu, (**Nome do seu anjo.....................**), meu bom Anjo Guardião Protetor, não me abandones, necessito de toda a tua proteção, apoio, estímulo e motivação dando-me forças, ombros largos para chorar se necessário e muita coragem e determinação para continuar sempre em frente em minha vida, minha missão e com meus projetos. Assim seja. Amém.

Prece – Orando por toda a sua Família e Terceiros

Amigos espirituais, Divino amigo (**Nome do seu anjo..................... ......**), meu Anjo Guardião Protetor, Maria, nossa mãe santíssima, Mestre Jesus, Pai Amado de Benevolência Suprema, protegei, orientai e velai por mim, por nós e por toda a minha família, dando-nos paciência, tolerância, humildade, resignação, compreensão, companheirismo, saúde, paz, alegria e amor, especialmente para: (**diga os nomes de todos**): do pai, da mãe, por meus irmãos, pela(o) esposa(o), por meus(minhas) filhos(as), por meus avôs e avós, tios e tias, meus cunhados(as), sobrinhos(as), por meus parentes próximos e distantes, pelos meus amigos (**diga os nomes de todos**, por meus credores, devedores, por todos aqueles que me querem bem e também por aqueles que não me querem bem por qualquer razão e a quem perdoo. Assim seja. Amém.

PAI-NOSSO

Pai-nosso que estais nos céus, santificado seja o vosso nome, venha a nós o vosso reino, seja feita a vossa vontade, assim na terra como no céu, o pão nosso de cada dia nos dai hoje; perdoai as nossas ofensas, assim como nós perdoamos a quem nos tem ofendido, não nos deixeis cair em tentação e livrai-nos de todo o mal de hoje e do futuro, pois Teu é o reino, o poder, a honra e a glória para todo sempre. Amém.

AVE-MARIA DE SAINT GERMAIN

Ave-Maria, cheia de Graça, o Senhor é convosco, bendita sois vós entre todos os seres, bendito é o fruto da vossa essência, JESUS. Santa Maria, Mãe do Salvador, rogai por nós, Filhos e Filhas de Deus, agora e na hora da nossa vitória sobre todos os nossos desvios morais e vícios pessoais. Nossa vitória sobre as nossas dificuldades emocionais, financeiras, físicas, espirituais, morais e íntimas. Nossa vitória sobre os nossos erros, culpas e fracassos de agora ou de outras vidas. Nossa vitória sobre as influências nefastas das emanações de vida encarnadas ou desencarnadas que nos perseguem e nos atormentam. Finalmente, AMORÁVEL MÃE, nossa vitória sobre todos os nossos vícios, males físicos e espirituais, nossas doenças do corpo e da alma, e vitória em nossa desencarnação. Assim seja. Ave Mãe de Jesus!

Prece – Ensinando as crianças a orar para o seu Anjo Guardião Protetor

Ao Deitar-se

Oh! (**Nome do anjo da criança**..................),
Meu Santo Anjo Guardião Protetor,
Eu gosto da noite porque é durante ela que descanso meu corpinho;
Abençoa meus irmãos;
Abençoa as mãos pacientes, protetoras e macias da mamãe; Abençoa as mãos quentes e confortadoras do papai;
Abençoa as mãozinhas tão carinhosas e protetoras do
vovô e da vovó;
Abençoa minha família para que ela permaneça sempre unida; Abençoa meus amiguinhos, professores e coleguinhas da escola; concede-nos a esperança de poder dormir de modo tranquilo,
sereno, e amanhã poder acordar em paz.
Boa noite (**Nome do anjo da criança**..................), meu Anjo Guardião
Protetor, Boa noite, Senhor Meu Deus.

Ao levantar-se

Oh! Meu Anjo Guardião Protetor!
BOM DIA!
Neste novo dia que agora se inicia
Ajuda-me!
Vou ser generoso(a) carinhoso(a), obediente.
Ajuda-me!
Vou ser cuidadoso(a), estudioso(a), inteligente.
Ajuda-me!

Vou ter somente bons pensamentos e praticar sempre a caridade.
Quero fazer o bem e dizer sempre a verdade.
Ajuda-me!
Guia todos os meus passos neste dia que se inicia
BOM DIA!

Oração ao Anjo Guardião Protetor da criança

Meu querido amigo e Anjo Guardião Protetor!
Você para mim é muito mais que meu violão antigo, porque,
às vezes, ele não está comigo; mas você sempre está.
Depois de Jesus, você é meu melhor amigo.
Você é mais que o meu livro de histórias, meu diário de memórias, meu
caderno de poesia... Eles estão perto de mim;
você está em mim,
lá dentro! Profundo! Além deste mundo... Você é minha realidade azul,
fantasia cor-de-rosa, meu luar, minha noite encantada,
meu dia de sol, minha harmonia...
Você é a melodia das minhas manhãs, o acalanto do meu anoitecer,
minha força, minha luz, minha consolação.
Você sabe transformar em beleza as coisas mais simples,
e em esperança as coisas mais tristes.
Por tudo isso, amo você!
Você é como um lindo fio de pérolas que, de tanto encanto,
escondo com carinho no estojo de luxo de meu coração.
Mas você foge de lá para estar comigo do lado de fora,
ou do lado de dentro, nos grandes e pequenos momentos;
nas horas tristes ou alegres...
Em uma prece, em um adeus, em uma chegada, em um desencontro...
Cristal, âmbar, ouro, mel, mar, céu, sol, lua e jasmim...
Você é tudo isso para mim. Seu toque, seu sorriso, sua luz, sua
paz, sua inspiração me fazem tanta falta quanto o ar, a água,
a esperança;
quanto à própria alma gêmea que ao longo do tempo venho
procurando reencontrar, penso que você é mesmo mais importante
que ela,
porque você sempre está comigo mesmo a distância, ela,

nem sempre está.
Você é cristalino como um cálice de água cujo líquido precioso é
uma mistura de coragem, esperança, verdade, vida e amor;
e, por isso, com certeza, me suaviza o pranto, alivia minhas dores, minimiza meus problemas,
enfim, enche minha vida de música, de flor,
de encantamento, de ternura, me fazendo crer que a vida
sempre é linda!
E que sempre, sempre vale a pena vivê-la. Obrigado(a), meu bom Anjo Guardião Protetor, por você ser e representar tudo isso para mim.

Para afastar os Anjos Maus ou Anjos Contrários

Ai de vós, escribas e fariseus hipócritas, que limpais por fora o copo e o prato e estais, por dentro, cheios de rapinas e impurezas. Fariseu cego, limpe primeiramente o interior do copo e do prato, a fim de que também o exterior fique limpo. Ai de vós, escribas e fariseus hipócritas, que vos assemelhais a sepulcros branqueados, que por fora parecem belos aos olhos dos homens, mas que, por dentro, estão cheios de toda espécie de podridões. Assim, pelo exterior, pareceis justos aos olhos dos homens, mas, por dentro, estais cheios de hipocrisia e de iniquidades (S. MATEUS, cap. XXIII, vv. 25 a 28).

Esclarecimento Premilinares

Os Anjos Maus ou Anjos Contrários somente procuram os lugares onde encontram possibilidades de dar expansão à sua perversidade. Para os afastar, não basta pedir-lhes, nem mesmo ordenar-lhes que se vão; é preciso que elimine de si o que os atrai. Os Anjos Contrários farejam as chagas da alma, como as moscas farejam as chagas do corpo. Assim como se limpam as feridas do corpo, para evitar a bicheira, também se devem limpar da alma as impurezas, para evitar que o Anjo Contrário tome posse de suas atitudes, pensamentos, ações e comportamento. Vivendo em um mundo onde estes pululam, nem sempre as boas qualidades do coração nos põem a salvo de suas tentativas.

Precisamos, então, com fé em nosso Anjo Guardião Protetor, em **JESUS o CRISTO e NOSSO DIVINO MESTRE, IRMÃO E AMIGO DE TODAS AS HORAS, e em DEUS, NOSSO PAI MAIOR**, obter a forças necessárias para que resistamos as tentações e más influências dos Anjos Contrários.

Prece para Afastar os Anjos Maus e Contrários de Nossa Vida

Em nome de Deus Todo-Poderoso, afastem-se de mim os Anjos Maus e Contrários, servindo-me (**Nome de seu anjo**.....................) de proteção e de escudo contra eles.

Anjos malfazejos, que inspiram maus pensamentos aos homens; Anjos Maus, velhacos e mentirosos, que tentam nos enganar; Anjos Contrários zombeteiros, que se divertem com nossa credulidade, eu bloqueio vocês e os repilo, com todas as forças de minha alma e fecho os ouvidos às sugestões de vocês; mas ao mesmo tempo, imploro para vós a infinita misericórdia de Deus.

Anjos Guardiões Protetores que vos dignais de assistir-me neste momento de tentações, dai-me a força de resistir à influência dos Anjos Maus e Contrários e as luzes de que necessito para não mais ser vítima de suas armadilhas e seduções. Preservai-me do orgulho e da presunção; trazei ao meu coração somente sentimentos de compreensão, bondade, ternura e amor para com eles. Assim seja. Amém.

Para Pedir a Correção de um Vício ou Má Tendência que Temos

Esclarecimentos Premilinares

Nossos maus instintos e ações resultam de nossas imperfeições e não de nossa organização física; não sendo assim, o homem se acharia isento de toda espécie de responsabilidade. De nós depende nossa melhoria, pois todo aquele que se acha no gozo de suas faculdades mentais tem, com relação a todas as coisas, a liberdade de fazer ou não as coisas, tem o **livre--arbítrio**. Para praticar o bem, de nada mais precisa senão de sua própria vontade e do querer fazer.

Prece para Pedir a Correção de Algum Desvio, Vício Moral ou Má Tendência que Temos.

Listamos na p. 74 uma lista de alguns vícios para facilitar sua lembrança e identificação do que você possui.

Deste-me, ó meu Deus, a inteligência necessária para distinguir o bem do mal. Ora, a partir do momento em que reconheço que uma coisa é ruim em mim e em minha vida, torno-me culpado, se não me esforçar por lhe resistir e extirpar isso de minha vida.

Preserva-me do orgulho que me poderia impedir de perceber meus defeitos e dos Anjos Contrários que me possam incitar a perseverar neles.

Entre minhas imperfeições, reconheço que sou particularmente tendencioso a (........... **citar aqui o tipo de vício ou má tendência que você tem.......**) e, se não resisto a esse problema, vício e essa tendência, é porque contraí o mau hábito de a ele(a) ceder.

Sei que não me criaste culpado, Senhor, pois que és justo. Se tomei o mau caminho, foi por efeito de minha própria vontade, de meu livre-arbítrio. Todavia, pela mesma razão que tive a liberdade de fazer o mal, tenho a liberdade e agora a vontade de fazer o bem e consequentemente, de mudar meu caminho.

Meus atuais defeitos são influências maléficas dos Anjos Contrários, pois permiti que se aproximassem de mim, mas quero agora, com a ajuda dos Anjos Guardiões Protetores e com todas as forças de meu ser e de minha alma, me livrar dessas influências maléficas; para minha evolução espiritual, quero agora me afastar deles, quero me libertar agora, Senhor!!

Liberta-me, Senhor. Liberta-me Senhor MEU DEUS.

Protege-me, pois, bons Anjos Guardiões Protetores, e tu principalmente (**Nome de seu anjo.....................**), meu Anjo Guardião Protetor, dá-me forças para resistir e permanecer agora afastado das más influências dos Anjos Contrários que me mantem no vício; quero sair vitorioso nessa batalha comigo mesmo.

Esses vícios, eu sei, são barreiras que me separam de Deus e dos caminhos do bem, e cada um desses vícios que eu conseguir suprimir de minha vida será um passo a mais, dado na direção do progresso e da bondade, que do Senhor Deus há de me aproximar, pois estarei criando o Reino dos Céus e de Deus dentro de mim. Assim seja. Amém.

Para pedir a força de resistir a uma tentação e ao vício

Esclarecimentos preliminares

Duas origens podem ter qualquer pensamento mau: a própria imperfeição de nossa alma, ou uma funesta influência maligna exercida sobre nosso espírito. Neste último caso, há sempre indício de uma fraqueza que nos sujeita a receber essa influência; há, por conseguinte, indício de uma alma imperfeita. Quando surge em nós um mau pensamento, podemos, pois, imaginar um Anjo Contrário e maléfico a nos atrair para o mal, mas a cuja atração podemos e devemos ceder ou resistir.

Devemos, ao mesmo tempo, imaginar que, por seu lado, nosso Anjo Guardião Protetor combate em nós essa influência maligna e espera com ansiedade a **boa decisão que tomaremos**. Nossa hesitação em praticar o mal é a voz e inspiração do bom Anjo Guardião Protetor, a se fazer ouvir por nossa consciência, por nossa alma.

Reconhece-se que um pensamento é mau quando se afasta da prática do amor e caridade, que constitui a base da verdadeira moral; quando tem por princípio o orgulho, a vaidade ou o egoísmo; quando sua realização pode causar qualquer prejuízo a outrem; quando, enfim, nos induz a fazer aos outros o que não gostaríamos que nos fizessem.

Prece Solicitando Força para resistir a uma tentação

Deus Todo-Poderoso, não me deixe sucumbir a esta tentação que me impele e me empurra para o erro e o vício. E tu, (**Nome do seu anjo.....................**), Meu Anjo Guardião Protetor, que me proteges incessantemente, afasta de mim este mau pensamento e dá-me a força de resistir à sugestão do mal. Não quero nem me deixes sucumbir, porque tenho a liberdade e o livre-arbítrio de escolher e escolhi seguir o caminho do bem. Assim seja. Amém.

Ação de graças A DEUS e ao nosso Anjo Guardião Protetor pela vitória alcançada sobre uma tentação

Esclarecimentos Preliminares

Aquele que resistiu a uma tentação deve-o à assistência de seu Anjo Guardião Protetor, a cuja voz e intuições positivas atendeu. Cumpre-lhe, agora então agradecer a Deus e ao seu Anjo Guardião Protetor pelas graças e proteção recebidas.

Prece em agradecimento por uma vitória alcançada sobre tentações

Meu bom Deus, agradeço-te, por haveres permitido que eu saísse vitorioso desta luta que acabo de sustentar contra o mal. Faze que essa vitória me dê as forças necessárias para resistir a novas tentações, que espero não surjam mais.

E a ti, particularmente, (**Nome do seu anjo....................**) meu Anjo Guardião Protetor, agradeço a assistência com que me valeste. Que minha submissão aos teus conselhos, zelo e cuidado possam sempre merecer tua proteção. Assim seja. Amém.

PARA PEDIR UM CONSELHO

Esclarecimentos Preliminares

Quando estamos indecisos sobre fazer ou não fazer uma determinada coisa, devemos antes de tudo nos questionar sobre os seguintes pontos:

1º – Isso que eu hesito em fazer, se o fizer, poderá acarretar qualquer prejuízo a outra(s) pessoa(s)? Sim ou não?

2º – Poderá ser proveitoso a alguém? Sim ou não?

3º – Se agissem assim comigo, eu ficaria satisfeito? Sim ou não?

Se o que pensamos ou relutamos em fazer somente a nós nos interessa, é importante reavaliarmos e pesarmos as vantagens e as desvantagens pessoais que poderemos obter.

Se interessar a outras pessoas e, se resultando em bem para uma(s), acarretar em mal para outra(s), é nosso dever e é justo avaliarmos a decisão de fazermos ou não tal coisa.

Enfim, mesmo em se tratando das melhores coisas, é importante que ainda consideremos a oportunidade e as circunstâncias concomitantes, porque uma coisa boa poderá dar maus resultados em mãos inábeis, se não for conduzida com prudência. Antes de tomarmos a decisão de realizá-la, é fundamental que consultemos nossas forças e meios de execução.

E em todos os casos, sempre poderemos solicitar a assistência e conselhos de nosso Anjo Guardião Protetor, lembrando sempre desta sábia advertência: *Na dúvida, abstém-te.*

Prece para pedir um conselho a Deus e ao Anjo Guardião Protetor

Em nome de Deus Todo-Poderoso, inspira-me (**Nome do seu anjo.......................**), meu bom Anjo Guardião Protetor, sobre a melhor decisão a ser tomada diante da incerteza em que me encontro neste momento em relação ao problema ou alternativas (**........ descreva o problema ou as alternativas objetivamente....**). Encaminha meu pensamento para o bem e livrai-me da influência dos Anjos Contrários que tentaram me desviar do melhor caminho. Assim seja. Amém.

NAS AFLIÇÕES DA VIDA

Esclarecimentos Premilinares

Podemos pedir a Deus favores terrenos e Ele poderá até nos conceder, desde que tenham um fim útil e sério. Mas, como a utilidade das coisas, sempre a julgamos de nosso ponto de vista, e como nosso ponto de vista está sob suspeita, pois está sempre voltado para a nossa necessidade presente e rápida, nem sempre vemos o lado mau ou prejudicial do que desejamos. Deus, que tudo vê e muito melhor do que nós e que só o nosso bem quer, pode, às vezes, recusar no momento o que pedimos, como um pai nega ao filho o que lhe seja prejudicial. Se não nos é concedido o que pedimos no momento, não devemos por isso nos entregar ao desânimo; devemos pensar, ao contrário, que a privação do que desejamos nos é imposta como prova de fé e amor ao Pai, e que nossa recompensa será proporcional à resignação com que a houvermos suportado.

Prece pedindo a DEUS e ao Anjo Guardião Protetor saúde, consolo, companhia, afeto, ternura, compreensão, paciência, resignação, fé, etc.

Deus Onipotente, que vês nossas misérias, digna-Te de escutar, benevolente, a súplica que neste momento te dirijo. Se for descabido ou injusto meu pedido, perdoa-me; se é justo e conveniente segundo Tua visão, que (**Nome do seu anjo**......................), meu Anjo Guardião Protetor mensageiro e executor de tuas vontades venha em meu auxílio para me ajudar e para que este meu desejo seja satisfeito.

Como quer que seja, meu Deus, faça-se a Tua vontade. Se meus desejos não forem atendidos, é porque Sua intenção é experimentar minha fé e, assim, eu me submeto sem reclamar.

Agora, por favor, Senhor, não permitas que por isso algum desânimo tome conta das minhas vontades e que nem minha fé nem minha resignação sofram qualquer abalo.

(**Formular seu pedido**..)
Assim seja. Amém.

Ação de graças por um favor obtido

Esclarecimentos Preliminares

Não devem ser considerados como sucessos ditosos apenas o que seja de grande importância em nossas vidas. Muitas vezes, coisas aparentemente insignificantes são as que mais influem em nosso destino. Nós facilmente esquecemos o bem, para lembrarmo-nos do que nos aflige. Se registrássemos, no dia a dia, os benefícios que recebemos de Deus, sem os havermos pedido, ficaríamos, com frequência, assustados de termos recebido tanto e tanto, até nos sentiríamos humilhados e envergonhados com nossa ingratidão.

Todas as horas em que elevarmos nosso pensamento a Deus e ao nosso Anjo Guardião Protetor, devemos recordar em nosso íntimo os favores que Eles nos fizeram durante o dia e agradecer-lhes por isso. Sobretudo no momento mesmo em que experimentamos o efeito de sua bondade e de sua proteção é que nos cumpre, por uma vontade espontânea, testemunhar-lhe nossa gratidão. Bastando, para isso, que lhes dirijamos um pensamento terno, carinhoso, atribuindo-lhes o benefício, sem que tenhamos de interromper nosso trabalho.

Não consistem os benefícios de Deus unicamente em coisas materiais. Devemos também agradecer-Lhe as boas ideias, a boa família, a boa saúde, os bons negócios, o bom emprego, enfim, tudo de bom que temos e somos, bem como as felizes inspirações que recebemos constantemente. Ao passo que o egoísta atribui tudo isso aos seus próprios méritos pessoais e o incrédulo, ao acaso, mas aquele que tem fé sempre rende graças a Deus e ao seu Anjo Guardião Protetor.

Não são necessárias, para esse agradecimento, longas frases ou páginas inteiras. Seja simples, diga apenas: *"Obrigado(a), meu Deus, e a ti (Nome do seu anjo...............), meu Anjo Guardião Protetor, pelo bom pensamento que me foi inspirado neste momento"*; isso diz mais do que muitas palavras. Os impulsos espontâneos, que nos fazem atribuir a Deus tudo de bom que nos acontece, dão testemunho de um ato de reconhecimento e de humildade, pelo qual obtemos a simpatia e maior amizade de nosso Anjo Guardião Protetor.

Prece agradecendo a Deus e ao Anjo Guardião Protetor

Deus infinitamente bom, que o Teu nome seja bendito pelos benefícios que me tens concedido. Seria injusto e indigno se eu atribuísse esses bons acontecimentos ao acaso, ou ao meu próprio mérito. Assim, agradeço a Ti Senhor e especialmente a ti, **(Nome do seu anjo...............)**, meu Anjo Guardião Protetor, que fostes o executor das vontades de Deus. Longe de mim a ideia de orgulhar-me do que recebi e de não o aproveitar somente para o bem. Assim seja. Amém.

Outras Orações ao Anjo Guardião Protetor

Prece solicitando força e coragem diante das dificuldades provocadas por corrupções de políticos e governantes

Anjos Guardiões Protetores que, com a permissão de Deus e por sua infinita misericórdia, velai sobre todos os homens, sede nossos protetores nas dificuldades que estamos passando por influência de ações provocadas por maus governantes, orientai e iluminai estes políticos sobre suas responsabilidades sociais com as pessoas como governantes. Livrai-nos dos corruptos e desonestos existentes em nossa cidade, estado e país. Dai-nos força, coragem e resignação para suportar tanta maldade praticada por alguns em detrimento de tantos; inspirai-lhes tudo o que é bom, justo, necessário e cristão, defendei esses culpados de outras tentações maiores e de seus anjos contrários; que vossa bondosa influência, Senhor, vos penetre a alma para que eles assumam seus erros e culpas e sintam a dor do arrependimento; isso concluso, fazei que sintam que um amigo devotado está ao lado deles, que vê seus sofrimentos pelas maldades praticadas e os amenizai. E agora particularmente tu, meu bom Anjo Guardião Protetor, não me abandones. Necessito de toda a tua proteção, para suportar com fé e amor essas dificuldades que apareceram agora em nossas vidas. Assim seja. Amém.

Oração para namorados, noivos e casados

Senhor Deus Pai, Todo-Poderoso, invocamos agora sua presença e a presença do Espírito Santo.

Senhor, convoca teus Anjos Guardiões Protetores para que eles acampem ao nosso redor, porque este é um momento de felicidade e queremos compartilhar com eles que está havendo festa no meu coração e no coração do(a) meu(minha) parceiro(a), porque estamos celebrando a grandeza de nossa relação.

Senhor, queremos pedir para que esteja sempre à frente de nosso relacionamento, fazendo-nos agir e reagir conforme Teus mandamentos.

Que saibamos dialogar sempre e que nada possa gerar dúvidas entre nós. E que, havendo, estas sejam colocadas perante o Senhor para que sejam esclarecidas com transparência e sabedoria de ambas as partes.

Senhor, que tenhamos muita paciência e mansidão em todos os momentos e que não tenhamos atitudes que venham a magoar ou ferir o outro, pois não queremos errar nem fazer o outro sofrer. Que saibamos compreender e saibamos perdoar.

Senhor, pedimos para que esteja à nossa frente para que não exista orgulho nem ciúmes, nem egoísmo, nem medos; nem medos de se revelar, ou revelar sentimentos ou emoções, para que haja cada vez mais confiança e segurança entre nós, sabendo respeitar e compreender os momentos de cada um e construindo um relacionamento com solidez.

Que o respeito e o amor imperem entre nós, para que tenhamos um tempo de paz e harmonia, de confiança, cumplicidade, companheirismo, união, comunhão, de carinho, de verdade e fidelidade em todos os sentidos.

Senhor, construas agora à nossa volta uma redoma de vidro para servir como muralha e nos proteger de todo e qualquer ataque inimigo que queira tentar destruir nossa felicidade, não deixando que nenhuma má influência ou mau pensamento nos atinjam, mas somente os bons e positivos fluidos possam chegar até nós. Que saibamos compreender os ataques e nunca nos deixemos tomar pela dúvida, pela irritabilidade ou pelo mau humor.

Senhor, pedimos que quebre todo e qualquer conceito, preceito, preconceito ou trauma adquiridos ao longo de nossas vidas e que possam atrapalhar essa nossa caminhada juntos, seja lá onde for que o Senhor esteja nos levando, mas que, enquanto estivermos juntos, nosso comportamento seja digno da aprovação do Senhor, pois não queremos decepcionar nosso Deus que nos uniu.

Que não deixemos que os problemas externos atinjam nossa maneira de agir carinhosamente um com o outro, nem deixemos apagar o fogo que agora sentimos entre nós, sabendo regar diariamente esse sentimento puro de amor que o Senhor está nos ensinando.

Não deixes, Senhor, que tenhamos ou criemos imaginações ou pensamentos mentirosos ou negativos em nossas cabeças; e que jamais exista insegurança de nenhuma parte.

Que saibamos dar e receber, somar e dividir, compartilhar, sem competição, sem jogos, e agindo com justiça e equilíbrio.

Que saibamos enxergar o lado positivo de nossas atitudes, nunca questionando, nunca duvidando, nunca esmaecendo. Com segurança, com afinidade, com entendimento, com sentimentos sinceros e verdadeiros, sorrindo nas horas que for para sorrir, apoiando e compreendendo nos momentos de tristeza.

Senhor, faças com que saibamos dar atenção quando necessário, elogiando e dando força, tendo certeza de que estamos ao lado um do outro, em todos os momentos, mesmo que estejamos afastados fisicamente.

Que entre nós haja respeito como ser humano, e também como homem/mulher.

Que nosso amor seja forte, maduro, livre, sensato, sem grilos, sem idolatria.

Que seja um amor livre no Senhor.

E que jamais nos afastemos de nosso PAI MAIOR.

Senhor, que essa felicidade que estamos sentindo agora seja duradoura e por quanto tempo o Senhor desejar. Mas que, enquanto estivermos juntos, sempre impere o amor e a comunhão.

Pedimos para que nos ilumines nessa caminhada com toda a Tua graça.

Ligamos essa oração na Terra, para que ela seja ligada no céu. E declaramos que nós concordamos, em nome de Jesus!

É com o coração alegre, Senhor, que agradecemos e terminamos aqui esta oração.

Amém!

Prece pela reconciliação entre inimigos

Oração ao Arcanjo São Gabriel

Bem-aventurados os pacíficos, porque deles será o reino dos céus.

Bem-aventurados os mansos e humildes, porque dominarão a terra.

Bem-aventurados os homens que temem ao Senhor.

Bem-aventurados os que se humilham, porque serão exaltados;

São estes os ensinamentos de Nosso Senhor Jesus Cristo que vive e reina com o Pai, por todos os séculos dos séculos. Amém. Assim seja.

São Gabriel, pureza, força e beleza, seja meu intercessor perante o trono do Senhor; São Gabriel, interceda junto ao Senhor nosso Deus para que perdoe (Fulano_____) e (Beltrano__) e lhes conceda a graça de verem seu estado de erros, ofensas e de pecados a Deus, mantendo-se ambos nessa inimizade desnecessária. São

Gabriel, rogue a Deus para que ambos cessem seu ódio e se reconciliem na santa amizade de Nosso Senhor Jesus Cristo, que padeceu e morreu para redimir todos os nossos pecados e perdoou seus algozes torturadores. Senhor Deus de Misericórdia, derrame sobre os corações de (Fulano) e (Beltrano) a luz de seu amor, para que sejam bons irmãos, reconciliados; esquecidos das ofensas e que nunca mais venham a recair em inimizade algum dia e que, esquecidos das ofensas praticadas mutuamente, possam um dia ser dignos da felicidade eterna.

Rogo-lhes também, São Gabriel, intercedei por mim junto ao Senhor MEU DEUS para que sejam perdoadas as minhas faltas, erros e pecados. Assim seja. Amém.

Oração para Perdoar

Eu o(a) perdoei e você me perdoou de alma e coração, não somente da boca para fora, e eu e você agora somos um só perante o Deus.

Eu o(a) amo e você me ama também, eu e você somos um só perante Deus, eu lhe agradeço e você me agradece.

Obrigado(a), Obrigado(a), Obrigado(a) (......................**nome da pessoa**). Não existe mais em nossos corações nenhum rancor, ódio ou ressentimento, por isso oro sinceramente por sua felicidade. Seja cada dia e cada vez mais e mais feliz. Deus o(a) perdoa, portanto eu também o(a) perdoo. Eu perdoei todas as pessoas.

Eu acolho todas elas com o amor de Deus, da mesma forma, Deus me perdoa os erros e me acolhe com seu imenso amor. Assim seja.

Conversando com seu Anjo Guardião Protetor

Mentalize, concentre e imagine com muita fé que (**Nome do seu anjo**....................) seu Anjo Guardião Protetor está ao seu lado neste momento. Permaneça 30 segundos em completo silêncio, sinta o conforto, consolo e aconchego dessa presença divina próxima de você e diga:

"Que a paz, a proteção e a inspiração de DEUS possam fluir intensamente neste momento para o meu coração, minha alma e meu pensamento."

Peça perdão a quem você ofendeu e perdoe quem lhe fez ofensas, tire de seu coração as mágoas e as angústias que lhe aprisionam, **LIBERTE-SE... e LIBERTE ALGUÉM...!!! LIBERTE-SE... e LIBERTE ALGUÉM...!!! LIBERTE-SE... e LIBERTE ALGUÉM...!!!**

Mantenha-se assim leve, tranquilo(a), e agora pense em todos os problemas que você gostaria de solucionar em sua vida.

Tudo que está lhe angustiando, oprimindo, fazendo chorar, aborrecendo, preocupando, o deixando triste, encabulado, chateado e desconfiado.

Não tenha medo desses problemas, você pode confiar em seu Anjo Guardião Protetor.

Pensou em tudo? Agora abra seu coração e imagine-se colocando um por um desses problemas em um enorme saco endereçado a DEUS.

Colocou? Endereçou? Enviou?

Agora, imagine tudo de bom que gostaria que lhe acontecesse em sua vida, e que possa lhe proporcionar momentos de alegria, de intensa felicidade, harmonia, prosperidade, amizade, carinho, ternura, paz e amor.

Imagine então uma luz branca, violeta e amarela bem forte e intensa vinda do seu Anjo Guardião Protetor diretamente sobre sua cabeça, com todas estas coisas boas chegando para você.

Agora você as recebe em suas mãos e as guarda com todo amor em seu coração, como se guardasse joias preciosas de sua vida. Guarde então esse tesouro valioso dentro de você e neste momento dê **GRAÇAS A DEUS E AO SEU ANJO GUARDIÃO PROTETOR.**

Agradeça a **ELES** por tudo de bom que você tem recebido, que acabou de receber e que já se concretizou em sua vida. Agradeça também por tudo de ruim que você mandou, embora para sempre, naquele fardo pesado onde estavam seus problemas, os quais você até já esqueceu. Agora espere e sinta os milagres de **DEUS** invadirem por inteiro sua alma e de olhos fechados imagine, concentre, tenha fé e **"VEJA"** seu Anjo Guardião Protetor levando suas orações e pedidos até as mãos de DEUS e sinta-se aliviado e reconfortado. Assim seja para todo o sempre. Amém.

Respostas de seu Anjo Guardião Protetor

Eu sou seu Anjo Guardião Protetor, eu estou sempre ao seu lado e sou aquele que nunca desacredita de seus sonhos.

Eu também sou aquele que às vezes altera sua rotina, seu itinerário e até atraso seus horários para evitar acidentes ou encontros desagradáveis que você possa vir a ter.

Sim, sou eu mesmo quem "falo ou sussurro" ao seu ouvido aquelas "inspirações", que você acredita que acabou de ter como uma "grande ideia".

Sou eu quem lhe causa arrepios quando você se aproxima de algo, alguém, lugares ou situações que vão lhe fazer algum mal.

Sou eu sim quem chora por você quando, com sua teimosia, insiste em fazer tudo ao contrário do que o inspirei, só para desafiar o mundo.

Quantas noites passei na cabeceira de sua cama, velando por sua saúde, cuidando de sua febre e renovando suas energias?

Quantas vezes eu lhe segurei para que você não fizesse aquela viagem, não entrasse naquele carro, ônibus ou avião?

Quantas ruas escuras eu lhe guiei em segurança?

Ah... nem sei, perdi a conta, mas não tem importância, faço tudo de novo várias vezes se necessário for, e faço isso por amor a você.

O que realmente importa e o que me deixa muito triste e preocupado é quando você assume a postura de vítima do mundo, quando você não acredita em sua capacidade de resolver os problemas, quando você aceita as situações como insolúveis, quando você para de lutar e simplesmente reclama de tudo e de todos, quando você desiste de ser feliz e culpa outra(s) pessoa(s) por sua infelicidade; quando você deixa de sorrir e assume que não há motivos para rir, quando o mundo na verdade está repleto de coisas maravilhosas, quando se esquece até de mim, seu Anjo Guardião Protetor, aquele que Deus deu a honra de o auxiliar nessa tão difícil missão que é viver e progredir sempre aí na Terra.

Gostaria de lembrá-lo de que estou sempre aí ao seu lado, mesmo quando você acredita estar totalmente só e abandonado. Creia que até nesse momento eu estou aí com você, segurando sua mão, eu estou consolando seu coração, estou olhando-o e cuidando de você e, por amá-lo demais, fico triste com sua tristeza; mas, como eu sei que você nasceu para brilhar, agradeço a Deus a oportunidade bendita de lhe conhecer e cuidar de você, desde seu nascimento, porque você é realmente muito especial para mim. Por isso amo você.

Prece nas Reuniões Familiares (Culto do Evangelho no Lar) para Orações ao Senhor Nosso Deus ditada pelo Sr. Nilo

Anjos Guardiões Protetores, estamos comovidos ao festejar a união de nossos corações irmãos para louvar a Deus nosso Pai e a Jesus nosso Mestre. Nosso lar aqui reunido em oração adquirirá, com a proteção dos Anjos do Senhor, a couraça necessária para se livrar das tentações e dos perigos desta vida.

Senhor, ajude-nos a educar nossos filhos dentro dos princípios cristãos do evangelho, para que todos sejam mais felizes e ajustados. Nós, aqui, continuaremos orando e amando a Jesus. Temos confiança em Deus, pois sabemos que a Terra será herdada pelos mansos e pacíficos. Amemos e sirvamos. Que Jesus nos abençoe. Assim seja. Amém.

Prece de Agradecimento

"Ó (**Nome do seu anjo**.....................), meu Anjo Guardião Protetor, espírito bem-aventurado, agradeço-lhe pelo amor que tem a Deus e pelo muito que lhe devo, dê-me a mão e proteção total em todos os perigos desta vida, para que fortalecido e protegido com sua guarda eu possa triunfar sempre em todas as situações. Assim seja. Amém.

Prece Agradecendo a Presença do Anjo Guardião Protetor

Com a fé intensa em Deus Pai Todo-Poderoso, Criador de tudo e de todos, e em (**Nome do seu anjo**.....................), meu Anjo Guardião Protetor, que no decorrer de todos os dias, meses e anos a fio, encontra-se ao meu lado, protegendo-me e livrando-me de todos os males, peço-lhe humildemente que me conceda a graça de superar minhas fraquezas e fragilidades e que, com sua proteção, eu venha a ter sempre uma vida reta, determinada, decidida, honesta, temente a Deus e piedosa.

Toda ela repleta de muita paz, harmonia, saúde, amor e realizações. Agora e para todo o sempre. Assim seja. Amém.

Prece Solicitando Proteção e Caminho ao Anjo Guardião Protetor

Em nome do Pai, do Filho e do Espírito Santo.

Deus ordenou aos Seus Anjos que guardassem as almas dos homens, que os guiassem e os conduzissem nos caminhos do Senhor.

Louvores ao Altíssimo, Senhor Deus Aleluia, Aleluia, Aleluia. Anjos do Senhor, sois dotado de poder, de graça e de virtude. Vós executais o que ordena o Senhor, Aleluia, Aleluia, Aleluia.

Meu Santo Anjo do Senhor que, pela misericórdia divina, és meu guia e meu protetor constante, defende-me e orienta meus passos, inspira-me atos e ações de caridade e amor para com meus irmãos e de absoluta fé inabalável na justiça divina.

Confio em Ti, (**Nome do seu anjo**......................), meu Anjo Guardião Protetor, e espero que me consoles em minhas angústias, socorras-me em minhas tentações e me fortaleças na hora de minha morte.

Disse o Senhor: "Envio-te Meu Anjo Guardião Protetor diante da tua face para que te guarde no caminho e te leve ao lugar que tenho preparado para ti".

Assim seja para sempre. Amém.

Em nome do Pai, do Filho e do Espírito Santo.

Prece Suplicando proteção de Corpo e Alma

Em nome do Pai, do Filho e do Espírito Santo.

Senhor Deus Todo-Poderoso, Criador do Céu e da Terra, louvores Vos sejam dados por todos os séculos, amém.

Que por Vossa imensa bondade e infinita misericórdia confiou cada alma humana a um dos Anjos de Vossa Corte Celestial.

Graças vos dou por essa imensurável oportunidade.

Assim confiante em Vós e em **(Nome do seu anjo......................)**, meu Anjo Guardião Protetor, a ele agora me dirijo, suplicando-lhe que vele e guarde por mim nesta passagem por esta vida.

(Nome do seu anjo......................), meu Anjo Guardião Protetor, modelo de pureza e de amor a Deus, esteja atento ao pedido que lhe faço.

Deus, meu Criador e Soberano Senhor, a quem serve com inflamado amor, confiou à sua guarda e vigilância meu corpo e minha alma, a fim de não cometer ofensas a Deus, meu corpo a fim de que seja saudável e capaz de desempenhar as tarefas que a sabedoria divina me destinou, para cumprir minha missão aqui na Terra, minha alma para que siga sua caminhada progredindo sempre nos caminhos do Senhor. Meu Anjo Guardião Protetor, vele por mim, abra-me os olhos, dê-me prudência em meus caminhos por essa existência. Livre-me dos males físicos, morais e espirituais, das doenças e dos vícios, das más companhias, dos perigos, nos momentos de aflição e nas ocasiões difíceis desta vida, sede meu guia, meu protetor e minha guarda, contra qualquer coisa que possa me causar qualquer dano físico, moral ou espiritual.

Livre-me dos ataques dos meus inimigos visíveis e invisíveis e dos espíritos tentadores.

(Nome do seu anjo......................), meu Anjo Guardião Protetor, proteja-me sempre. Assim seja. Amém.

Prece ao Arcanjo Miguel Suplicando a Limpeza Espiritual em 21 Dias

Esta é uma oração direcionada ao Arcanjo Miguel, deverá ser lida todos os dias durante 21 dias seguidos, no horário que melhor lhe convier e que ninguém possa interromper. Para mim em particular o resultado foi extraordinário. Faça então sua experiência e creia, tenha muita fé e tudo em sua vida vai se resolver.

Esta oração limpa todas as limitações espirituais, conhecidas e desconhecidas, armas espirituais, parasitas mentais e do corpo emocional, entidades grudadas, formas e pensamento de todos os tipos, incluindo maldições, encantamentos, magias e feitiços, e os votos e acordos que mantêm os dispositivos dentro de você.

Essa cura dispara um ciclo de limpeza de 21 dias que trará novas aberturas à sua vida e de muitas formas. Na primeira ou segunda semana podem ocorrer alguns sonhos estranhos. Também pode ser que você não tenha sonhos, fazendo um trabalho de processamento muito mais profundo. Em qualquer caso, não se preocupe, ambos são normais. Coloque particular atenção na forma como suas próprias percepções do mundo possam mudar. Haverá sentimento de calma e clareza, trazendo um novo sentido de propósito e significado na vida. Sua vida vai melhorar em todos os sentidos e áreas: pessoais, profissionais, familiares, amorosas, financeira e de saúde.

ORAÇÃO

"Eu apelo ao Cristo para acalmar meus medos e para apagar todo mecanismo de controle externo que possa interferir com esta cura. Eu peço a meu Eu Superior que feche minha aura e estabeleça um canal Crístico para os propósitos de minha cura, para que só as energias Crísticas possam fluir até mim. Não se poderá fazer outro uso deste canal que não seja para o fluxo de energias Divinas."

(Visualize-se ou se imagine sendo envolvido pela luz violeta emanada de Saint Germain que se movimenta em rotação no sentido horário. Essa energia violeta envolverá seu corpo e tudo ao seu redor. Essa energia rotatória continuará por toda uma hora e meia ou pela noite se você utilizar este procedimento antes de dormir.)

"Agora apelo ao Arcanjo Miguel, da 13ª Dimensão, para que sele e proteja completamente esta sagrada experiência. Agora apelo ao Círculo de Segurança da 13ª Dimensão para que sele, proteja e aumente completamente o escudo de Miguel Arcanjo, assim como para que remova qualquer coisa que não seja de natureza Crística e exista atualmente dentro desse campo. Agora apelo aos Mestres Ascensionados e aos nossos assistentes Crísticos, para que removam e dissolvam, completamente, todos e cada um dos implantes e suas energias semeadas, parasitas, armas espirituais e dispositivos de limitação autoimpostos, tanto conhecidos como desconhecidos. Uma vez completado isso, apelo pela completa restauração e reparação do campo de energia original, infundido com a energia dourada de Cristo."

EU SOU livre! EU SOU livre! EU SOU livre! EU SOU livre! EU SOU livre! EU SOU livre! EU SOU livre! "**Eu, o ser humano conhecido como (Escreva aqui seu nome completo..),** por este meio revogo e renuncio a todos e cada um dos compromissos de fidelidade, votos, acordos e/ou contratos de associação que já não servem a meu bem mais elevado, nesta vida, vidas passadas, vidas simultâneas, vidas futuras em todas as dimensões, períodos de tempo e localizações.

Eu agora ordeno a todas as entidades, que estão ligadas com esses contratos, organizações e associações aos quais agora renuncio, que cessem, desistam e que abandonem meu campo de energia agora e para sempre e em forma retroativa, levando seus artefatos, dispositivos e energias semeadas. Para assegurar isso, eu agora apelo ao Sagrado Espírito Shekinah para que seja testemunha da dissolução de todos os contratos, dispositivos e energias semeadas que não honram a Deus. Isso inclui todas as alianças e seres que não honram a Deus como Supremo. Ademais, eu peço que o Espírito Santo "testemunhe" essa liberação completa de tudo que infringe a vontade de Deus. Eu declaro isso retroativamente e adiante. Assim seja.

Agora, procure curar e perdoar coletivamente todos esses seus aspectos que fizeram os acordos e todos os que participaram em sua limitação de qualquer forma. Inclua nesta oração de perdão quem quer que você necessite perdoar conscientemente, assim como aqueles desconhecidos de você. Repita o que segue.

"Ao Universo e à Mente de Deus inteira e a cada ser Nela contido, a todos os lugares onde tenha estado, experiências das quais tenha participado e a todos os seres que necessitam desta cura, sejam conhecidos ou desconhecidos de mim: qualquer coisa que se mantenha entre nós, eu agora curo e perdoo. Eu agora apelo ao Santo Espírito Shekinah, ao Senhor Metatron, ao Senhor Maitreya e a Saint Germain para que ajudem e testemunhem esta cura. Eu os perdoo por tudo o que necessite ser perdoado entre vocês e eu. Eu lhes peço que me perdoem por tudo o que necessite ser perdoado entre vocês e eu. O mais importante, perdoo a mim mesmo, por tudo o que necessite ser perdoado entre minhas experiências passadas e meu Eu Superior."

Eu agora volto a garantir minha aliança com Deus por meio do domínio do Cristo e a dedicar meu ser inteiro, meu ser físico, mental, emocional e espiritual à vibração de Cristo, desde este momento em diante e em retroativo. Mais ainda, dedico minha vida, meu trabalho, tudo o que penso, digo e faço e todas as coisas em meu ambiente que ainda me servem, à vibração de Cristo também. Ademais, dedico meu ser à minha própria maestria e ao caminho da ascensão, tanto do planeta como o meu. Havendo declarado tudo isso, agora autorizo o Cristo e meu próprio Eu Superior para que façam mudanças em minha vida para acomodar essa nova dedicação, e peço ao Espírito Santo que testemunhe isso também. Agora declaro isso a Deus. Que seja escrito no Livro de minha Vida. Que assim seja. Graças a Deus.

Estamos agora coletivamente curados e perdoados, curados e perdoados, curados e perdoados. Todos estamos agora elevados a nossos seres Crísticos. Nós estamos plenos e rodeados com o amor dourado de Cristo. Nós estamos plenos e rodeados da dourada Luz de Cristo. Nós somos livres de todas as vibrações de terceiro e quarta dimensões de dor, medo e ira. Todos os cordões e laços psíquicos unidos a essas entidades, dispositivos implantados, contratos ou energias semeadas, estão agora liberados e curados. Eu agora apelo a Saint Germain para que transmute e retifique com a Chama Violeta todas as minhas energias que me foram tiradas e as retorne a mim agora em seu estado purificado.

Uma vez que essas energias regressaram a mim, eu peço que esses canais pelos quais se drenavam minhas energias sejam dissolvidos completamente. Eu peço ao **Senhor Metatron** que nos libere das cadeias da dualidade. Eu peço que o selo do Domínio do Cristo seja colocado sobre mim. Eu peço ao Espírito Santo que testemunhe que isso se cumpra. E assim é. Eu agora peço ao Cristo que esteja comigo e cure minhas feridas e cicatrizes. Também peço ao *Arcanjo Miguel* que me marque com seu selo, que eu seja protegido(a) para sempre das influências que me impedem de fazer a vontade de nosso Criador.

E assim seja! Eu dou graças a Deus, aos Mestres Ascensionados, ao Comando Ashtar Sheran, aos Anjos e Arcanjos e a todos os demais que têm participado nesta cura e elevação contínua de meu ser. Selah. Santo, Santo, Santo é o Senhor Deus do Universo! KODOISH KODOISH KODOISH ADONAI TSEBAYOTH (Kodóich, Kodóich, Kodóich Adonái Tsabeyót = Santo, Santo, Santo é o Senhor, Soberano do Universo)."

Fique em repouso absoluto por uma hora e meia. Descanse nos braços do Radiante enquanto os Cirurgiões Etéreos dos planos sutis espirituais maiores comecem a tratar de você. Você pode desejar dormir, descanse então, seguro de que está no caminho da Ascensão.

Oração a Deus que é Luz e Bênção

Deus! Seja a Nossa Luz e a estrada por onde trilharão meus pés; seja Nossa bênção: conforto para minha vida, pureza para minha alma, serenidade e discernimento para minha mente. Desdobre minha alma em direção ao Senhor, para o meu encontro com a Eternidade.

Que seja meu ser digno da dádiva da vida para que possas habitar meu íntimo. Pai! Dê-me sabedoria e humildade para que eu possa compreender Suas divinas leis, e Dê-me inteligência e energia para difundi-las. Que seja a bondade a espada com que me defenderei dos inimigos e rogo para eles Sua misericórdia, Senhor!

Que o amor e o perdão sejam os sentimentos cultivados por minha alma para que a luz penetre em todos os Seus recônditos. Dê-me paciência para relevar as fraquezas de meus semelhantes e Dê-me forças para sobrepujar as minhas.

Que eu seja um instrumento de Sua Vontade, a fim de que, por mim, Sua seara seja aumentada para a grandeza de Seu Reino. Perdoe, Senhor, aqueles que estão no erro, e Dê-lhes a suprema felicidade de conhecer a Beleza de Seu Amor que ilumina, sem distinção, toda a Criação.

Que a Onipotência de Sua Mão, como sublime promessa, se estenda sobre mim, abençoando meu ser. E que as portas de meu futuro se abram para o infinito!

Amém.

Oração ai Divino Espírito Santo

Espírito Santo, Vós que me esclareceis em tudo, ilumineis todos os meus caminhos para que eu atinja meu ideal de pureza espiritual.

Dai-me o dom divino de perdoar e esquecer o mal que me fazem, estejais comigo em todos os instantes de minha vida. Eu quero, neste curto diálogo contigo, agradecer por tudo que recebo, uma vez que eu nunca quero me separar de Vós, por maiores que sejam as tentações materiais.

Pelo contrário, quero tudo fazer em prol do amor e da caridade com meus irmãos para que possa merecer a glória perpétua em Vossa companhia. Ó Divino Espírito Santo, iluminai-me sempre! Amém.

Oração ao Anjo Guardião Protetor

Em nome do Pai, do Filho e do Espírito Santo.
Deus seja louvado, assim seja. Aleluia, Aleluia, Aleluia!

Deus confiou as almas aos Santos Anjos, para que as guiassem e as conduzissem pela estrada da salvação. Anjo de Deus, que possuis poder, graça, virtude e caridade, executor do que ordena o Pai celeste. Salve! Salve!

Meu puro Anjo Guardião Protetor, que és meu defensor e meu guia, pela misericórdia divina, protege-me, orienta-me, acompanha-me em meus passos pelos caminhos da vida. Acende em meu coração a chama da caridade e do amor aos meus semelhantes, irmãos em Jesus Cristo. Dá-me fé inquebrantável na Justiça e na sabedoria de Deus.

Tenho confiança em ti, tenho a esperança de que me consolarás sempre em minhas aflições; que me ajudarás em minhas dificuldades; que me ajudarás a vencer as tentações e estarás ao meu lado, na hora da minha morte, sendo meu advogado perante o Juízo Supremo.

Assim seja!

Preces – Suplicando Proteção ao Anjo Guardião Protetor

Em nome do Pai, do Filho e do Espírito Santo.
Senhor Deus, Todo-Poderoso, criador do céu e da terra. Louvores Vos sejam dados por todos os séculos dos séculos. Assim seja.

Senhor Deus, que por vossa imensa bondade e infinita misericórdia, confiastes cada alma humana a cada um dos anjos de vossa corte celestial, graças vos dou por essa imensurável graça. Assim confiante em vós e em meu Santo Anjo Guardião Protetor, a ele me dirijo, suplicando-lhe velar por mim, nessa passagem de minha alma, pelo exílio da Terra.

Meu santo Anjo Guardião Protetor, modelo de pureza e de amor a Deus, esteja atento ao pedido que lhe faço. Deus, meu criador, o Soberano Senhor a quem serve com inflamado amor, confiou a você a guarda e vigilância de minha alma e meu corpo; minha alma, a fim de não cometer ofensas a Deus, meu corpo, a fim de que seja sadio, para abrigar e proteger minha alma e ser capaz de desempenhar as tarefas que a sabedoria divina me destinou, para cumprir minha missão na Terra.

Meu santo Anjo Guardião Protetor vele por mim, abra-me os olhos, dê-me prudência em meus caminhos pela existência. Livre-me dos males físicos e morais, das doenças e dos vícios, das más companhias, dos perigos e, nos momentos de aflição, nas ocasiões perigosas, seja meu guia, meu protetor e minha guarda, contra tudo que me cause dano físico ou espiritual. Livre-me dos ataques dos inimigos invisíveis, dos espíritos tentadores. Meu santo Anjo Guardião Protetor, proteja-me.

Jesus, eu preciso do Senhor. Obrigado(a) por ter vindo nos mostrar com seus exemplos os melhores caminhos. Abro a porta de minha vida e O recebo como meu Salvador e Senhor. Obrigado(a) por me ensinar a perdoar e a pedir perdão. Tome conta de minha vida e faça de mim a pessoa que deseja que eu seja.

Oração para pedir proteção 1

Que Deus Pai, Todo-poderoso, Senhor do Universo, nos ilumine, nos guarde e nos proteja. Que os santos, pilares de eterna luz, derramem sobre nós suas bênçãos. Que os Anjos do Senhor cuidem e zelem por nós, em nome do Pai, do Filho e do Espírito Santo.
Amém.

Oração para pedir proteção 2

Divino Mestre Jesus Cristo, força divina do amor e da paz, peço Vossa proteção e Vossa bênção para que eu possa sentir, cada vez mais em meu coração, a força libertadora de Vosso amor.

Peço a Vossa proteção e de Vossos Anjos Guardiões Protetores sobre minha pessoa e sobre todos aqueles que me são queridos. Que Vossa proteção e Vossas bençãos sejam minha defesa, meu impulso, para que eu obtenha a sustentação, a alegria, a liberdade, a esperança, a fé e a felicidade. Amém!

Veja o que Jesus sofreu por todos nós

O sofrimento de Jesus

Relato aqui a descrição das dores físicas e espirituais de Jesus feita por um grande estudioso francês, o médico dr. Barbet, dando a possibilidade de compreender realmente as dores de Jesus durante sua paixão. "[...]Eu sou um cirurgião, e dou aulas há algum tempo. Por 13 anos vivi em companhia de cadáveres e durante minha carreira estudei a fundo a anatomia humana. Posso, portanto, escrever sem presunção.

Jesus entrou em agonia no Getsêmani – escreve o evangelista Lucas – orava mais intensamente. 'E seu suor tornou-se como gotas de sangue a escorrer pela terra.' O único evangelista que relata o fato é um médico, Lucas. E o faz com a precisão de um clínico. O suar sangue, ou 'hematidrose', é um fenômeno raríssimo. Produz-se em condições excepcionais: para provocá-lo é necessária uma fraqueza física, acompanhada de um abatimento moral e espiritual violento causado por uma profunda emoção e por um grande medo. O terror, o susto, a angústia terrível devem ter esmagado Jesus. Tal tensão extrema produz o rompimento das finíssimas veias capilares que estão sob as glândulas sudoríparas, o sangue se mistura ao suor e se concentra sobre a pele, e então escorre por todo o corpo até a terra.

Conhecemos a farsa do processo preparado pelo Sinédrio hebraico, o envio de Jesus a Pilatos e o desempate entre o procurador romano e Herodes. Pilatos cede, e então ordena a flagelação de Jesus. Os soldados despojam Jesus e o prendem pelo pulso a uma coluna do pátio. A flagelação se efetua com tiras de couro múltiplas sobre as quais são fixadas bolinhas de chumbo e de pequenos ossos.

Os carrascos devem ter sido dois, um de cada lado, e de diferentes estaturas. Golpeiam com chibatadas a pele, já alterada por milhões de microscópicas hemorragias do suor de sangue. A pele se dilacera e se rompe; o sangue espirra. A cada golpe, Jesus reage em um sobressalto de dor. As forças se esvaem; um suor frio lhe impregna a fronte, a cabeça gira em uma vertigem de náusea, calafrios lhe correm ao longo das costas. Se não estivesse preso no alto pelos pulsos, cairia em uma poça de sangue.

Depois, o escárnio da coroação. Com longos espinhos, mais duros que aqueles da acácia, os algozes entrelaçam uma espécie de capacete e o aplicam sobre a cabeça. Os espinhos penetram no couro cabeludo, fazendo-o sangrar (os cirurgiões sabem o quanto sangra o couro cabeludo).

Pilatos, depois de ter mostrado aquele homem dilacerado à multidão feroz, o entrega para ser crucificado. Colocam sobre os ombros de Jesus o grande braço horizontal da Cruz; pesa uns 50 quilos. A estaca vertical já está plantada sobre o Calvário. Jesus caminha com os pés descalços pelas ruas de terreno irregular, cheias de pedregulhos. Os soldados o puxam com as cordas. O percurso é de cerca de 600 metros. Jesus, fatigado, arrasta um pé após o outro, frequentemente cai sobre os joelhos. E os ombros de Jesus estão cobertos de chagas. Quando ele cai por terra, a viga lhe escapa, escorrega, e lhe esfola o dorso.

Sobre o Calvário, tem início a crucificação. Os carrascos despojam o condenado, mas sua túnica está colada nas chagas e tirá-la é atroz.

Alguma vez vocês tiraram uma atadura de gaze de uma grande chaga? Não sofreram vocês mesmos essa experiência, que muitas vezes precisa de anestesia? Podem agora lhes dar conta do que se trata. Cada fio de tecido adere à carne viva: ao levarem a túnica, se laceram as terminações nervosas postas a descoberto pelas chagas. Os carrascos dão um puxão violento. Como aquela dor atroz não provoca uma síncope?

O sangue começa a escorrer. Jesus é deitado de costas, suas chagas se incrustam de pedregulhos. Depositam-no sobre o braço horizontal da cruz. Os algozes tomam as medidas. Com uma broca, é feito um furo na madeira para facilitar a penetração dos pregos; horrível suplício! Os carrascos pegam um prego (um longo prego pontudo e quadrado), o apoiam sobre o pulso de Jesus, com um golpe certeiro de martelo o plantam e o rebatem sobre a madeira. Jesus deve ter contraído o rosto assustadoramente.

No mesmo instante seu pólice, com um movimento violento, se posicionou opostamente na palma da mão; o nervo mediano foi lesado. Pode-se imaginar aquilo que Jesus deve ter provado; uma dor lancinante, agudíssima, que se difundiu pelos dedos, e espalhou-se, como uma língua de fogo, pelos ombros, lhe atingindo o cérebro. Uma dor mais insuportável que um homem possa provar, ou seja, aquela produzida pela lesão dos grandes troncos nervosos. De sólido, provoca uma síncope e faz perder a consciência. Em Jesus não. Pelo menos se o nervo tivesse sido cortado!

Ao contrário (constata-se experimentalmente com frequência), o nervo foi destruído só em parte: a lesão do tronco nervoso permanece em contato com o prego; quando o corpo for suspenso na cruz, o nervo se esticará fortemente como uma corda de violino esticada sobre a cravelha.

A cada solavanco, a cada movimento, vibrará, despertando dores dilacerantes. Um suplício que durará três horas.

O carrasco e seu ajudante empunham a extremidade da trava; elevam Jesus, colocando-o primeiro sentado e depois em pé; consequentemente fazendo-o tombar para trás, o encostam na estaca vertical. Depois rapidamente encaixam o braço horizontal da cruz sobre a estaca vertical. Os ombros da vítima esfregaram dolorosamente sobre a madeira áspera. As pontas cortantes da grande coroa de espinhos laceraram o crânio. A pobre cabeça de Jesus inclinou-se para a frente, uma vez que a espessura do capacete de espinhos o impedia de apoiar-se na madeira. Cada vez que o mártir levanta a cabeça, recomeçam pontadas agudíssimas.

Pregam-lhe os pés. Ao meio-dia Jesus tem sede. Não bebeu desde a tarde anterior. As feições são impressas, o vulto é uma máscara de sangue. A boca está semiaberta e o lábio inferior começa a pender. A garganta, seca, lhe queima, mas ele não pode engolir. Tem sede.

Um soldado lhe estende, sobre a ponta de uma vara, uma esponja embebida em bebida ácida, em uso entre os militares. Tudo aquilo é uma tortura atroz. Um estranho fenômeno se produz no corpo de Jesus. Os músculos dos braços se enrijecem em uma contração que vai se acentuando: os deltoides, os bíceps esticados e levantados, os dedos se curvam. Dir-se-ia um ferido atingido de tétano, presa de uma horrível crise que não se pode descrever. Há isso que os médicos chamam tetania, quando os sintomas se generalizam: os músculos do abdômen se enrijecem em ondas imóveis, em seguida aqueles entre as costelas, os do pescoço e os respiratórios. A respiração se faz, pouco a pouco, mais curta. O ar entra com um sibilo, mas não consegue mais sair. Jesus respira com o ápice dos pulmões. Tem sede de ar: como um asmático em plena crise, seu rosto pálido pouco a pouco se torna vermelho, depois se transforma em um violeta purpúreo e enfim em cianítico.

Jesus, atingido pela asfixia, sufoca. Os pulmões cheios de ar não podem mais esvaziar-se. A fronte está impregnada de suor, os olhos saem fora de órbita. Que dores atrozes devem ter martelado seu crânio!

Mas o que acontece? Lentamente, com um esforço sobre-humano, Jesus tomou um ponto de apoio sobre o prego dos pés. Esforçando-se a pequenos golpes, se eleva, aliviando a tração dos braços. Os músculos do tórax se distendem. A respiração se torna mais ampla e profunda, os pulmões se esvaziam e o rosto recupera a palidez inicial.

Por que esse esforço? Porque Jesus quer falar e fala: **"Pai! Perdoa-lhes porque eles não sabem o que fazem!"**, única palavra proferida por jesus.

Logo em seguida, o corpo começa a afrouxar-se de novo, e a asfixia recomeça. Enxames de moscas, grandes, verdes e azuis, zunem ao redor de seu corpo; irritam sobre seu rosto, mas ele não pode enxotá-las. Pouco depois o céu escurece, o sol se esconde: de repente a temperatura abaixa.

Logo serão três da tarde. Jesus luta sempre: de vez em quando eleva-se para respirar. A asfixia periódica do infeliz que está destroçado. Uma tortura que dura três horas.

O sol dardejava raios escaldantes sobre o dorso desnudo do Amado Mestre; o suor brotava-lhe do rosto em grossas bagas e o obrigava a fechar os olhos, aumentando-lhe a tortura. Ele estava esmagado pela dor mais cruel; o corpo tenso, sem poder efetuar qualquer movimento sedativo, o excesso de sangue nas artérias e os vasos sanguíneos comprimidos faziam doer-lhe atrozmente a cabeça. As feridas dos pés e das mãos sangravam, já empastadas, em parte, pela coagulação. O suplício da cruz era de espantosa atrocidade, pois a posição incômoda do crucificado produzia, pouco a pouco, uma rigidez espasmódica pela obstrução progressiva da circulação; o alívio impossível e a sede insaciável. A angústia crescente e o menor esforço provocavam dores lancinantes; o sangue da aorta aflui mais para a cabeça e concentra-se no estômago na crucificação, pois o corpo do condenado fica muito tenso e pende para a frente. Poucas horas depois, processa-se também a rigidez na garganta e a atrofia das cordas vocais, o que sufoca a voz, impedindo o crucificado de falar, salvo alguns estertores e sons inarticulados. **Por isso, Jesus expirou sem pronunciar qualquer outra palavra, além daquele generoso pedido de perdão ao Pai, para seus próprios algozes, quando ainda se achava na posse perfeita de sua voz.** Como era criatura de contextura carnal mais apurada, ele também sentiu mais cedo os terríveis efeitos paralisantes e penosos do suplício da cruz. Enquanto os outros dois crucificados emitiam verdadeiros grunhidos de dor e desespero, o Mestre Amado curtia sua desdita em silêncio e resignadamente, cuja vida só se manifestava pelo arfar célere de seus pulmões.

Daquele momento em diante, nem os soldados que matavam o tempo jogando dados e bebendo seu vinho vinagroso à sombra improvisada das três cruzes, nem os amigos e discípulos que se encontravam a poucas jardas de Jesus, ouviram-lhe quaisquer palavras além de seu silêncio doloroso e estoico rumo à morte e ao PAI MAIOR."

Prece – Suplicando proteção para sua casa

"Senhor Jesus Cristo, faze entrar nessa casa felicidade sem fim, alegria serena, a caridade benfazeja e a saúde duradoura. Retira daqui os anjos contrários. Que venham os Anjos Guardiões Protetores portadores da luz e que desapareça a discórdia.

Faz manifestar em nós o poder de Seu Santo nome e abençoa esta casa. Em nome do Pai, do Filho e do Espírito Santo. Amém."

Prece – Suplicando bênçãos para a sua nova morada/casa

"A Ti, Deus Pai Onipotente, pedimos que abençoe esta nossa nova morada. Santifica esse lar, como santificaste o lar do patriarca Abraão, que os Anjos Guardiões Protetores de cada habitante desta casa derramem aqui suas luzes de harmonia, paz e serenidade e que esta nova morada seja um casa de felicidade sem fim, onde sempre reinará a alegria, a prosperidade e o amor."

Prece – Suplicando bênçãos para o Local de trabalho

(Em nossa empresa fazemos esta oração toda segunda-feira para agradecer e planejar uma semana de sucesso)

Deus, Pai de toda bondade, criador e santificador de todas as coisas e de todas as criaturas, suplicamos Tua bênção e Tua total proteção sobre este local de trabalho.

Senhor, que eu possa, nessa profissão que abracei por amor, cumprir da melhor maneira possível meu dever e minhas obrigações.

Quero estar sempre disposto a dar de mim tudo o que estiver ao meu alcance, para atender a quem precisar. Quero viver deste meu trabalho e fazer dele não apenas uma fonte de vida, mas principalmente um serviço ao próximo.

Acima de tudo, quero ver em meu semelhante alguém tal e qual eu também sou: semelhante a Ti, Criador e Amigo de todos.

Que eu possa manter sempre vivos, em minha mente, os ensinamentos de Jesus Cristo: *Amai-vos uns aos outros como Eu vos amei.*

Que a graça de Teu Espírito Santo habite dentro destas paredes, para que aqui haja somente união, concórdia, avanço e prosperidade.

Que os Anjos Guardiões Protetores, de cada um que aqui trabalha, acampem ao redor deste estabelecimento protegendo-o, e que somente a paz e a prosperidade habitem e permaneçam neste local.

Concede, Senhor, aos que aqui trabalham, um coração e uma alma generosos, para que o dom da partilha, do companheirismo e do espírito de ajuda aconteça sempre e que Tuas bênçãos sejam sempre muito abundantes.

Dá saúde e prosperidade aos que retiram deste lugar o próprio sustento e da sua família, para que saibam sempre agradecer e cantar louvores a Ti, Senhor. Assim seja. Amém!!!

Oração para concretizar o ideal

Deus é meu Pai.

Eu sou filho de Deus.

Dentro de mim está alojada a infinita "força para concretizar o ideal".

Meu desejo se concretizará infalivelmente, pela força de Deus que se aloja dentro de mim.

Eu acredito nessa força e não temo nem temerei nenhuma dificuldade.

Oração Juvenil

Santo anjo do senhor
Meu zeloso guardador
Já que a ti me confiou
A piedade divina,
Sempre me rege,
Guarda, governa e ilumina.
Amém

Ação de graças após ter escapado de um perigo

Esclarecimentos Preliminares

Quando escapamos de um perigo que corremos, Deus nos mostra que podemos, de um momento para o outro, ser chamados a prestar contas do emprego que fizemos de nossa vida. Ele nos adverte, assim, para examinarmos nossas ações e nos corrigirmos.

Prece

Meu Deus, e tu, (**Nome do seu anjo**....................), meu Anjo Guardião Protetor, eu vos agradeço pela ajuda que me enviastes no perigo que me ameaçou. Que esse perigo seja para mim uma advertência e me esclareça sobre as faltas que o atraíram para mim. Eu compreendo, Senhor, que minha vida está em vossas mãos e que podeis retirá-la a qualquer momento. Inspirai-me, pelos Anjos que me ajudam, o pensamento de como empregar de forma mais útil o tempo que ainda me resta nesta vida e nesta Terra. E Tu, meu Anjo Guardião Protetor, sustenta-me na resolução que tomo de reparar meus erros e de fazer todo o bem que estiver ao meu alcance, a fim de chegar menos imperfeito à presença divina, quando Deus me chamar.

Na hora de dormir e despertar

Esclarecimentos Preliminares

O sono é o repouso do corpo; a alma, porém, não tem necessidade de repouso. Enquanto nossos sentidos físicos estão adormecidos, a alma se liberta, em parte, da matéria e assume o domínio de suas capacidades espirituais. O sono foi dado ao homem para a reposição das forças orgânicas e das forças morais. Enquanto o corpo recupera as energias que perdeu pela atividade no dia anterior, a alma vai fortalecer-se entre os parentes e os Anjos. As ideias que encontra ao despertar, em forma de intuição, as obtém do que vê, do que ouve e dos conselhos que lhe são dados.

Equivale ao retorno temporário do exilado à sua verdadeira pátria, como um prisioneiro momentaneamente libertado. Que aquele que esteja consciente dessa verdade eleve seu pensamento a Deus no momento em que sentir a aproximação do sono. Que peça conselhos aos Anjos Guardiões Protetores e àqueles cuja memória lhe seja cara, a fim de que possa juntar-se a eles no curto intervalo que lhe é concedido e, ao despertar, se sentirá mais forte contra o mal e com mais coragem contra as infelicidades.

Prece para ser feita antes de dormir

1. Amigos Espirituais, Mensageiros de Jesus, Anjos Guardiões Protetores, Meu Anjo (Nome do seu Anjo...............), meu Amigo e companheiro de todas as horas e minutos, eu rogo a Jesus, nosso Mestre amado, bônus por você, por tudo o que tem feito por mim, em todos os momentos de minha vida. Mãe santíssima amorável, mãe de Jesus e nossa mãe. Jesus Divino amigo, Divino irmão, eu lhe agradeço por tudo o que tens feito por mim, por nós e por todos os habitantes deste planeta. Deus, nosso Pai Celestial, Criador incriado de todas as coisas e de todas as criaturas, eu lhe agradeço, Pai Amado, por meio de seus Mensageiros, por todos os milésimos de segundos que me concedeu de vida neste dia que agora encerra. Agradeço pelas oportunidades que pude e soube aproveitar para minha evolução espiritual, e peço perdão e novas oportunidades por aquelas que deixei passar sem crescimento/aproveitamento e nenhum para o meu aprendizado e para minha evolução espiritual. Agora lhe peço, Pai Amado, que tão logo meu corpo físico repouse e que meu espírito adquira liberdade, permita, Pai de infinita misericórdia, que meu Anjo Guardião Protetor (Nome do seu Anjo...............), meu cicerone espiritual, resgate meu espírito e o conduza para reuniões com os familiares que me antecederam, para trabalhos juntos com os seareiros de Jesus, para estudos diversos em escolas de aprendizado da evolução do espírito e para tratamento de meu perispírito, em hospitais espirituais adequados daí do plano espiritual. Agora lhe peço, meu Anjo Guardião Protetor, que tão logo terminem as reuniões familiares, os trabalhos, os estudos e tratamentos, que você possa reconduzir meu espírito à minha roupagem corpórea, pois não desejo ser um suicida planetário, nem posso macular meu aparelho fisiológico com atraso no regresso de meu espírito ao meu corpo físico, e faça também, meu amigo, com que ao despertar eu possa conservar uma durável e salutar impressão das boas orientações recebidas desse convívio e trabalho amorosos. Assim seja.

Prece para ser feita ao levantar

1. Amigos Espirituais, Mensageiros de Jesus, Anjos Guardiões Protetores, Meu Anjo (Nome do seu Anjo..................), meu amigo e companheiro de todas as horas e minutos, eu rogo a Jesus, nosso Mestre Amado, bônus pela viagem astral que você me proporcionou nesta noite e por tudo o que tem feito por mim, em todos os momentos de minha vida. Mãe santíssima, amorável mãe de Jesus e nossa mãe. Jesus Divino amigo, Divino irmão, eu te agradeço por tudo o que tem feito por mim, por nós e por todos os habitantes deste planeta. Deus, nosso Pai Celestial, Criador incriado, de todas as coisas e de todas as criaturas, eu lhe agradeço, Pai Amado, pela noite, pelo sono, pelos sonhos, pelos trabalhos que aí pudemos realizar, pelos tratamentos recebidos e pelos ensinamentos adquiridos. Agradeço também, Senhor, por este dia maravilhoso, cheio de paz, harmonia e prosperidade, que agora é colocado à minha frente, que nele eu possa escrever um pouco mais de minha história de aprendizado e evolução espiritual. Agora lhe peço Senhor, por meio de Seus Mensageiros de Luz e de nossos Anjos Guardiões Protetores: proteja, oriente e vele por mim e por toda a minha família, dando-nos paciência, tolerância, humildade, resignação, compreensão, saúde, paz, harmonia, alegria e amor para os meus pais (diga os nomes deles), para meus irmãos (diga os nomes deles), para meus avôs e avós, tios e tias, primos e primas, sobrinhos e sobrinhas, cunhados e cunhadas. Por todos os outros meus parentes, próximos e distantes, agora também peço por meus amigos, pelos vizinhos, pelos colegas de escola e de trabalho, pelos colaboradores, pelos credores, devedores, enfim, Senhor, eu lhe peço por todos aqueles que me querem bem, também e principalmente por aqueles que não me querem bem por qualquer razão, a quem eu peço perdão e perdoo se for necessário. Bem-aventurados sejamos nós e todos eles, Senhor.
2. Pai nosso que estais nos céus, santificado seja o vosso nome...

3. Ave-Maria cheia de graças o Senhor é convosco... Assim seja. Amém.

CONCLUSÃO DAS ORAÇÕES

Amigo leitor, concluindo nosso trabalho sobre as orações, temos uma última e talvez a mais importante das recomendações em forma de oração e mensagem a lhe fazer, ou seja, se mesmo assim, depois de tantas orações aqui aprendidas, você agora praticando todas regularmente e todos os dias; depois de aprender a seguir uma vida reta e cheia de virtudes e caridades, compreensões e resignações; ainda assim você estiver com sua vida cheia de problemas dos mais diversos ou eles estiverem até aumentando, leia esta oração a seguir e encha seu coração de mais resignação, muito mais força e fé, e siga em frente sua vida, que você será muito feliz.

O FERREIRO

De Lyneel Waterman

Era uma vez, nos tempos medievais, um ferreiro que, após ter vivido uma juventude cheia de excessos, resolveu entregar sua alma a Deus. Durante muitos e longos anos trabalhou com afinco, dedicação, praticou a caridade, humildade, religiosidade, mas, apesar de toda essa sua dedicação, nada parecia dar certo em sua vida. Pelo contrário: seus problemas e dívidas só se acumulavam cada dia mais.

Uma bela tarde, um amigo que o conhecia bem foi visitá-lo e se compadeceu de sua difícil situação e, na oportunidade, fez o seguinte comentário: "Meu grande amigo, realmente é mesmo muito estranho que justamente depois que você resolveu se tornar um homem bom, decente, honrado e temente a Deus, sua vida começou a piorar a cada dia. Eu não desejo jamais enfraquecer sua 'tão inabalável fé', mas, apesar de toda a sua crença no mundo espiritual, nada tem melhorado para você em sua vida. Como você me explica isso?".

O ferreiro não respondeu imediatamente. Ele já havia pensado nisso e em sua difícil situação por muitas vezes, sem entender o que realmente acontecia em sua vida. Entretanto, como não podia deixar seu amigo sem resposta, começou a pensar refletidamente sobre a bondade de Deus e sua forma de nos mostrar nossos melhores caminhos, e terminou encontrando a inspiração divina e a explicação que tanto procurava. Eis então o que disse o ferreiro:

"Você tem razão em parte, meu amigo, do que me disse, inclusive sobre minha 'fé inabalável', então veja você, eu recebo em minha oficina o aço ainda não trabalhado e preciso transformá-lo em espadas. Você sabe como isso é feito? Bom, primeiro eu aqueço a chapa de aço em um calor infernal, até que fique completamente vermelha. Em seguida, sem qualquer dó ou piedade, eu pego o martelo mais pesado e aplico golpes e mais golpes, até que essa peça adquira a forma desejada. Logo em seguida, eu a mergulho em um balde de água fria, e a oficina inteira se enche de vapor e do barulho da peça que estala e grita por causa da súbita mudança de temperatura. Tenho de repetir esse processo por várias vezes até conseguir a espada perfeita: uma vez apenas não é suficiente".

O ferreiro fez uma longa pausa, e continuou: "Às vezes o aço que chega até minhas mãos não consegue aguentar esse tratamento. O calor, as marteladas e a água fria terminam por enchê-lo de rachaduras. E eu sei que jamais se transformará em uma boa lâmina de espada. Então eu simplesmente o descarto, colocando-o no monte de ferro-velho que você viu na entrada de minha ferraria".

Mais uma longa pausa e o ferreiro concluiu: "Eu sei que Deus está me testando, colocando-me no fogo das aflições. Tenho aceitado todas as marteladas que a vida me tem dado e, às vezes, sinto-me frio e insensível como a água que faz sofrer o aço. Mas a única coisa que peço a Deus é: – Meu Senhor e meu Deus, por favor, nunca desista de mim até que eu consiga tomar a forma que o Senhor espera que eu venha a ter. Continue tentando de todas as maneiras e formas que achar mais convenientes e pelo tempo que entender necessário, mas Senhor, eu O imploro, jamais me coloque no monte de ferro-velho das almas sem conserto esquecidas e abandonadas".

E muitíssimo obrigado, meu Anjo Guardião Protetor e a Ti, Meu Mestre, Meu Senhor, Meu Deus, pela oportunidade constante que me tem sido dada para a melhoria contínua de meu espírito, em caminhada constante ao Seu encontro. Assim seja. Amém.

Contatos com o autor pelo e-mail: <cleomarbarros@hotmail.com> ou WhatsApp: (62) 98121-4414.

Bibliografia

BÍBLIA SAGRADA. Antigo e Novo Testamentos.
BUDGE, E. A. Wallis. *A Magia Egípcia*. São Paulo: Cultrix, 1983.
BUONFIGLIO, Mônica. *Anjos Cabalísticos*. São Paulo: Sênior, 2000.
BYRNE, Rhonda. *The Secret – O Segredo*. Rio de Janeiro: Ediouro, 2007.
CLARET, Martin. O Poder dos Anjos. São Paulo: Martin Claret, 1995.
FONTES, Narcy C. *Hierarquia dos Iluminados*. São Paulo: Madras, 1995.
GUENÒN, Renè. *Os Símbolos da Ciência Sagrada*. São Paulo: Pensamento, 1993.
HUFFINES, LaUna. *Como Estabelecer Contato com os Anjos de Cura*. São Paulo: Pensamento, 2000.
KARDEC, Allan. O Evangelho Segundo o Espiritismo. Brasília: FEB, 1944a.
_____. *O Livro dos Espíritos*. Brasília: FEB, 1944b.
_____. *O Céu e o Inferno*. Brasília: FEB, 1944c.
_____. *A Gênese*. Brasília: FEB, 1944d.
_____. *O Livro dos Médiuns*. Brasília: FEB, 1944e.
KEIZI, Minami. *Anjos: Entrando em Contato com os Seres de Luz*. São Paulo: Madras, 2001.
LANCELLIN. *Psicografia de João Nunes Maia*. Iniciação: Viagem Astral. 12. ed. Belo Horizonte: Editora Espírita Fonte Viva, 2004.
LENAIN. *A Ciência Cabalística*. São Paulo: Martins Fontes, 1987.

LOSIER, Michael J. *A Lei da Atração: o Segredo Colocado em Prática*. Rio de Janeiro: Nova Fronteira, 2007.

MCLEAN, Doroty. *A Comunicação com os Anjos e os Devas*. São Paulo: Pensamento, 1991.

MCLEAN, Penny. *Contato com o Anjo da Guarda*. São Paulo: Pensamento, 1991.

_____. *Os Anjos, Espíritos Protetores*. São Paulo: Pensamento, 1992.

PEALE, Norman Vincent. *O Poder do Pensamento Positivo*. São Paulo: Cultrix, 2002.

PUGLIESE, Adilton (sel. de textos, coment. e org.). *Os Anjos Segundo o Espiritismo*. Salvador: Livraria Espírita Alvorada, 2000.

RAMATÍS. *Psicografia de Hercílio Maes. O Sublime Peregrino*. Rio de Janeiro: Livraria Freitas Bastos, [s.d.].

ROMILDA, Ingrid Erjautz. *O Poder dos Cristais*. São Paulo: Nova Cultural, 1993.

RONNE, John. *Você Tem um Anjo da Guarda*. São Paulo: Siciliano, 1989.

SCAPIN, Sandra. *Esferas Cabalísticas*. São Paulo: Madras, 1997.

STRABELI, Frei Mauro. *O Anjo da Guarda do Meu Dia a Dia*. São Paulo: Paulus, 2003.

TAYLOR, Terry Lynn. *Anjos, Mensageiros de Luz*. São Paulo: Pensamento, 1991.

_____. *Os Anjos Guardiães da Esperança*. São Paulo: Pensamento, 1992.

VIEIRA, Márcia. *O Teu Anjo da Guarda*. Braga: CSA, 1977.

MADRAS® Editora

Para mais informações sobre a Madras Editora,
sua história no mercado editorial
e seu catálogo de títulos publicados:

Entre e cadastre-se no site:

www.madras.com.br

Para mensagens, parcerias, sugestões e dúvidas, mande-nos um e-mail:

marketing@madras.com.br

SAIBA MAIS

Saiba mais sobre nossos lançamentos,
autores e eventos seguindo-nos no facebook e twitter:

@madrased

/madraseditora

MADRAS Editora — CADASTRO/MALA DIRETA

Envie este cadastro preenchido e passará a receber informações dos nossos lançamentos, nas áreas que determinar.

Nome _____
RG _____ CPF _____
Endereço Residencial _____
Bairro _____ Cidade _____ Estado ____
CEP _____ Tel _____
E-mail _____
Sexo ❏ Fem. ❏ Masc.   Nascimento _____
Profissão _____ Escolaridade (Nível/Curso) _____

Você compra livros:
❏ livrarias   ❏ feiras   ❏ telefone   ❏ Sedex livro (reembolso postal mais rápido)
❏ outros: _____

Quais os tipos de literatura que você lê:
❏ Jurídicos   ❏ Pedagogia   ❏ Business   ❏ Romances/espíritas
❏ Esoterismo   ❏ Psicologia   ❏ Saúde   ❏ Espíritas/doutrinas
❏ Bruxaria   ❏ Autoajuda   ❏ Maçonaria   ❏ Outros:

Qual a sua opinião a respeito desta obra? _____
_____

Indique amigos que gostariam de receber MALA DIRETA:
Nome _____
Endereço Residencial _____
Bairro _____ Cidade _____ CEP _____

Nome do livro adquirido: <u>Anjos do Senhor</u>

Para receber catálogos, lista de preços e outras informações, escreva para:

MADRAS EDITORA LTDA.
Rua Paulo Gonçalves, 88 – Santana – 02403-020 – São Paulo/SP
Caixa Postal 12183 – CEP 02013-970 – SP
Tel.: (11) 2281-5555 – Fax.:(11) 2959-3090
www.madras.com.br